憲法判例のコンテクスト

中林暁生 + 山本龍彦 [著]
Akio Nakabayashi　Tatsuhiko Yamamoto

The Context of
Constitutional Precedents

日本評論社

はしがき

　私たちは、2011 年 4 月号から 2013 年 3 月号まで、法律専門誌である「法学セミナー」（日本評論社）で、「憲法ゼミナール」と題する連載を行っていた。当時の法学セミナーには、他の憲法学者による重厚で魅力的な連載が掲載されていたが、その影に隠れてひっそり連載を続けていたのである。

　「ひっそり」には、一応、理由がある。私たちは、司法試験受験生向けの優れた教材が次々と公刊されていた当時の状況からみて、「即戦力」として使える教材を書くというより、"教材"と"読み物"の間にあって、読者のなかに潜在する知的好奇心をうまく刺激するような、それでいて法的思考力を長期的に鍛えられるような、そういう文章を書こうと考えたのである。この、ある意味でニッチな目論見から、あまり目立たない連載になるのはやむをえないところだった。

　もちろん私たちは、それでよいと考えていた。知的好奇心を刺激し、自発的に物事を考えさせ、法的思考力を鍛えるというプロセスは、法学教育の基本であると考えていたからである。「法学教育は一面に於て法典先例判決例等すべて法律的に物事を処置する規準となるべきものゝ智識を与へると同時に、他面……『法律的に物事を考へる力』の養成を目的とする」ものなのである（末弘巌太郎「新に法学部に入学された諸君へ」法律時報 9 巻 4 号〔1937 年〕17 頁）。

　こうした狙いが伝わったのか、一部の読者からは好評をいただいた。なかには、憲法判例の理解が深まり、司法試験の勉強に役立ったなどという――予想外の、しかし――ありがたいコメントもあった（しかし、司法試験が究極的には「法的思考力」を問うものであることを踏まえれば、当時の連載と試験勉強が無関係であるはずがなかった。原稿執筆のアイデアを、しばしばロースクール生の苦悩や質問から頂戴していたことも、両者の結び付きを強めたのかもしれない）。「連載のなかには難しく感じる回もあったが、総じて面白く、憲法のことを深く考えさせられた」という、私たちからすれば大変うれしい読者の声もあった。

本書は、こうした読者が少しでも増え、憲法学の面白さがより広く学生間に伝わることを狙って、上述した2年間の連載を、最低限の修正を施したうえで一冊にまとめたものである。連載終了（2013年3月）から本書の公刊までかなり時間が空いてしまったエクスキューズとして、連載終了後の私たちの問題関心に基づいて執筆した2本の原稿（「『生存権』の財政統制機能」、「天皇と政治」）を新たに加えてはいるが。

＊　　　　＊　　　　＊　　　　＊

　Part 1（「『判例』を読む」）は、主に下級審の裁判例と憲法の基本判例（最高裁判例）とを対比することで、後者の理解をより深めてもらうことを目的とした。基本判例は、それ単体で読むだけでは、そのポイントをつかめないことが少なくない。下級審からの流れや、関連する他の事件の下級審判決の存在を把握し、その「コンテクスト」を知ることで、基本判例の趣旨や構造がよく見えてくることもあるだろう。Part 1では、学習の手助けになるよう、各回のはじめに設問を用意し、コンテクストを踏まえた「読み」をとおしてその解答を導けるように工夫したつもりである。

　Part 2（「コンテクストを読む」）は、基本判例の背景にある事実（時代背景）や、学際領域に目配りすることで、読者に基本判例をより立体的に理解してもらうことを目的とした。時代背景が憲法判例をよりよく理解するための「コンテクスト」であることは多言を要しないが、「憲法訴訟」なる訴訟形式が法制度上は存在せず、違憲審査や憲法判断は常に刑事訴訟、民事訴訟、行政訴訟といった他の訴訟形式を間借りして行われていることを踏まえれば、憲法以外の法領域も、憲法判例を理解する重要な「コンテクスト」となりうる。Part 1が、下級審と最高裁という「縦」の関係から憲法判例を読もうとするものであるのに対して、Part 2は、事案を取り巻く時代状況や、事案に関連する他の法領域といった「横」の関係から憲法判例を読もうとするものである。

　これまで述べたところからおわかりのように、本書は、Part 1・Part 2 をとおして、憲法判例の「コンテクスト」に焦点を当て、そのより深い理解を促そうとしている。その目的は、上述のとおり、読者の知的好奇心を刺激し、憲法を楽しんで学んでいただきながら、その法的思考力を磨いてもらうことにある。したがって、本書は、学生生活を送るうえで憲法とお付き合いしなければなら

ないが、どうしても憲法に興味が湧かないと嘆く学生や、その表層は勉強してみたものの、憲法がわかった気にならない学生に、ぜひ手にとってもらいたい。なお、Part 3には、連載終了時に、連載を振り返るという趣旨のもとで行った座談会を収録させていただいた。一読いただければ、私たちがどのような意図のもとで本連載を行ってきたのか、明確におわかりいただけると思う。

　最後に、連載時より筆の遅い私たちを力強くリードしていただき、本書の公刊まで私たちを導いてくれた日本評論社の上村真勝氏（現・法律時報編集長）に感謝申し上げたい。また、本書は、お察しのように、連載時から相当な期間を経て公刊と相なった。明らかに「合理的期間」を徒過しており、憲法上問題があると言わざるを得ない。しかし、連載当時の――まだ筆者らがフレッシュな若手研究者だった頃の――問題意識は、現在においてもなお一定の有効性があるものと考え、公刊に踏み切った次第である。内容面は、ほぼ連載当時のそれを維持したが、引用文献については最小限のアップデイトを図った。この作業（山本担当分）については、慶應義塾大学法学部法律学科の臼井洸斗さん、杉山真哉さん、田幡夏海さん、山本希望さん、油下知広さん、同大学法科大学院の原田華穂さん、籔本凌さん、山田晃嗣さん、吉岡知輝さんにご協力いただいた。記して感謝申し上げる次第である。

2019年8月30日

著者を代表して

山本　龍彦

憲法判例のコンテクスト
目　次

はしがき　i
凡例　ix
本書で取り上げる主要判例（年代順）一覧　xii
初出一覧　xiv

part. 1　「判例」を読む

下級審の裁判例を通して「判例」を読む …………………… 1
　1　はじめに
　2　下級審と最高裁
　3　最高裁の「判例」を読む
　4　「判例」の相対化

謝罪と反論 ………………………………………………………… 17
　1　はじめに
　2　基本知識
　3　事例
　4　問題の整理
　5　謝罪広告と表現の自由
　6　狭義の反論権の可能性
　7　おわりに

知る権利 …………………………………………………………… 27
　1　はじめに
　2　基本知識
　3　知る権利
　4　刑事収容施設の被収容者の閲読の自由
　5　おわりに

コラム…「知る権利」に寄せて ………………………………… 38

集会と表現 …………………………………………………………………… 40
 1　はじめに
 2　基本知識
 3　事例の検討
 4　おわりに

「読む」人、「読まぬ」人——「一般人基準」雑考 ……………………… 56
 1　はじめに
 2　「読む」人
 3　「読まぬ」人
 4　別人？
 5　事例について

権利と特権 …………………………………………………………………… 69
 1　はじめに
 2　基本知識
 3　裁判の公開と傍聴人
 4　事例について
 5　おわりに

「板まんだら判決」再考——終局的解決可能性要件の射程？ ………… 79
 1　はじめに
 2　ある下級審の裁判例への疑問
 3　板まんだら判決再考
 4　おわりに——板まんだら判決から考える

立法過程の脱「聖域」化——主観的憲法瑕疵への注目 ………………… 90
 1　はじめに
 2　基礎知識——立法不作為の違憲国賠訴訟
 3　主観的憲法瑕疵論の射程
 4　事例の検討

「適用か、法令か」という悩み——違憲審査の対象・範囲と憲法判断の方法…103
 1　はじめに
 2　用語の整理——基本知識と問題の再構成
 3　問題の背景——「違憲審査」と「憲法上の権利」の性質決定

        4 おわりに

part.2　コンテクストを読む

京都府学連事件判決というパラダイム——警察による情報収集活動と法律の根拠…125
        1 はじめに
        2 京都府学連事件判決と憲法学
        3 京都府学連事件判決と刑訴法学
        4 おわりに

尊属殺重罰規定違憲判決のコンテクスト ……………………………………137
        1 はじめに
        2 基本知識
        3 刑法200条の適用？
        4 「改正刑法草案」
        5 その後
        6 おわりに

司法消極主義と司法積極主義 …………………………………………………150
        1 はじめに
        2 司法消極主義と司法積極主義
        3 サラリーマン税金訴訟
        4 違憲審査権の行使のあり方
        5 おわりに

愛媛玉串料事件におけるコンテクストの多層性 ………………………160
        1 はじめに
        2 政教分離
        3 政教分離訴訟
        4 判例
        5 おわりに

原発と言論——「政府言論」を考える ……………………………………172
        1 はじめに
        2 言論史としての原発史

3　「政府言論」と、その統制
　　4　おわりに

1952年4月28日の21条論……186
　　1　はじめに
　　2　政令325号事件
　　3　皇居前広場事件
　　4　おわりに

偽の「公共の福祉」？──経済的自由規制と政治過程……198
　　1　はじめに
　　2　「ロックナー修正主義」の教訓
　　3　経済的自由規制と政治過程
　　4　おわりに

コラム…積極目的規制……211

「生存権」の財政統制機能──生活最低限度保障における「財政事情」の位置…213
　　1　はじめに
　　2　憲法25条の性格と裁量の根拠
　　3　生活保護事案における財政事情論の〈不在〉？
　　4　専門性の論理 v. 財政の論理──福岡高裁の着眼点
　　5　おわりに

「憲法訴訟」における見すごし難いギャップ──救済なき違憲判断……225
　　1　はじめに
　　2　旧監獄法施行規則事件判決の示唆
　　3　憲法的救済論の必要
　　4　おわりに

徳島市公安条例事件判決を読む──「コンテクスト」としての分権改革…238
　　1　はじめに
　　2　徳島市公安条例事件判決
　　3　地方自治法改正後の傾向
　　4　おわりに

天皇と政治 ……………………………………………………254

1 はじめに
2 苫米地事件のコンテクスト
3 天皇の国事行為に対する内閣の助言と承認
4 天皇と政治
5 おわりに

part.3　インタラクション

鳥籠の中の「言論」？──「公の施設」の閉鎖性／「道路」の開放性 …………274

1 はじめに
2 楽園としての「施設」
3 鳥籠としての「施設」？
4 おわりに

「政府の言論」と「思想の自由市場」……………………………………283

1 はじめに
2 言論史としての原発史
3 「政府の言論」と「思想の自由市場」
4 表現の自由論
5 おわりに

対　談 ………………………………………………………289

1 連載をふりかえっての総括
2 表現の自由をめぐる対話

事項索引　　307

凡　例

[判例略語]
最大判	最高裁判所大法廷判決
最大決	最高裁判所大法廷決定
最判	最高裁判所小法廷判決
最決	最高裁判所小法廷決定
高判	高等裁判所判決
高決	高等裁判所決定
地判	地方裁判所判決
地決	地方裁判所決定
支判	支部判決
簡判	簡易裁判所判決

[判例集]
民集	最高裁判所民事判例集
刑集	最高裁判所刑事判例集
集民	最高裁判所裁判集民事
高刑集	高等裁判所刑事判例集
下民集	下級裁判所民事判例集
下刑集	下級裁判所刑事判例集
行集	行政事件裁判例集
家月	家庭裁判月報
裁時	裁判所時報
訟月	訟務月報
判時	判例時報
判タ	判例タイムズ
判自	判例地方自治
賃社	賃金と社会保障

[文献]

芦部・憲法学Ⅰ〜Ⅲ　　芦部信喜『憲法学（Ⅰ・Ⅱ・Ⅲ〔増補版〕）』（有斐閣、1992〜2000年）

芦部・憲法　　芦部信喜（高橋和之補訂）『憲法〔第7版〕』（岩波書店、2019年）

奥平・憲法Ⅲ　　奥平康弘『憲法Ⅲ——憲法が保障する権利』（有斐閣、1993年）

清宮・憲法Ⅰ　　清宮四郎『憲法Ⅰ〔第3版〕』（有斐閣、1979年）

小山・作法　　小山　剛『「憲法上の権利」の作法〔第3版〕』（尚学社、2016年）
小山＝駒村（編）・論点探求　　小山　剛＝駒村圭吾（編）『論点探求憲法〔第2版〕』（弘文堂、2013年）
駒村・展開　　駒村圭吾『憲法訴訟の現代的転回――憲法的論証を求めて』（日本評論社、2013年）
佐藤・憲法　　佐藤幸治『憲法〔第3版〕』〔青林書院、1995年〕
佐藤・憲法論　　佐藤幸治『日本国憲法論』（成文堂、2011年）
宍戸・憲法　　宍戸常寿『憲法 解釈論の応用と展開〔第2版〕』（日本評論社、2014年）
髙橋・憲法　　髙橋和之『立憲主義と日本国憲法〔第4版〕』（有斐閣、2017年）
戸松・憲法訴訟　　戸松秀典『憲法訴訟〔第2版〕』（有斐閣、2008年）
野中ほか・憲法Ⅰ Ⅱ　　野中俊彦＝中村睦男＝髙橋和之＝高見勝利『憲法Ⅰ・Ⅱ〔第5版〕』（有斐閣、2012年）
長谷部・理性　　長谷部恭男『憲法の理性〔増補新装版〕』（東京大学出版会、2016年）
樋口・憲法　　樋口陽一『憲法〔第3版〕』（創文社、2007年）
樋口ほか・注解　　樋口陽一ほか『憲法Ⅰ～Ⅲ』注解法律学全集（青林書院、1994～98年）
安西ほか・現代的論点　　安西文雄ほか『憲法学の現代的論点〔第2版〕』（有斐閣、2009年）

宮沢・コメ　　宮沢俊義（芦部信喜補訂）『全訂日本国憲法』（日本評論社、1978年）
佐藤・コメ（上）　　佐藤功『憲法（上）〔新版〕』（有斐閣、1983年）
岩波講座憲法Ⅰ～Ⅵ　　井上達夫ほか（編）『岩波講座憲法（全6巻）』（岩波書店、2007年）
講座憲法学Ⅰ～Ⅶ　　樋口陽一（編）『講座憲法学（全7巻）』（日本評論社、1994～95年）
法協・註解（下）　　法学協会編『註解日本国憲法（下）』（有斐閣、1954年）

公法　　公法研究（有斐閣）
ジュリ　　ジュリスト（有斐閣）
論ジュリ　　論究ジュリスト（有斐閣）
法教　　法学教室（有斐閣）
法教〈第二期〉　　法学教室〈第二期〉（ジュリスト別冊）（有斐閣）
法セ　　法学セミナー（日本評論社）
法時　　法律時報（日本評論社）
民商　　民商法雑誌（有斐閣）

最判解民事篇　　　最高裁判所判例解説民事篇
最判解刑事篇　　　最高裁判所判例解説刑事篇

百選Ⅰ・Ⅱ〔5版〕　　高橋和之ほか（編）『憲法判例百選Ⅰ・Ⅱ〔第5版〕』（有斐閣、2007年）
百選Ⅰ・Ⅱ〔6版〕　　長谷部恭男ほか（編）『憲法判例百選Ⅰ・Ⅱ〔第6版〕』（有斐閣、2013年）
行政百選Ⅰ・Ⅱ〔6版〕　　宇賀克也ほか（編）『行政判例百選Ⅰ・Ⅱ〔第6版〕』（有斐閣、2012年）
行政百選Ⅰ・Ⅱ〔7版〕　　宇賀克也ほか（編）『行政判例百選Ⅰ・Ⅱ〔第7版〕』（有斐閣、2017年）
メディア百選　　堀部政男＝長谷部恭男（編）『メディア判例百選』（有斐閣、2005年）
社会保障百選〔4版〕　　西村健一郎＝岩村正彦（編）『社会保障判例百選』（有斐閣、2008年）

本書で取り上げる主要判例（年代順）一覧

最大判 1948（昭 23）・9・29 刑集 2 巻 10 号 1235 頁〔食糧管理法事件〕
東京地判 1952・4・28 行集 3 巻 3 号 634 頁〔皇居前広場事件〕
最大判 1953・7・22 刑集 7 巻 7 号 1562 頁〔政令 325 号事件〕
最判 1953（昭 28）・11・17 行集 4 巻 11 号 2760 頁〔教育勅語事件〕
最大判 1954（昭 29）・11・24 刑集 8 巻 11 号 1866 頁〔新潟県公安条例事件〕
最大判 1956（昭 31）・7・4 民集 10 巻 7 号 785 頁〔謝罪広告事件〕
最大判 1957（昭 32）・3・13 刑集 11 巻 3 号 997 頁〔チャタレイ事件判決〕
最大判 1959（昭 34）・12・16 刑集 13 巻 13 号 3225 頁〔砂川事件〕
最大判 1960（昭 35）・6・8 民集 14 巻 7 号 1206 頁〔苫米地事件〕
最大判 1960（昭 35）・7・20 刑集 14 巻 9 号 1243 頁〔東京都公安条例事件〕
最判 1966（昭 41）・2・8 民集 20 巻 2 号 196 頁〔技術士国家試験事件〕
最判 1966（昭 41）・4・21 集民 83 号 269 頁〔名誉回復並びに損害賠償請求事件〕
最大判 1967（昭 42）・5・24 民集 21 巻 5 号 1043 頁〔朝日訴訟〕
旭川地判 1968（昭 43）・3・25 下刑集 10 巻 3 号 293 頁〔猿払事件（時國判決）〕
最大決 1969（昭 44）・11・26 刑集 23 巻 11 号 1490 頁〔博多駅テレビフィルム事件〕
最大判 1969（昭 44）・12・24 刑集 23 巻 12 号 1625 頁〔京都府学連事件〕
最大判 1972（昭 47）・11・22 刑集 26 巻 9 号 586 頁〔小売市場事件〕
最大判 1973（昭 48）・4・4 刑集 27 巻 3 号 265 頁〔尊属殺重罰規定違憲判決〕
最大判 1974（昭 49）・11・6 刑集 28 巻 9 号 393 頁〔猿払事件〕
最大判 1975（昭 50）・4・30 民集 29 巻 4 号 572 頁〔薬事法事件〕
最大判 1975（昭 50）・9・10 刑集 29 巻 8 号 489 頁〔徳島市公安条例事件〕
最大判 1976（昭 51）・4・14 民集 30 巻 3 号 223 頁〔衆議院議員定数不均衡訴訟判決〕
最大判 1977（昭 52）・7・13 民集 31 巻 4 号 533 頁〔津地鎮祭事件最高裁判決〕
最判 1978（昭 53）・6・20 刑集 32 巻 4 号 670 頁〔米子銀行強盗事件判決〕
最判 1980（昭 55）・4・10 判時 973 号 85 頁〔本門寺判決〕
最判 1981（昭 56）・4・7 民集 35 巻 3 号 443 頁〔板まんだら事件〕
最大判 1982（昭 57）・7・7 民集 36 巻 7 号 1235 頁〔堀木訴訟〕
最大判 1983（昭 58）・6・22 民集 37 巻 5 号 793 頁〔よど号ハイジャック記事抹消事件〕
最大判 1984（昭 59）・12・12 民集 38 巻 12 号 1308 頁〔税関検査事件〕
最判 1984（昭 59）・12・18 刑集 38 巻 12 号 3026 頁〔鉄道営業法違反、建造物侵入被告事件〕
最大判 1985（昭 60）・3・27 民集 39 巻 2 号 247 頁〔サラリーマン税金訴訟〕
最判 1985（昭 60）・11・21 民集 39 巻 7 号 1512 頁〔在宅投票事件〕
最判 1987（昭 62）・4・24 民集 41 巻 3 号 490 頁〔サンケイ新聞事件〕

最大判 1989（平元）・3・8 民集 43 巻 2 号 89 頁〔法廷メモ訴訟〕
最判 1989（平元）・9・8 民集 43 巻 8 号 889 頁〔蓮華寺判決〕
最判 1991（平 3）・7・9 民集 45 巻 6 号 1049 頁〔旧監獄法施行規則事件判決〕
東京地判 1992（平 4）・2・25 判タ 784 号 84 頁〔雑誌「諸君！」反論文掲載等請求事件〕
最判 1995（平 7）・3・7 民集 49 巻 3 号 687 頁〔泉佐野市民会館事件〕
東京地判 1995（平 7）・3・14 判タ 872 号 298 頁〔慰謝料等請求事件〕
最判 1996（平 8）・3・15 民集 50 巻 3 号 549 頁〔上尾市福祉会館事件〕
最高裁判決最大判 1997（平 9）・4・2 民集 51 巻 4 号 1673 頁〔愛媛玉串料事件〕
富山地判 1998（平 10）・12・16 判時 1699 号 120 頁〔天皇コラージュ事件〕
名古屋地判 2001（平 13）・1・31 判タ 1085 号 199 頁〔名古屋市国際展示場事件〕
熊本地判 2001（平 13）・5・11 判時 1748 号 30 頁〔ハンセン病事件〕
最大判 2002（平 14）・2・13 民集 56 巻 2 号 331 頁〔証券取引法事件〕
最大判 2002（平 14）・9・11 民集 56 巻 7 号 1439 頁〔郵便法事件判決〕
最判 2003（平 15）・10・16 民集 57 巻 9 号 1075 頁〔テレビ朝日ダイオキシン訴訟〕
最判 2004（平 16）・7・15LEX/DB28092064〔謝罪広告等請求事件〕
最大判 2005（平 17）・9・14 民集 59 巻 7 号 2087 頁〔在外国民選挙権訴訟〕
東京地判 2006（平 18）・1・25 判タ 1229 号 234 頁〔損害賠償請求事件（司法記者クラブ）〕
最判 2006（平 18）・7・13 判時 1946 号 41 頁〔在宅障害者選挙事件〕
最大判 2006（平 18）・10・4 民集 60 巻 8 号 2696 頁〔議員定数不均衡訴訟〕
仙台高決 2007（平 19）・8・7 判タ 1256 号 107 頁〔仙台市民会館事件〕
最判 2007（平 19）・9・18 刑集 61 巻 6 号 601 頁〔広島市暴走族追放条例事件〕
最判 2008（平 20）・3・6 民集 62 巻 3 号 665 頁〔住基ネット訴訟〕
最大判 2008（平 20）・6・4 民集 62 巻 6 号 1367 頁〔国籍法違憲訴訟〕
大阪高判 2009（平 21）・6・11 判時 2056 号 65 頁〔損害賠償請求事件（朝日新聞購読不許可）〕
最決 2009（平 21）・9・28 刑集 63 巻 7 号 868 頁〔宅配便 X 線検査事件〕
最大判 2010（平 22）・1・20 民集 64 巻 1 号 1 頁〔空知太神社訴訟〕
最判 2012（平 24）・2・28 民集 66 巻 3 号 1240 頁〔老齢加算事件〕
最判 2012（平 24）・12・7 刑集 66 巻 12 号 1337 頁〔堀越事件〕

初出一覧

＊　（　）内に、本書各論稿の元となった法学セミナー誌掲載号および執筆者名を記載しました。

▶part. 1　「判例」を読む

下級審の裁判例を通して「判例」を読む
　　　　（676・677 号〔2011.4・5〕　　中林）
謝罪と反論
　　　　（679 号〔2011.7〕　　中林）
知る権利
　　　　（686 号〔2012.3〕　　中林）
コラム…「知る権利」に寄せて
　　　　（書き下ろし　　山本）
集会と表現
　　　　（684・694 号〔2012.1・11〕　　中林）
「読む」人、「読まぬ」人——「一般人基準」雑考
　　　　（680 号〔2011.8＝9〕　　山本）
権利と特権
　　　　（683 号〔2011.12〕　　中林）
「板まんだら判決」再考——終局的解決可能性要件の射程？
　　　　（678 号〔2011.6〕　　山本）
立法過程の脱「聖域」化——主観的憲法瑕疵への注目
　　　　（685 号〔2012.2〕　　山本）
「適用か、法令か」という悩み——違憲審査の対象・範囲と憲法判断の方法
　　　　（681・682 号〔2011.10・11〕　　山本）

▶part. 2　コンテクストを読む

京都府学連事件判決というパラダイム——警察による情報収集活動と法律の根拠
　　　　（689 号〔2012.6〕　　山本）
尊属殺重罰規定違憲判決のコンテクスト
　　　　（688 号〔2012.5〕　　中林）
司法消極主義と司法積極主義
　　　　（695〔2012.12〕　　中林）
愛媛玉串料事件におけるコンテクストの多層性
　　　　（690 号〔2012.7〕　　中林）

原発と言論——「政府言論」を考える
　　　（691 号〔2012.8〕　　山本）
1952 年 4 月 28 日の 21 条論
　　　（692 号〔2012.9〕　　中林）
偽の「公共の福祉」？——経済的自由規制と政治過程
　　　（693 号〔2012.10〕　　山本）
コラム…積極目的規制
　　　（書き下ろし　　中林）
「生存権」の財政統制機能——生活最低限度保障における「財政事情」の位置
　　　（書き下ろし　　山本）
「憲法訴訟」における見すごし難いギャップ——救済なき違憲判断
　　　（687 号〔2012.4〕　　山本）
徳島市公安条例事件判決を読む——「コンテクスト」としての分権改革
　　　（696 号〔2013.1〕　　山本）
天皇と政治
　　　（669・670・671 号〔2010.9・10・11〕　　中林）

▶part. 3　インタラクション

鳥籠の中の「言論」？——「公の施設」の閉鎖性／「道路」の開放性
　　　（697 号〔2013.2〕　　山本）
「政府の言論」と「思想の自由市場」
　　　（697 号〔2013.2〕　　中林）
対　談
　　　（698 号〔2013.3〕　　中林・山本）

part. 1 「判例」を読む　　　　　　　　▷14条・15条・22条

下級審の裁判例を通して「判例」を読む

1　はじめに

　法学部の学生が下級審の裁判例を読むとすれば、それはどのような場合であろうか。まず思いつくのは、重要な判示を行った下級審の裁判例（たとえば、信教の自由について興味深い判示を行った牧会活動事件[*1]、「適用違憲」の手法を示した猿払事件1審判決[*2]、あるいは「憲法判断」を回避した恵庭判決[*3]など）に興味をもって読むという場合であろう。また、重要な最高裁判決をよりよく理解するために、その事件の1審判決、控訴審判決、上告審判決という順序で各判決を読んでいくという場合もあるであろう。これらが憲法の学習にとって重要な意義を持っていることはいうまでもないが、下級審の裁判例を読むことの意義はこれらに限られるわけではない。たとえば、ある重要な最高裁「判例」があるとして、その後に下された下級審の裁判例を読むことで、重要な最高裁「判例」の趣旨やその理論構造、あるいは「判例」の意義（または限界）などがよりよく見えてくることがある。このような下級審裁判例の読み方の可能性を模索することが、part.1の目的である。

2　下級審と最高裁

　先例としての最高裁「判例」と下級審との関係というと、まず、最高裁「判例」は下級審を拘束するのか否か、拘束するとすればそれは事実上のものなの

[*1]　神戸簡判1975（昭和50）年2月20日判時768号3頁。
[*2]　旭川地判1968（昭和43）年3月25日下刑集10巻3号293頁。
[*3]　札幌地判1967（昭和42）年3月29日下刑集9巻3号359頁。

かそれとも法的なものなのか、といったことが問題になるが*4、ここでは、最
高裁「判例」の下級審に対する拘束力を法的なものと捉える佐藤幸治も、「最
高裁判所判例に下級裁判所が従わないからといって現行法上破棄される可能性
があるにとどまる*5」としていることを指摘しておくことにとどめておきたい。
むしろここで確認しておきたいことは、最高裁の「判例」に対する下級審の態
度は一様ではないということである。たとえば、米沢広一は、先例としての最
高裁判決がある場合の下級審の対応を、"先例尊重型"、"対決型"および"迂
回型"に大別している*6。具体的な事例に即して、この点をもう少し考えてみ
よう。

[1] 先例の尊重？

　先例を尊重し、それに従うというのは簡単なことのように思えるかもしれな
いが、そもそも尊重すべき「先例」とは何なのか、ということから検討しなけ
ればならなくなることがある。このことを、いわゆる「規制目的二分論」に着
目しながら考えてみよう。

　職業の自由（憲法22条1項）を規制する目的が積極目的である場合には、裁
判所は立法府の裁量を尊重して"明白の原則"を用いてその合憲性を審査し、
規制目的が消極目的である場合には、裁判所は"厳格な合理性の基準"を用い
てその合憲性を審査するという規制目的二分論が、小売市場事件最高裁判決*7
および薬事法事件最高裁判決*8 を通じて形成されたと理解されつつも*9、最高
裁の判例において、規制目的二分論にいかなる位置づけが与えられているのか

---

*4　たとえば、佐藤幸治「憲法判例の法理」同『現代国家と司法権』（有斐閣、1988年）349頁以下、樋口陽一「判例の拘束力・考――特に憲法の場合」芦部信喜＝清水睦編集代表『佐藤功先生古稀記念　日本国憲法の理論』（有斐閣、1986年）675頁以下、芦部信喜「憲法判例の拘束力と下級審の対応」同『人権と憲法訴訟』（有斐閣、1994年）177頁以下、米沢広一「最高裁と下級審」佐藤幸治ほか編『憲法五十年の展望 II』（有斐閣、1998年）143頁以下、市川正人「付随的違憲審査制における下級審の役割・考――国公法・社会保険事務所職員事件を素材として」初宿正典ほか編集委員『国民主権と法の支配　佐藤幸治先生古稀記念論文集［上巻］』（成文堂、2008年）357頁以下等を参照。
*5　佐藤・前掲注4）361頁。
*6　米沢・前掲注4）188頁。
*7　最大判1972（昭和47）年11月22日刑集26巻9号586頁。
*8　最大判1975（昭和50）年4月30日民集29巻4号572頁。
*9　芦部信喜「職業の自由の規制――法廷判決巡歴」同『人権と憲法訴訟』（有斐閣、1994年）386-416頁等を参照。

が必ずしも分明ではなかった時期がある*10。

> 【事例1】
> 　酒税の最終的な負担者（担税者）は消費者であるが、その納税義務者は、国内で製造された酒類の場合、酒類の製造者である（酒税法6条1項）。酒税相当額は商品価格に上乗せして取引され（転嫁）、最終的に消費者が負担することになる。酒税の徴収という観点、高率の課税をするのに適した酒類の品質の保持という観点および衛生上の観点などから、酒税法は、酒類の製造について一定の基準を設けるとともに、一種の「徴税機関」としての地位が与えられている酒類の製造者については、酒類製造業の免許制（講学上の許可制）を採用している。また、酒類の販売者は、「中間徴税機関」としての地位にあるので、酒税法は、酒税の徴収を確実なものにするべく、酒類の販売業についても免許制を採用している（酒税法9条1項）。*11

　1992年の最高裁判決*12を知っている者からすれば、この【事例1】は簡単であろう。しかし、ここでは、1992年の最高裁判決が下される前の時点で、憲法を学んでいる者の視点に立ってみてほしい。実は、規制目的二分論と酒類販売業の免許制との関係は、当時の下級審を悩ませていた「難問」であったのである*13。

　1983年の青森地裁判決*14は、酒税法による規制を、「国家の財政上重要な租税収入の確保を図り、国の財政需要を満たす（このことは、公共の利益を保護することであって、公共の福祉に適うものである。）という積極的な財政政策を推進するため」のものと捉えていた（傍点中林）。税収の確保を積極目的に含めて考

---

*10　たとえば、最大判1987（昭和62）年4月22日民集41巻3号408頁、最判1989（平成元）年1月20日刑集43巻1号1頁、最判1989（平成元）年3月7日判時1308号111頁等を参照。
*11　塩崎潤『酒税法精解』（大蔵財務協会、1953年）117-118頁、富川泰敬『平成29年版 図解 酒税』（大蔵財務協会、2017年）1頁、159-231頁等を参照。講学上の許可制における「許可」は、実際の法令においては、「許可」、「承認」、「免許」等の用語が用いられている。このことについては、宇賀克也『行政法概説Ⅰ　行政法総論〔第6版〕』（有斐閣、2017年）86-87頁を参照。
*12　最判1992（平成4）年12月15日民集46巻9号2829頁。
*13　たとえば、戸波江二「経済と人権」憲法理論研究会編『現代の憲法理論』（敬文堂、1990年）206-207頁、矢島基美「経済的自由の違憲審査基準論」同『現代人権論の起点』（有斐閣、2015年）197-200頁、佐藤幸治「職業選択の自由規制と司法審査——酒類販売業免許制度に関する判決に寄せて」芝池義一ほか編『租税行政と権利保護』（ミネルヴァ書房、1995年）363-364頁等を参照。
*14　青森地判1983（昭和58）年6月28日行集34巻6号1084頁。

えることができるかは、それ自体検討すべき課題であるといえるが[*15]、その際には、税収の確保は「それにより何らかの具体的な経済的弱者の"人権"を実質化するような積極的な規制目的をもちあわせてはいない[*16]」ことを踏まえておく必要がある。これに対し、1988年の横浜地裁判決[*17]は、酒類販売免許制度は「租税政策自体からみれば間接的な制度というべきものであ」り、その合憲性の検討においても「直接に、積極的な社会経済政策の遂行を目的とする制度の合憲性を判断する場合と同一に考えることができない」としていた。また、1987年の東京高裁判決[*18]は、酒税の保全は財政政策であるが、それによって取得される税収は、「消極的なもののためにも使用される」ので、「積極的なものと断定することはできない」が、「酒税保全の目的には、単なる滞納の防止以上の……積極的なものをも包含している」ので消極的なものとも論談できないとした上で、結局「酒税保全という財政政策上の目的は……積極的なものでもあり消極的なものでもあって、そのいずれか一に帰せしめるのは相当でない」とした。もちろん、「目的二分論にとって重要なのは、徴収した税金の使途ではなく、税収確保という目的それ自体の性格[*19]」であるので、この東京高裁判決の理由づけには難があるといわざるをえない。いずれにせよ、これらの下級審判決を通して見えてくるのは、規制目的二分論の下で酒類販売業免許制を検討することの難しさ[*20]であろう。これは、職業選択の自由の「領域においては、最高裁主導型で判例理論が形成されてきたが、先例の射程の捉え方が最高裁判決間で定まっておらず、そのため、下級審が最高裁の先例に従おうとしても、対応しきれていない状態に[*21]」あったことの現れである。

1992年の最高裁判決は、酒類販売業の免許制を合憲と判断しているが、その際に、最高裁は、「規制目的の考察を断念して別の議論（税制については高度

[*15] たとえば、佐藤功は、「財政政策に基づく制限」を、「政策的な目的のものである点」で、「福祉国家的理想の下における社会経済の発展のための積極的・社会経済政策的規制」に近いとしている（佐藤功・コメ（上）389頁、390頁）。
[*16] 三木義一「酒類販売免許制合憲論批判」同『現代税法と人権』（勁草書房、1992年）301頁。
[*17] 横浜地判1988（昭和63）年3月9日判夕672号139頁。
[*18] 東京高判1987（昭和62）年11月26日判時1259号30頁。
[*19] 小山剛「経済的自由の限界」小山＝駒村（編）・論点探究218頁。
[*20] この問題の所在は、学説においても夙に指摘されていたところである。たとえば、戸波・前掲注13）206-207頁、矢島・前掲注13）214-215頁等を参照。
[*21] 米沢・前掲注4）179頁。

の専門的・技術的裁量が認められる、といった類の議論）へと逃れ[*22]」ていった。

[2] 先例との対決？

> 【事例2】
> 　1994年、衆議院議員の選挙制度はそれまでの中選挙区制から小選挙区比例代表並立制へ移行した。当初、小選挙区選出議員の選挙区の画定は、小選挙区選出議員の総定数300のうち、各都道府県に1を配分し、次に、残りの253を人口比で各都道府県に配分し、その上で、各都道府県内部で具体的な選挙区を画定するという方法が採られた（1人別枠方式）。これは、過疎地域への配慮にもとづくものであった。
> 　2009年8月30日に行われた衆議院議員総選挙においては、小選挙区選挙における投票価値の最大較差は1対2.304であった。

【事例2】は「一票の較差」に関するものである。投票価値の平等については、少なくとも衆議院議員選挙については、合理的な根拠なく最大較差1対2を超えると「1人1票の原則」に反するので違憲となるという見解が通説であるとされていたが[*23]、「計算上限り無く1対1に近い数値を追求することが技術的に可能である限り、1対2という整数比以下の場合まで問題とすべきであり、基準として何等かの数値をあげる必要があるとすれば、それは1対1しかありえない」[*24]という見解も有力に主張されていた。

　最高裁は、基準として明確な数値を示したことはないものの、（1994年公職選挙法改正前の）中選挙区制の下では、1対3を基準としているのではないか、と推測されていた。小選挙区制の下では、最高裁は、最大較差1対2.309、最大較差1対2.471、最大較差1対2.171をそれぞれ合憲と判断していた[*25]。このような判例の積み重ねを踏まえるならば、【事例2】における最大較差も合憲と判断してよさそうであるが、実際に【事例2】に取り組んだ下級審（高裁）

[*22]　小山・前掲注19）218頁。
[*23]　芦部・憲法145頁。
[*24]　辻村みよ子『「権利」としての選挙権』（勁草書房、1989年）32頁。
[*25]　最判1999年（平成11）11月10日民集53巻8号1441頁、最判2001（平成13）年12月18日民集55巻7号1647頁、最大判2007（平成19）年6月13日民集61巻4号1617頁。

の判断は、違憲判断（4件）*26、違憲状態判断（3件）*27 および合憲判断（2件）*28 に分かれたのである*29。それぞれが興味深い判示を行っていたが、ここでは、特に、直近の最高裁判決（2007年最高裁判決）との関係を意識した福岡高裁判決（違憲判断）を見てみることにしよう。

　福岡高裁判決は、① 2007年最高裁判決には少数意見が付せられていたこと、② 2007年最高裁判決以降最高裁判事の構成に変更が生じたこと、③参議院議員選挙についての 2009年最高裁判決*30 に、最高裁の姿勢の変化を看取できること、④ 2009年最高裁判決が国会に対する勧告的意見を発していたことを指摘した上で、2009年最高裁判決「が明言するように、投票価値の平等が憲法上の要請であり、ひいては民主政治の基盤でありその理念は不変であって、これが現実の世界において実現しているかどうか日々検証することこそ、最重要課題であることからすれば、こうした議員定数の問題が司法の俎上に載せられた場合においては、裁判所としてはその都度、最高裁判決の存在及びその内容を十分に念頭におきつつも、定数配分のあり方について原点に立ち戻ったうえで熟慮、検討するのが相当であり、国会の裁量権の有無及び範囲についても、その判断の枠組みも含めて、新しい観点から比較的柔軟に検討を加えることが許されるものと考える」とした。

　福岡高裁が挙げる 2009年最高裁判決は、違憲判断を示したわけでも、違憲

---

*26 　大阪高判 2009（平成21）年12月28日判時 2075 号 3 頁、広島高判 2010（平成22）年 1 月25日判時 2075 号 15 頁、福岡高判 2010（平成22）年 3 月12日 LEX/DB 文献番号 25463118、名古屋高判 2010（平成22）年 3 月18日裁判所 HP。なお、いずれも選挙の違法を宣言するにとどめており、選挙を無効とはしていない。
*27 　福岡高那覇支判 2010（平成22）年 3 月 9 日判タ 1320 号 46 頁、高松高判 2010（平成22）年 4 月 8 日 LEX/DB 文献番号 25463190、東京高判 2010（平成22）年 2 月24日民集 65 巻 2 号 875 頁参照。
*28 　東京高判 2010年（平成22）3 月11日判時 2077 号 29 頁、札幌高判 2010（平成22）年 4 月27日 LEX/DB 文献番号 25463372。
*29 　衆議院議員選挙における投票価値の平等の問題は、まず、①「定数配分または選挙区割りが……諸事情を総合的に考慮した上で投票価値の較差において憲法の投票価値の平等の要求に反する状態に至っているか否か」が判断され、上記状態に至っているとされる場合には、次に、②「憲法上要求される合理的期間内における是正がされなかったとして定数配分規定又は区割規定が憲法の規定に違反するに至っているか否か」が判断される。そして、当該規定が憲法の規定に違反するに至っているとされる場合には、さらに、③「選挙を無効とすることなく選挙の違法を宣言するにとどめるか否か」が判断されることになる（最大判 2013〔平成25〕年 11 月20日民集 67 巻 8 号 1503 頁）。①の「投票価値の平等の要求に反する状態」に至っていると判断されたにとどまる場合を、一般に「違憲状態」といい、②における「違憲」判断と区別されている。
*30 　最大判 2009（平成21）年 9 月30日民集 63 巻 7 号 1520 頁。

状態判断を示したわけでもなかった。しかしながら、参議院議員選挙における投票価値の平等の問題については、確かに、最高裁の多数意見の中に「変化」が生じつつあった。まず、最大較差1対5.06を合憲と判断した2004年最高裁判決[*31]では、9名の裁判官から成る多数意見が、従来の枠組みを踏襲する「補足意見1」(5名)と、従来とは異なる枠組みを示した「補足意見2」(4名)とに分かれていたことが注目された。続く2006年最高裁判決[*32]では、2004年最高裁判決のような分断は生じなかったが、その多数意見の内容は2004年最高裁判決の「補足意見2」を「取り込んだもの」になっており[*33]、さらに、末尾で、国会において投票価値の較差是正のための検討を不断に行っていくべきことを求めていたのである。こういった流れの中で、福岡高裁判決が注目した2009年最高裁判決が下されたのである。確かに、参議院議員選挙の投票価値の平等については、最高裁の姿勢の変化を看て取ることができたのである。

2011年3月、【事例2】に取り組んだ最高裁は、一人別枠方式と当該投票価値の不平等を、それぞれ「違憲状態」と判断した[*34]。

[3] 先例の迂回？

> 【事例3】
> 　独身のA（男性）は、1955年頃にB（女性）と知り合い、Bの住居を用意したりBの生活費を負担するなどして、Bの生活を全面的に支えるようになった。1964年にAとBとの間にXが生まれた。AはXを可愛がり、幼稚園や学校の行事にも参加した。1979年に、Aは、妹の子であるYと養子縁組をし、また1994年にはYの子であるCとも養子縁組をした。
> 　1992年にXは認知の訴えを提起したが、Aは特に争わなかった。Aは、その後も誰とも婚姻をしなかった。1994年に、Aは財産のすべてを包括してYに相続させる旨の遺言をし、1995年にAは死亡した。Xは、Yに

[*31] 最大判2004（平成16）年1月14日民集58巻1号56頁。
[*32] 最大判2006（平成18）年10月4日民集60巻8号2696頁。
[*33] 谷口豊「判解」最判解民事篇平成18年度（下）1060頁。
[*34] 最大判2011（平成23）年3月23日民集65巻2号755頁。衆議院議員選挙の投票価値について最高裁は、その後、最大較差1対2.425、最大較差1対2.129をそれぞれ違憲状態と判断する一方（最大判2013〔平成25〕年11月20日民集67巻8号1503頁、最大判2015〔平成27〕年11月25日民集69巻7号2035頁）、最大較差1対1.979は合憲と判断している（最大判2018〔平成30〕年12月19日民集72巻6号1240頁）。

> 対し遺留分減殺請求の意思を表示した。

　2013年改正前の民法900条4号但書は、嫡出でない子の法定相続分を嫡出子の2分の1としていた（以下では、この部分を「本件規定」という。）。「被相続人の財産の中で、法律上その取得が一定の相続人に留保されていて、被相続人による自由な処分（贈与・遺贈）に対して制限が加えられている持分的利益」のことを遺留分というが（民法1028条）[35]、民法900条4号は遺留分について準用されるので（民法1044条）、【事例3】の場合、Xの遺留分は10分の1となる（もし、嫡出子と嫡出でない子との間に法定相続分についての差別が設けられていなかったら、【事例3】におけるXの遺留分は6分の1となる）。

　本件規定が法の下の平等を定めた憲法14条1項に違反するか否かについて、最高裁は、1995年に合憲判断を下し[36]、その後も、最高裁は合憲判断を積み重ねてきていた[37]。とはいえ、1995年の合憲判断の時点で、すでに、その合理性に疑問を投げかけた裁判官が4名いたので、反対意見を述べた5名の裁判官を加えると、本件規定の合理性に疑問を抱く裁判官が9名いたことになる。また、その後の合憲判断の際にも、反対意見や立法による改正を求める補足意見が付せられていたので、本件規定についての合憲判断は「辛うじて枝にぶら下がっていた熟柿」の状態であったともいえる[38]。

　ところで、【事例3】の場合、相続開始は1995年である。最高裁は、相続開始が2000年であった事案において本件規定を合憲と判断していた[39]ので、最高裁の判断を尊重しようとするならば、本件規定そのものを違憲と判断することはできないことになる。実際、【事例3】の東京高裁判決[40]において裁判長を務めた大坪丘は、「法令違憲の判断をすることは判例抵触になる」と考えていた[41]。それでは、東京高裁はどうしたのであろうか。

---

[35] 潮見佳男『相続法〔第5版〕』（弘文堂、2014年）295頁。
[36] 最大決1995（平成7）年7月5日民集49巻7号1789頁。
[37] 最判2000（平成12）年1月27日判時1707号121頁、最判2003（平成15）年3月28日家月55巻9号51頁、最判2003（平成15）年3月31日家月55巻9号53頁、最判2004（平成16）年10月14日判時1884号40頁、最決2009（平成21）年9月30日家月61巻12号55頁等。
[38] 尾島明「嫡出でない子の法定相続分に関する最高裁大法廷決定」法律のひろば66巻12号（2013年）39頁。
[39] 最決2009（平成21）年9月30日家月61巻12号55頁。
[40] 東京高判2010（平成22）年3月10日判タ1324号210頁。

東京高裁判決は、まず、Yは「婚姻関係から出生した嫡出子ではない」ので、Xの遺留分を「嫡出子」であるYの遺留分割合の2分の1としてYの取り分を増やしても、それは「法律婚を尊重することには何ら結びつかない」ことを指摘した上で（1995年決定において、最高裁は、本件規定の「立法理由」を「法律婚の尊重と非嫡出子の保護の調整」と捉えていた[*42]。）、Aについて「婚姻関係が成立していない本件事案において、本件規定を準用して本件区別をもたらすことと立法理由との間に直接的な関連性は認められず、法律婚の尊重という立法理由からは、その合理性を説明できない」とした。東京高裁判決は、さらに、相続発生の時点（1995年）では、「本件規定及び本件区別を正当化する理由となった社会事情や国民感情など」は、「もはや失われたのではないかとすら思われる状況に至っている」ことも指摘した上で、「本件規定ないしこれを準用する民法1044条が法令として違憲・無効であるとはいえないにしても、これを本件事案に適用する限りにおいては、違憲と評価され、効力を有しないというべきである」として、いわゆる「適用違憲」の判断を示したのである。このような「適用違憲」の手法は、「先例の迂回」の技術として用いられうるのであり、さらにいうと、「下級審の創造性は、迂回の技術、とりわけ区別の技術を駆使する際に、発揮される」[*43] のである。【事例3】における東京高裁判決を、そのような「区別（distinguish）」の例として捉えることができよう。

　なお、最高裁は、2013年に、【事例3】とは別の事件において、遅くとも当該事件の相続開始（2001年7月）当時には本件規定は憲法14条1項に違反していたと判断している[*44]。

　以上のように、最高裁の「判例」に対する下級審の対応は一様ではないので、下級審の裁判例の中には、最高裁の「判例」を読むための新たな切り口を示してくれるものが少なくないのである。

[*41]　高橋和之ほか「〔座談会〕非嫡出子相続分違憲最高裁大法廷決定の多角的検討」法の支配175号（2014年）12頁〔大坪丘発言〕.
[*42]　中林暁生「婚外子法定相続分規定違憲決定」長谷部恭男編『論究憲法──憲法の過去から未来へ』（有斐閣、2017年）317-324頁を参照。
[*43]　米沢・前掲注4）196頁。
[*44]　最大決2013（平成25）年9月4日民集67巻6号1320頁。

3　最高裁の「判例」を読む

[1] 2010年新司法試験論文式試験公法系科目〔第1問〕

下級審の裁判例を読むことの意義を考えることが part.1 の目的であるが、ここで、下級審の裁判例を無闇矢鱈と読むことを推奨したいわけではない。

たとえば、関係しそうな裁判例を多く知っていればよいということではなく、最高裁の「判例」との関係を的確に理解することの方がより重要である。

> 【事例4】
>
> 　ボランティア活動などの社会貢献活動を行う、営利を目的としない団体（NPO）である団体Aは、ホームレスの人たちなどが最底辺の生活から抜け出すための支援活動を行っている。団体Aは、支援活動の一環として、Y_1 市内に2つのシェルター（総収容人数は100名）を所有している。その2つのシェルターに居住する人たちは、それぞれのシェルターを住所として住民登録を行い、生活保護受給申請や雇用保険手帳の取得、国民健康保険や介護保険等の手続をしている。
>
> 　職も住む所も失ってしまった X_1 は、団体Aに支援を求めた。そして、その団体Aの所有するシェルターに入居し、そこを住所として住民登録を行った。その後、厳しい経済不況の中、団体Aの支援を求める人も急増し、2つのシェルターに居住し、そこを住所として住民登録を行う人数は200名を超えるに至った。シェルターが「飽和状態」となって息苦しさを感じた X_1 は、シェルターに帰らなくなり、正規社員への途も得られず、アルバイトで得たお金があるときは Y_1 市内のインターネット・カフェを泊まり歩き、所持金がなくなったときには Y_1 市内のビルの軒先で寝た。
>
> 　201＊年4月に、Y_1 市は、住民の居住実態に関する調査を行った。調査の結果、団体Aのシェルターを住所として住民登録している人のうち、X_1 を含む60名には当該シェルターでの居住実態がないと判断した。Y_1 市長は、それらの住民登録を抹消した。
>
> 　X_1 は、住民登録が抹消された年の10月に行われた衆議院議員総選挙の際に、選挙人名簿から登録を抹消されたために投票することができなかった。

【事例5】
　Y_2市B区にあるCと通称される地域は、建設現場等での日雇労働に従事する多数の者が拠点とする場所である。X_2は、1年に2、3回、1回につき1箇月程度、飯場生活を伴う遠方の仕事に就くことがあるほかはCで生活している。Cで生活している時は、収入状況により簡易宿所に宿泊するが、簡易宿に宿泊できない時はNPOの運営するシェルターに宿泊するか、野宿していた。継続的かつ安定的な住居を持たないX_2のような建設労働者のうちには、X_2を含め、C会館を住所として住民基本台帳に記録されている者が相当数いる。X_2は、自分宛の郵便物の郵送先をC会館とし、C会館1階所在のC地域合同労働組合事務所で保管してもらっていた。X_2は、月に1ないし2回、自分宛ての郵便物を受領するために同事務所を訪れるが、C会館を起臥寝食の場所としたことはなかった。なお、2006年12月の時点で、C会館を住所として住民基本台帳に記録されていた者は3,000人を超えていた。
　2007年1月、B区長は、住民の居住実態に関する調査を開始した。調査の結果、B区長は、X_2に対し、2007年2月22日付けで、同年3月2日までにB区役所に来庁して連絡をしなければ、X_2の住所がC会館の所在地にないものとしてX_2の住民票を消除する旨を記載した「住民票消除予告書」を送付し、X_2はこれを受領した。B区長は、同年3月29日、X_2について住民票を削除する処分をした。

　【事例4】は、2010年に実施された新司法試験論文式試験の公法系科目〔第1問〕[45]の事例から、選挙権に関する部分を中心に抜粋したものである（さらに、原文ではXとYとなっていたものを、X_1とY_1に改め、また、参考資料の指示を削除してある。）。【事例5】は、2007年に大阪府西成区で実際に問題となった事例[46]を基にしたものである。
　【事例4】と【事例5】では、X_1とX_2がそれぞれ住民登録を削除（住民票を消除）されている住民基本台帳は、選挙人名簿の登録の基礎とされているので

---

[45]　この問題については、小山剛＝中林暁生「公法系科目〔第1問〕——対話篇」法学セミナー編集部編『新司法試験の問題と解説2010』（日本評論社、2010年）21頁以下、中林暁生「公法系科目〔第1問〕——解説篇」同書27頁以下を参照。

[46]　大阪地決2007（平成19）年4月3日判自302号13頁等を参照。

下級審の裁判例を通して「判例」を読む

(公職選挙法15条1項、21条1項)、住民登録の削除(住民票の消除)は、選挙人名簿からの登録抹消(そして選挙権行使の制限)へと繋がっていきうる仕組みになっている*47。

[2] 2つの事例の類似点と相違点

【事例4】と【事例5】とは、それぞれ、シェルター(【事例4】)とB会館(【事例5】)それぞれを住所として住民登録をしている者が多数いる点、市長が居住実態のない者についての調査を行った点、さらに、住民登録の抹消(住民票の消除)が問題となっている点で、類似点が多く見受けられる。それでは、【事例5】に関する裁判例を知っていれば、2010年の新司法試験論文式試験公法系科目〔第1問〕は解きやすかったといえるであろうか。この点は、それらの裁判例を知っていた受験生がいたとして、彼らが、各裁判例をどのように読み、どのように理解していたかによって異なりうるであろう。なぜならば、2つの事例には、重要な相違点もあるからである。とりわけ、【事例4】における X_1 がシェルターに帰らなくなった点と、【事例5】における X_2 が、おおむねC地域で生活し、月に1~2回はC会館を訪れ、さらに、B区長の送付した「住民票消除予告書」を受領していたという点の違いが、ここでは重要である。すなわち、【事例5】では、住民票の削除そのものを問題にすることができるが、【事例4】では、そのことを問題にするのに必要な情報が示されていないのである。【事例4】において、X_1 が離れたシェルターと X_1 が泊まり歩いた

---

*47 公職選挙法27条1項は「市町村の選挙管理委員会は、選挙人名簿に登録されている者が……当該市町村の区域内に住所を有しなくなったことを知った場合には、直ちに選挙人名簿にその旨の表示をしなければならない」と定め、また、同法28条2号は「市町村の選挙管理委員会は、当該市町村の選挙人名簿に登録されている者について」27条1項の表示をされた者が当該市町村の区域内に住所を有しなくなった日後四箇月を経過するに至ったときは「これらの者を直ちに選挙人名簿から抹消しなければならない」と定めている。そこで、厳密にいうと、住民登録からの削除(住民票の削除)は、公職選挙法27条1項にいう「住所を有しなくなつた」旨の表示するための法律上の要件となっているわけではない。とはいえ、住民基本台帳法及び公職選挙法諸規定からすれば、「住民票の消除がされた者は当該市町村の区域内に住所を有しなくなった高度の蓋然性が存するということができる上、住民基本台帳法15条2項、公職選挙法29条1項の各規定に照らすと、同法は住民基本台帳法15条2項に基づく市町村長からの住民票の消除の通知に基づいて当該市町村の選挙管理委員会が選挙人名簿に公職選挙法27条1項の規定による住所を有しなくなった旨の表示をすることを予定しているものということができ」、「そうであるとすれば、住民票の消除は、選挙権の行使の制限という法的効果をもたらす行政処分ということができる」とされる(大阪地決2007(平成19)年2月20日裁判所HPを参照)。ただし、高見勝利「国政選挙と路上生活者の選挙権」書斎の窓598号(2010年)表Ⅱ頁、野中ほか・憲法Ⅰ542頁〔高見勝利〕を参照。

Y₁市内のインターネットカフェやビルの軒先との位置関係も不明である。また、【事例5】は、まさにY₂市（大阪市）が住民票の消除処分を行おうとしていた場面に関するものであるのに対し、【事例4】は、すでに消除処分がなされた後の話である[*48]。

もちろん【事例5】に関する大阪地裁の決定の次のような判示は、【事例4】を選挙権の問題として捉える際には参考になるであろう。

> ……公職選挙法21条1項、27条1項、28条2号の規定の趣旨、目的が選挙の公正を確保する等の観点から直ちに不合理であるということができないとしても、その結果、生活の本拠と評価するに足りる一定の場所を定めずに一時的な滞在場所を次々と変えていく者や、短期間のうちに市町村の区域を越えて生活の本拠と評価するに足りる場所の移転を繰り返す者などは、選挙人名簿に登録することができず、これらの者は、地方公共団体の議会の議員及び長の選挙のみならず、両議院の議員の選挙についてまで、その選挙権ないしその行使が制限されることとなるのである。そして、このような者が国民の中に少なからず存在することは公知の事実であり、憲法は、これらの者についても、選挙権を国民固有の権利として保障するとともに、国民として投票をする機会を平等に保障していることはいうまでもないことにかんがみると、選挙の公正を確保しつつこれらの者の選挙権の行使を認めることができるような制度を構築することが検討されるべきであり、そのために解決すべき問題が多く、立法技術上種々の困難が存することは容易に推認されるところであるとしても、当該制度の構築が事実上不能ないし著しく困難であると直ちに断ずることはできない。そうであるとすれば、上記のような者の選挙権ないしその行使が制限されることについてやむを得ない事由があると直ちにいうことができるかについては疑問なしとしない。

ここで、「選挙権ないしその行使が制限されることについてやむを得ない事由があると直ちにいうことができるかについては疑問なしとしない」という箇所は、「国民の選挙権又はその行使を制限するためには、そのような制限をすることがやむを得ないと認められる事由がなければならないというべきである」という2005年の在外国民選挙権訴訟最高裁判決[*49]の判示に呼応するも

[*48] 【事例4】の基になった新司法試験論文式試験問題法系科目〔第1問〕では、「住民票がなくなってしまうことがいちばん人の問題なのに、それはやむを得ないとなっています」遠藤比呂通＝宍戸常寿［対談］憲法解釈論／訴訟論と憲法学修」法セ670号（2010年）38頁〔遠藤比呂通発言〕。

のである。

[3] 在外国民選挙権訴訟と【事例4】

　（新）司法試験の目的は、「裁判官、検察官又は弁護士となろうとする者に必要な学識及びその応用能力を有するかどうかを判定すること」にある（司法試験法1条1項）。2010年の新司法試験論文式試験公法系科目〔第1問〕では——最高裁が下した違憲判決という意味でも——基本知識に属する2005年の在外国民選挙権訴訟最高裁判決を応用する能力が問われていた、というべきであろう。2010年の新司法試験論文式試験公法系科目〔第1問〕は、問題文で、「国民の重要な基本的権利である選挙権も、住所を有していないと、選挙権を行使する機会自体を奪われる」と述べていたので、【事例5】の基となった大阪地裁決定の前出の判示を知らなくても出題意図に気づくことは可能であったといえるであろう。ホームレスと呼ばれる人たちが置かれている状況などを踏まえた解答を書くという点では、【事例5】に関する裁判例を知っていた方が有利であったといえるかしれないが、それらを知らなくとも、「人権感覚」を持っていれば、ある程度の解答を書くことは十分可能であったといえる。

　ところで、【事例4】のX_1は、「息苦しさ」を感じて、シェルターを離れている。もしかしたら、"「住所」もなければ選挙権を行使できないことくらい、大人なら知っていて当然であろう""選挙権を行使できないのは自己責任である"と考える人もいるかもしれない。しかし、そう考える人は、在外国民の中には、日本に「息苦しさ」を感じて、日本を離れた人もいたかもしれないということに思いを致してみて欲しい。したがって、在外国民に選挙権の行使の機会が認められる（1998年の公職選挙法改正により、国政選挙について在外国民にも投票の機会が——当初は部分的にではあったが——認められた。）前に日本を離れた人に対しても、選挙権を行使できないのは自己責任である、ということができるのである。そうすると、在外国民選挙権訴訟の事案と【事例4】との間には、国内に住所がない者の選挙権の行使の制限、というレベルだけでなく、具体的な事案のレベルでも類似点があることに気がつくかもしれない。

---

*49　最大判2005（平成17）年9月14日民集59巻7号2087頁。

このように在外国民選挙権訴訟の事案に【事例4】との類似性を見出しうるような視点は、その点を直接指摘する文献[*50]等を目にしていなかったとしても、在外国民選挙権訴訟を下級審判決から読んでいくことで、獲得することができたかもしれないのである。なぜならば、在外国民選挙権訴訟の控訴審判決[*51]は、「控訴人らが国内に住所を有せず住民登録をしていないことは、・自・己・の・選・択・の・結・果・であって、日時の経過により変わり得るものであり、このような国内に住所を有せず住民登録もないという状態の継続している期間中、右状態に対応した選挙権行使の面における取扱いの区別がされることは、生来の人種、性別、門地や、信条、身分、財産等により不合理な差別がされることとは、大きく性質の異なるものと解すべきである」と述べていたからである（傍点中林）[*52]。すなわち在外国民選挙権訴訟上告審判決を、単に、"海外に居る日本人の事例に関する判例"として記憶するのではなく、"自己の選択の結果海外に居る日本人の事例に関する判例"として記憶していれば、在外国民選挙権訴訟上告審判決と【事例4】との類似性を見出すことは容易であったということができる。

4　「判例」の相対化

　標準的な法学部の学生による憲法学修の一助となることを目指す本書の冒頭において、（新）司法試験の問題を挙げたことについては、少し説明が必要であろう。

　まず、（新）司法試験の問題を解くにあたって、論じるべき問題を適確に捉えるということは、解答の第1歩にすぎない。2010年の新司法試験論文式試験公法系科目〔第1問〕（【事例4】を参照）についていえば、X_1側の主張と、それに対する反論を踏まえた上での解答者自身の主張を展開していくことが求められている[*53]のであり、そして、その厚みが、答案の質を決定するのであ

[*50]　たとえば、笹沼弘志『ホームレスと自立／排除』（大月書店、2008年）265-267頁を参照。
[*51]　東京高判2000（平成12）年11月8日判夕1088号133頁。
[*52]　控訴審判決のこの部分への注目を促しつつ、在外邦人の上告審判決をホームレスと呼ばれる人の選挙権の事案にも応用することを指摘していたものとして、笹沼弘志「『権利を持つ権利』と立憲主義の限界」法セ628号（2007年）54頁を参照。

る。むしろ重要なことは、(新)司法試験で求められている「裁判官、検察官又は弁護士となろうとする者に必要な学識」には、法学部(あるいは法科大学院1年次)の段階で修得しておくべき基本知識も当然に含まれている、という点であろう。

　それでは、どのような状態に至ると基本知識を修得したといえるのであろうか。これを端的にいうことは不可能であるが、たとえば重要な「判例」を少しでも相対化して理解することができたとすれば、それは、その「判例」の修得に一歩近づいたということができるであろう。「判例」を相対化させて理解するために、学生は概説書、参考書、論文、判例解説や判例評釈等を読むのであるが、下級審の裁判例もまた、「判例」を相対化させて理解するためのツールの一つとなるように思われる。その可能性を示すことができたとすれば、本章の目的は達せられたことになる。

---

*53　駒村・転回 8-9 頁を参照。

part.1 「判例」を読む　　　▷19条・21条

謝罪と反論

【事例】
　1977年、新聞記者であったXは『ベトナムはどうなっているのか？』という書籍（以下では、「本件著作物」という。）を執筆し、その中で、ベトナムの僧尼が焼死した事件（以下では、「本件焼身事件」という。）について語ったベトナムの愛国仏教会副会長の談話を紹介した。

　1981年、国際政治学者であるY_1は、Y_2（株式会社文藝春秋）が発行する月刊誌『諸君！』に「今こそ『ベトナムに平和を』」と題する評論（以下では、「本件評論」という。）を掲載した。その中で、Y_1は、本件焼身事件についての自らの取材に基づいて、本件焼身事件について本件著作物からの引用を行った上で、Xの執筆姿勢とXによる取材内容の信憑性に関する批判を行った。

　Xは、本件評論がXの名誉を毀損し、さらにXの著作者人格権を侵害したとして、Y_1、Y_2、『諸君！』の編集長であったY_3らに対して損害賠償および『諸君！』への謝罪文掲載を請求し、さらに、Y_2に対しては、民法723条および著作権法115条に基づいて、『諸君！』への反論文掲載を請求した。

【参考資料】
民法（2004年改正前）
第709条　故意又ハ過失ニ因リテ他人ノ権利ヲ侵害シタル者ハ之ニ因リテ生シタル損害ヲ賠償スル責ニ任ス
第723条　他人ノ名誉ヲ毀損シタル者ニ対シテハ裁判所ハ被害者ノ請求ニ因リ損害賠償ニ代ヘ又ハ損害賠償ト共ニ名誉ヲ回復スルニ適当ナル処分ヲ命スルコトヲ得

> 著作権法（2002年改正前）
> 第115条　著作者は、故意又は過失によりその著作者人格権を侵害した者に対し、損害の賠償に代えて、又は損害の賠償とともに、著作者であることを確保し、又は訂正その他著作者の名誉若しくは声望を回復するために適当な措置を請求することができる。
>
> ＊【事例】については、東京地判1992（平成4）年2月25日判夕784号84頁を参照。なお、本文では、民法の規定は現行のものに拠る。

1　はじめに

【事例】において、Xは、民法723条等に基づき、当該雑誌への反論文の掲載を求めている。そこで、まずは、反論文の掲載が問題となった1987年のサンケイ新聞事件最高裁判決[*1]（以下では、「1987年判決」という。）との関係が問題になりそうである。また、Xが反論文の掲載を求める根拠として民法723条等を挙げていることから、裁判所が謝罪広告を命ずることの合憲性が問題となった1956年の謝罪広告事件最高裁判決[*2]（以下では、「1956年判決」という。）との関係も問題となりそうである。そこで、本章では、1987年判決と1956年判決という2つの「判例」の関係に光を当ててみることにしよう。

2　基本知識

[1] 1987年判決

まずは、1987年判決に関する基本知識を確認しておこう。事件の概要は、自由民主党がサンケイ新聞に日本共産党に関する意見広告を掲載したことを受けて、日本共産党が、サンケイ新聞に対して反論文を無料で掲載することを求めたというものである。

[*1] 最判1987（昭和62）年4月24日民集41巻3号490頁。
[*2] 最大判1956（昭和31）年7月4日民集10巻7号785頁。

一般に、「情報の受け手である一般国民が、情報の送り手であるマス・メディアに対して、自己の意見の発表の場の提供を要求する権利*3」（傍点原文）をアクセス権というが、「マス・メディアで自己の名誉等につき批判・攻撃された場合に反論文の掲載ないし反論の機会の提供を請求する権利*4」すなわち「反論権」もこのアクセス権に含まれる。

　1987年判決は、「新聞の記事に取り上げられた者が、その記事の掲載によって名誉毀損の不法行為が成立するかどうかとは無関係に、自己が記事に取り上げられたというだけの理由によって、新聞を発行・販売する者に対し、当該記事に対する自己の反論文を無修正で、しかも無料で掲載することを求めることができるものとするいわゆる反論権の制度は、記事により自己の名誉を傷つけられあるいはそのプライバシーに属する事項等について誤った報道をされたとする者にとっては、機を失せず、同じ新聞紙上に自己の反論文の掲載を受けることができ、これによって原記事に対する自己の主張を読者に訴える途が開かれることになるのであって、かかる制度により名誉あるいはプライバシーの保護に資するものがあることも否定し難い」としつつも、「この制度が認められるときは、新聞を発行・販売する者にとっては、原記事が正しく、反論文は誤りであると確信している場合でも、あるいは反論文の内容がその編集方針によれば掲載すべきでないものであっても、その掲載を強制されることになり、また、そのために本来ならば他に利用できたはずの紙面を割かなければならなくなる等の負担を強いられるのであって、これらの負担が、批判的記事、ことに公的事項に関する批判的記事の掲載をちゅうちょさせ、憲法の保障する表現の自由を間接的に侵す危険につながるおそれも多分に存する」と述べた上で、成文法の根拠のない反論権を認めなかったのである。

[2] 1956年判決

　次に、1956年判決に関する基本知識を確認しておこう。衆議院議員総選挙の際に、候補者Yが政見放送や新聞紙上における公開状を通じて、別の候補者Xが県副知事在職中に発電所建設に際して周旋料をとった旨を発表したの

---

*3　芦部・憲法学Ⅲ273頁。
*4　芦部・憲法学Ⅲ274頁。

に対し、XがYを名誉毀損で提訴した。第1審は名誉毀損の成立を認め、民法723条に基づいて、「……右放送及び記事は真実に相違して居り、貴下の名誉を傷け御迷惑をおかけいたしました。ここに陳謝の意を表します。」というY名義の謝罪広告を新聞紙上に掲載することを命じた。そこで、このような謝罪広告の掲載を裁判所が命令することはYの思想・良心の自由を侵害するか否かが問題となったのである。

1956年判決は、「単に事態の真相を告白し陳謝の意を表明するに止まる程度のものにあっては、これが強制執行も代替作為として民訴733条［当時──中林注］の手続によることを得るものといわなければならない」とした上で、「少くともこの種の謝罪広告を新聞紙に掲載すべきことを命ずる原判決は、上告人に屈辱的若くは苦役的労苦を科し、又は上告人の有する倫理的な意思、良心の自由を侵害することを要求するものとは解せられないし、また民法723条にいわゆる適当な処分というべきである」と判示した。

3 事例

【事例】において、Xは民法723条等に基づいて、反論文の掲載を求めている。最高裁[*5]によると、民法723条「が、名誉を毀損された被害者の救済処分として、損害の賠償のほかに、それに代えまたはそれとともに、原状回復処分を命じうることを規定している趣旨は、その処分により、加害者に対して制裁を加えたり、また、加害者に謝罪等をさせることにより被害者に主観的な満足を与えたりするためではなく、金銭による損害賠償のみでは塡補されえない、毀損された被害者の人格的価値に対する社会的、客観的な評価自体を回復することを可能ならしめるためである」。この民法723条の「名誉を回復するのに適当な処分」として多く用いられているのが、謝罪広告の掲載である[*6]。

反論権は、広義の反論権（「マス・メディアの記事等によって批判・攻撃された者が、そのマス・メディアに対し、無料で反論の掲載等を請求する権利」）と狭義の反論

[*5] 最判1970（昭和45）年12月18日民集24巻13号2151頁。
[*6] 和田真一「名誉毀損の特定的救済」山田卓生編集代表（藤岡康宏編集）『新・現代損害賠償法講座 第2巻 権利侵害と被侵害利益』（日本評論社、1998年）120頁。

権(「マス・メディアの記事等によって名誉を侵害された者が、そのマス・メディアに対し、名誉を回復するために、無料で反論の掲載等を請求する権利」)とに区別される[*7]。1987年判決が広義の反論権を認めなかったのは明らかである。狭義の反論権については、1987年判決は、当該意見広告によって政党としての日本共産党の「名誉が毀損され不法行為が成立するものとすることはできない」としたので、その可否には触れていない。

　名誉毀損の場合に、「反論文を掲載して貰うことによって、自分のことばで、相手方の非を明らかにするチャンスが与えられることは、名誉毀損を受けた者にとっては、たんに消極的なつぐないである金銭上の損害賠償に比べて、救済手段としては・より・効果的であるといえる」(傍点原文)し、また、読者にとっても「元の記事に対する直接関係者からの反論が公表されることにより、当該話題のもつ別の側面をうかがうことができ、それをつうじてより深く当該話題を理解することになりうる[*8]」。但し、その場合にも、新聞社・出版社の編集権の制約という問題が生ずるので、「加害者と被害者との双方の利害得失を衡量して、決着をつけるような制度づくりが望まれる[*9]」ことになる。

　【事例】の1審判決[*10]は——一般論としてではあるものの[*11]——民法723条の処分または著作権法115条の措置としては「通常は、謝罪広告又は謝罪文の交付であるが、これに代えて又はこれと共に、反論文を掲載するが有効、適切である場合には、反論文掲載請求が許容されることもありうると考えられる」と述べていた。

[*7]　山本敬三「判批」メディア百選146頁。
[*8]　奥平康弘『ジャーナリズムと法』(新世社、1997年)235-236頁。
[*9]　奥平・前掲注8) 236頁。
[*10]　東京地判1992(平成4)年2月25日判夕784号84頁。本判決については、戸松秀典「判批」「平成4年度重要判例解説」24頁以下を参照。
[*11]　1審判決、控訴審判決(東京高判1993(平成5)年12月1日LEX/DB文献番号28021023)および上告審判決(最判1998(平成10)年7月17日判時1651号56頁)はいずれも、名誉毀損の不法行為の成立を否定している。上告審判決については、右崎正博「判批」法時71巻13号(1999年)254頁以下、安西文雄「判批」メディア百選74頁以下等を参照。

4　問題の整理

　ここで、問題の整理を行っておこう。20世紀以降のマス・メディアの発達に伴い、情報の送り手と情報の受け手の分離・固定化が進み、いわゆる「思想の自由市場」の前提そのものが疑われるようになって主張されたのが、「人びとが情報の送り手として市場にアクセスできることを確保する制度[*12]」としてのアクセス権であった。このようなアクセス権は、「国家干渉によって思想の自由競争を回復するという考え方[*13]」に基づくものであり、さらにアクセス権には――1987年判決が指摘したように――マス・メディアの表現の自由（編集の自由）を制約するという側面もあることから、表現の自由の保障との関係において慎重な考慮が必要であると考えられてきた。とはいえ、「一般的な形でのアクセス権の保障には異論もあるものの、より限定された形でのアクセス権であれば、話は別である[*14]」とされ、そのような例として名誉毀損の場合の反論文の掲載が挙げられてきたのである[*15]。

　1987年判決は、広義の反論権とマス・メディアの編集の自由とが対立しうることを指摘していたが、狭義の反論権を認める場合には、この問題をどのように考えればよいのだろうか。そのための手がかりを得るために、次に、1966年の最高裁判決[*16]（以下では、「1966年判決」という。）と2004年の最高裁判決[*17]（以下では、「2004年判決」という。）を見てみることにしよう。

5　謝罪広告と表現の自由

　「謝罪広告事件」として知られている1956年判決は、思想・良心の自由（憲

[*12]　樋口・憲法244頁。
[*13]　樋口・憲法245頁。
[*14]　松井茂記『マス・メディア法入門〔第5版〕』（日本評論社、2013年）353頁。
[*15]　松井・前掲注14）355頁、134-135頁。
[*16]　最判1966（昭和41）年4月21日集民83号269頁（裁判所HPを参照）。
[*17]　最判2004（平成16）年7月15日LEX/DB文献番号28092064。本判決については、池端忠司「判批」メディア百選144頁以下、瀧澤孝臣「判批」NBL811号（2005年）99頁以下を参照。さらに、渋谷秀樹ほか『憲法事例演習教材』（有斐閣、2009年）30頁以下〔渡辺康行〕を参照。

法19条）に関する判決として取り扱われるのが一般的である。これに対し、名誉毀損にもとづく謝罪広告の掲載が請求された事案において、思想・良心の自由だけでなく、表現の自由も問題となったのが、1966年判決と2004年判決であった。この2つの判決と1956年判決との決定的な違いは、他人の名誉を毀損したとされる者（加害者）がマス・メディア自身であるか否かという点に存している。

[1] 1966年判決

1966年判決では、新聞紙の記事が名誉毀損にあたるとされた事案において、裁判所が、その新聞紙の編集印刷発行人および記者両名の名義による謝罪広告を当該新聞紙に掲載することを命じたことの合憲性が問題になった。第三者の発行する新聞紙への謝罪広告の掲載が問題となった1956年判決とは異なり、この事件では自身の発行する新聞紙への謝罪広告が命じられたため、思想・良心の自由だけでなく、表現の自由も問題となったのである。そして、最高裁は、「新聞紙に謝罪広告を掲載することを命ずる判決は、その広告の内容が単に事態の真相を告白し陳謝の意を表明する程度のものにあっては憲法19条に違反しないことは当裁判所の大法廷の判決［1956年判決のこと——中林注］……の示すところであり、右のごとき判決が憲法21条1項に違反しないことは、右判決の趣旨に徴して明らかである」（傍点中林）と判示した。

[2] 2004年判決

2004年判決も、名誉毀損の加害者がメディア自身という事案であり、判示も1966年判決の判示と同様のものである。ただ、その原判決（控訴審判決）[*18]は、謝罪広告と表現の自由（編集の自由）との関係について興味深い判示を行っていた。すなわち、原判決は、謝罪広告の掲載場所（当該雑誌の広告・グラビアを除いて表表紙から最初の頁）も指定していたことについて、「謝罪広告の掲載場所の指定が、1審被告らの表現の自由を侵害するものではないことは明らかである」と述べていたからである。原判決のように謝罪広告の掲載場所を指

---

*18 福岡高判2004（平成16）年2月23日判タ1149号224頁。

定する裁判例は多いとされる[*19]。これらに対し、1995年の東京地裁判決[*20]（以下では、「1995年東京地裁判決」という。）は謝罪広告の掲載命令と表現の自由（編集の自由）との関係についての興味深い調整方法を示していた。

[3] 1995年東京地裁判決

1995年東京地裁判決も、名誉毀損訴訟における被告の発行する雑誌への謝罪広告の掲載が問題となったのであるが、同判決は、謝罪広告は「被告発行の雑誌に掲載させるものであるため、その強制執行としては、民事執行法172条に定める間接強制の方法によるほかないものである（同法171条に定める代替執行の方法を執ることは、被告の表現の自由との関係で困難である。）」とした上で[*21]、「謝罪広告の掲載方法については、当裁判所が命ずる趣旨を害しない限度で、まず、被告の自由意思を尊重すべきであり」、当該雑誌の「どの部分に掲載するか、見出しにどのような活字を使い、その体裁をどのようにするか等の掲載の細目については、被告に委ねるのが相当である」（傍点中林）と判示したのである。すなわち、1995年東京地裁判決は、謝罪広告と表現の自由（編集の自由）という問題について、表現の自由にも配慮して、被告の自主性に委ねたのである[*22]。

6　狭義の反論権の可能性

1987年判決は、広義の反論権と編集の自由との関係という問題を提示したが、その際に1987年判決が憂慮していたのは、広義の反論権を認めることが、マス・メディアによる批判的記事の掲載を躊躇させることにつながることであった。そして、広義の反論権と名誉毀損による不法行為の成立を前提とする狭義の反論権は別の問題であるから、前者（広義の反論権）について否定的に

[*19]　判タ1149号224頁の解説を参照。
[*20]　東京地判1995（平成7）年3月14日判タ872号298頁。
[*21]　そもそも1956年判決「の行論の重要な部分を占めるのは、謝罪広告に関する憲法論ではなく、謝罪広告の強制執行の方法に関する民事執行法の議論であ」り、1956年判決は、「まず、民事執行法判例として読まれなければならない」（蟻川恒正「判批」メディア百選142頁）。
[*22]　判タ872号298-299頁の解説を参照。

解しつつ、後者(狭義の反論権)については肯定的に解するということは可能であるといえる。しかしながら、狭義の反論権について肯定的に解する場合であっても、加害者がマス・メディアであり、さらに、反論文の掲載をそのマス・メディア自身に命ずる場合には、そのことと表現の自由(編集の自由)との関係についても考慮する余地があることを1995年東京地裁判決は示唆したのである。

ところで、謝罪広告に関する実務を参照すると、狭義の反論権については、さらに検討するべき問題があることがわかる。仮に狭義の反論権を認める場合、原告の求める反論文の内容によっては、過剰な反撃や新たな名誉毀損を招来しうるという弊害がありえるのである。「このような弊害を抑えるためには、従来のわが国の謝罪広告命令判決のプラクティスのように、原告の提示・請求する文案を裁判所がいわば添削(主として、内容を緩和・縮小する方向への添削)して命ずることも考えられるが、これでは、反論権の構想の本質的なところは骨抜きになってしまうであろう[23]」。

謝罪広告に関する実務については、近年、「謝罪広告を命ずる判決において被告に求められているのは、他者の表現を自己の表現として引き受けることに外ならない[24]」という指摘がなされている。謝罪広告の場合は、原告の求めた謝罪文に、必要に応じて裁判所が「添削」したものが、被告名義で掲載されるのである。これに対し、【事例】において原告(X)の求めた反論文[25]は――当然のことながら――原告名義のものである。

7 おわりに

反論権というと、多くの人は1987年判決を思い浮かべるであろうが、民法723条の下で、狭義の反論権の可能性[26]を模索する際に検討するべき諸課題

---

[23] 幾代通「新聞による名誉毀損と反論権」星野英一編集代表『我妻榮先生追悼論文集 私法学の新たな展開』(有斐閣、1975年) 458-459頁。右崎正博「名誉毀損と反論権」浦田賢治編『立憲主義・民主主義・平和主義』(三省堂、2001年) 427頁も参照。
[24] 蟻川恒正「近代法の脱構築」法社会学58号 (2003年) 34頁。
[25] この反論文は判夕784号154-157頁に収録されている。
[26] 右崎・前掲注23) 402頁以下を参照。

のいくつかは、謝罪広告に関する判例・裁判例を手がかりとすることで見えてくるのである。そして、その際には、「名誉毀損を前提とする『狭義の反論権』は、もともと原告の請求をまって名誉毀損により生じた被害を救済することを目的とし、その枠のなかで言論の多様性の確保をはかろうとするものである[*27]」ことに注意する必要がある。

[*27] 右崎・前掲注23）428頁。このような観点から、狭義の反論権の場合に裁判所が反論文を添削することも「原告の請求の趣旨を損なわない範囲」で認められると解することもできる（右崎・前掲注23）428頁）。

part. 1 「判例」を読む　　　　　　　　　▷19条・21条

知る権利

【事例 1】
　2005 年 1 月 7 日に傷害の公訴事実で起訴された X_1 は、1 月 13 日に大阪拘置所に収容され、6 月 14 日まで同拘置所に拘禁されていた。同年 3 月当時、大阪拘置所の収容者は 2,000 名を超え、そのうち未決収容者は 1,500 名を超えていた。未決拘禁者は、「通常紙」（専ら政治、経済、社会、文化などに関する公共的な事項を総合的に報道することを目的とする市販の日刊新聞紙）については、所長が一般の閲読傾向その他の事情を参酌して選定した 2 紙のうちから本人の選択する 1 紙を、所定の方法によって購入することができた。大阪拘置所では、保護室収容中の者を除く被収容者全員を対象として、朝日新聞、産経新聞、毎日新聞、読売新聞、その他の通常紙のうちから 1 紙を選択するという方法で閲読傾向の調査を行っていた。2004 年 3 月 2 日および 2005 年 3 月 1 日に実施した閲読傾向の調査の結果は、いずれも 1 位が読売新聞、2 位が産経新聞であった。そこで、大阪拘置所長は 2004 年度および 2005 年度に在監者が講読しうる「通常紙」として、読売新聞と産経新聞を選定した。なお、大阪拘置所では、被収容者に閲読させることのできない図書等の支障となる部分の抹消または切り取りは、主として抹消の方法で行っていた。具体的には、厚紙で抹消箇所以外の外枠を作成し、インクを染みこませたローラーを使用して抹消箇所を黒塗りして自然乾燥させるという作業手順で行っていた。X_1 は、朝日新聞の定期購読を申し入れたが、朝日新聞の定期購読は許可されなかった（外部から差入れてもらえれば、X_1 が朝日新聞を読むことは可能だった。）。X_1 は朝日新聞購読の不許可は違憲、違法であるとして、国家賠償法 1 条 1 項に基づく損害賠償請求訴訟を提起した。

【事例2】
　1986年、富山県立近代美術館は、同美術館主催の展覧会『'86富山の美術』を開催した。この展覧会に、当時の天皇の肖像と、東西の名画、解剖図、家具、裸婦などをコラージュという手法で組み合わせて構成されたAの連作版画のうち10点が展示された。富山県は、Aからこの作品のうち4点（以下、「本件作品」という。）を購入した。また、Aは、残りの6点を寄贈して欲しい旨の申し入れに応じて、その6点を同美術館に寄贈した。展覧会終了後、富山県議会教育警務常任委員会において、Aの作品の選考意図等についての質問がなされ、翌日の新聞紙上においてこのことが大きく報道された。この報道の翌日から、本件作品の廃棄等を求める団体やその構成員が、同美術館や富山県に対し、様々な抗議活動を行った。そこで、同美術館は、本件作品を非公開とし、さらに、寄贈されることになっていた6点をAに返却した。X_2らは、富山県教育長に対し、富山県立近代美術館条例7条に基づき、特別観覧許可申請を行ったが、X_2らの申請は許可されなかった。X_2らは、富山県教育長による不許可は違法であるとして、国家賠償法1条1項に基づく損害賠償請求訴訟を提起した。

　＊　【事例1】については、大阪地判2007（平成19）年9月28日判時1993号53頁（1審判決）および大阪高判2009（平成21）年6月11日判時2056号65頁（控訴審判決）を、【事例2】については、富山地判1998（平成10）年12月16日判時1699号120頁（1審判決）および名古屋高金沢支判2000（平成12）年2月16日判時1726号111頁（控訴審判決）を参照。

1　はじめに

　【事例1】は、1908年に制定された監獄法の下での事件である。「在監者文書、図画ノ閲読ヲ請フトキハ之ヲ許ス」とする同法31条1項の規定は、「教誨及ヒ教育」と題する第6章に置かれていた。すなわち、監獄法の下では、文書図画の閲読は、当初、「教誨および教育の補助手段として、また、在監者自らが知識を拡め、感情・意思を修める自己教育の方法として重要な意義をも

つ*1」とされていたのである。もちろん、文書図画の閲読には在監者に健全な娯楽を与えるという意義もあったが、「戦後の新しい感覚から行刑教化上特に強調された」のは、「在監者の思想の自由を確保するということ」(憲法19条参照) と「被収容者に世相の把握に努めさせること」であり、「この点から、文書図画の閲読に重要な意義が認められて来」たのである*2。そうした中、1983年のよど号ハイジャック記事抹消事件最高裁判決*3 (以下では、「1983年判決」という。) は、未決拘禁者に関する事件において、「意見、知識、情報の伝達の媒体である新聞紙、図書等の閲読の自由が憲法上保障されるべきことは、思想及び良心の自由の不可侵を定めた憲法19条の規定や、表現の自由を保障した憲法21条の規定の趣旨、目的から、いわばその派生原理として当然に導かれるところであり、また、すべて国民は個人として尊重される旨を定めた憲法13条の規定の趣旨に沿うゆえんでもあると考えられる」と述べたのである。そして、現在の「刑事収容施設及び被収容者等の処遇に関する法律」は「自弁の書籍等の閲覧について、—教化に有益であるから許すというのではなく—、本来的に自由を認めるべきものとの認識を前提として、被収容者に原則としてその自由を保障するとともに、可能な範囲で、国庫の負担でも、書籍等を閲覧する機会を与えるものとしている*4」(同法69-72条を参照)。

このように、当初は「教誨及ヒ教育」の補助手段としての意義をもつものとして理解されていた被収容者 (在監者) による文書図画の閲読は、思想の自由あるいは表現の自由との関係で大きく変容してきたのである。このような過程における1983年判決の意義を確認することが、本章の目的である。

2 基本知識

[1] 刑事収容施設の被収容者 (在監者) の人権

まず、刑事収容施設の被収容者 (在監者) の人権に関する基本知識を確認し

---

*1 小野清一郎=朝倉京一『改訂 監獄法』(有斐閣、1970年) 264-265頁。
*2 小野=朝倉・前掲注1) 265頁。
*3 最大判1983 (昭和58) 年6月22日民集37巻5号793頁。
*4 林眞琴ほか『逐条解説 刑事収容施設法〔第3版〕』(有斐閣、2017年) 289頁。

ておこう。かつて、在監関係はいわゆる「特別権力関係」の一例と考えられていた。人が、国民としての地位に基づいて国家の統治権に服している関係（一般権力関係）に対し、特別の公法上の原因に基いて成立する公権力と国民との特別な関係を特別権力関係と捉え、そこでは、次のような法原則、すなわち、「①公権力は包括的な支配権（命令権、懲戒権）を有し、個々の場合に法律の根拠なくして特別権力関係に属する私人を包括的に支配できること（法治主義の排除）、②公権力は、特別権力関係に属する私人に対して、一般国民として有する人権を、法律の根拠なくして制限することができること（人権の制限）、③特別権力関係内部における公権力の行為は原則として司法審査に服さないこと（司法審査の排除）[*5]」が妥当すると説かれてきた（特別権力関係論）。

　日本国憲法の下では、「特別権力関係論」をそのままの形で説くことはできなくなり、「特別権力関係」の観念を認める場合にも、たとえば人権保障については、「憲法上の基本権の保障は……国家と人民との一般的な関係において妥当する権利自由を確認したものに外なら」ず、「人民がさらに国家と特殊な関係に入る場合には、この権利自由の相対化の程度は、さらに深められ憲法上の基本権に関する一般原理が変容をうけるものと考えられる」とされつつも、「その変容の程度は、具体的な各特別権力関係に応じて異りうるが、抽象的一般的に言えば、特別権力関係の目的・性質から見て合理的な範囲に限られるというべきであろう[*6]」と説かれていた。さらに、特別権力関係論そのものを根底的に批判する議論が出てくるなかで、とりわけ公務員および在監者（刑事収容施設の被収容者）の人権制限の根拠に係る議論として、憲法構成秩序説が説かれるようになった。この憲法構成秩序説は、在監者（刑事収容施設の被収容者）の人権制限については、その根拠を「憲法が在監関係とその自律性を憲法的秩序の構成要素として認めていること（18条・31条参照）」に求め、「憲法が予定している在監関係を維持するために在監者の権利を特別に制限することは許されるが、その制限は、拘禁と戒護（逃亡・罪証隠滅・暴行・殺傷の防止、紀律維持など）および受刑者の矯正教化という在監目的を達成するために必要最小限度にとどまるものでなければならない」としている[*7]。

[*5] 芦部・憲法107-108頁。①と②との関係については、宍戸・憲法85頁を参照。
[*6] 雄川一郎「特別権力関係と基本的人権」同『行政の法理』（有斐閣、1986年）19頁。

[2] 1983年判決

　次に、1983年判決に関する基本知識を確認しておこう。1969年のいわゆる国際反戦デー闘争等において公務執行妨害等の罪名で東京地裁に起訴され、東京拘置所に勾留、収容された被告人らが、同拘置所において読売新聞を定期講読していたところ、同新聞の日航機「よど号」ハイジャック事件の記事が抹消されて配布されたため、被告人らは、この新聞記事抹消処分の違法性を主張して国家賠償法1条1項に基づき損害賠償請求訴訟を提起した。

　この事件で、最高裁は、まず、「未決勾留は、刑事訴訟法の規定に基づき、逃亡又は罪証隠滅の防止を目的として、被疑者又は被告人の居住を監獄内に限定するものであって、右の勾留により拘禁された者は、その限度で身体的行動の自由を制限されるのみならず、前記逃亡又は罪証隠滅の防止の目的のために必要かつ合理的な範囲において、それ以外の行為の自由をも制限されることを免れないのであり、このことは、未決勾留そのものの予定するところでもある」とした上で、さらに、「監獄は、多数の被拘禁者を外部から隔離して収容する施設であり、右施設内でこれらの者を集団として管理するにあたっては、内部における規律及び秩序を維持し、その正常な状態を保持する必要があるから、この目的のために必要がある場合には、未決勾留によって拘禁された者についても、この面からその者の身体的自由及びその他の行為の自由に一定の制限が加えられることは、やむをえないところというべきであ」り、「この場合において、これらの自由に対する制限が必要かつ合理的なものとして是認されるかどうかは、右の目的のために制限が必要とされる程度と、制限される自由の内容及び性質、これに加えられる具体的制限の態様及び程度等を較量して決せられるべきものである」とした。その上で、最高裁は、前述のように、閲読の自由に憲法上の地位を与えた上で、「未決勾留により監獄に拘禁されている者の新聞紙、図書等の閲読の自由についても、逃亡及び罪証隠滅の防止という勾留の目的のためのほか、前記のような監獄内の規律及び秩序の維持のために必要とされる場合にも、一定の制限を加えられることはやむをえないものとして承認しなければならない」が、「未決勾留は、前記刑事司法上の目的のため

---

*7　芦部・憲法109-110頁。

に必要やむをえない措置として一定の範囲で個人の自由を拘束するものであり、他方、これにより拘禁される者は、当該拘禁関係に伴う制約の範囲外においては、原則として一般市民としての自由を保障されるべき者であるから、監獄内の規律及び秩序の維持のためにこれら被拘禁者の新聞紙、図書等の閲読の自由を制限する場合においても、それは、右の目的を達するために真に必要と認められる限度にとどめられるべきものである」ので、「右の制限が許されるためには、当該閲読を許すことにより右の規律及び秩序が害される一般的、抽象的なおそれがあるというだけでは足りず、被拘禁者の性向、行状、監獄内の管理、保安の状況、当該新聞紙、図書等の内容その他の具体的事情のもとにおいて、その閲読を許すことにより監獄内の規律及び秩序の維持上放置することのできない程度の障害が生ずる相当の蓋然性があると認められることが必要であり、かつ、その場合においても、右の制限の程度は、右の障害発生の防止のために必要かつ合理的な範囲にとどまるべきものと解するのが相当である」としたのである。

3　知る権利

憲法 21 条 1 項は表現の「受け手」の権利を明示的に保障しているわけではないが、一般には、表現の受け手の権利も憲法 21 条 1 項によって保障されていると解されている[8]。このような表現の受け手の権利は、一般に、「知る権利」と呼ばれている。

[1] 知る権利の法的性格

知る権利は「個人権であるとともに参政権的な性格を有し、自由権としての側面と請求権ないし社会権としての側面とを併有する複合的性格の権利[9]」であると説かれるが、知る権利に関する事案を分析する際には、知る権利の「自由権」としての側面（以下では、「自由権としての知る権利」という。）と「請求権

---

[8]　1983 年判決が憲法 19 条や 13 条にも言及した点については疑問が呈されている（佐藤幸治「人権論への覚書き──「知る権利」論に寄せて」同『現代国家と司法権』（有斐閣、1988 年）522 頁）。
[9]　芦部・憲法学Ⅲ 262 頁。

ないし社会権」としての側面（以下では、「請求権としての知る権利」という。）との区別が、特に重要である。

　自由権としての知る権利とは、読む自由、視る自由等のことをいい、請求権としての知る権利とは、公権力に対し積極的に情報等の公開を要求できる権利のことをいう。このうちの請求権としての知る権利が具体的権利となるためには、情報公開法等の制定が必要であると解されている。

　おそらく、「知る権利」については、以上のような理解[*10]が一般的であろうが、憲法21条1項の保障を、情報収集——情報提供——情報受領の全過程を包摂する「情報の流通」にかかわる国民の諸活動が公権力により妨げられないことを保障するものと解する見解[*11]を参照すると、その理解はより一層深まるであろう。「情報提供権」とは、表現の自由のことを意味する。「情報受領権」とは、自発的な情報提供者の存在を前提として、その者によって提供される情報を受領することを公権力により妨げられないことを意味するので、自由権としての知る権利は情報受領権に割り振られる。「情報収集権」は、情報源へ一般に接近可能であるか否かを指標として、さらに「消極的情報収集権」と「積極的情報収集権」とに分けられ、請求権としての知る権利は積極的情報収集権に割り振られることになる（「消極的情報収集権」には、取材の自由が割り振られる。）。

[2] 請求権としての知る権利（積極的情報収集権）

　それでは、【事例2】（いわゆる天皇コラージュ事件）を例にとりながら、上述の整理を確認することにしよう[*12]。

　まず、富山県立近代美術館は、その収蔵しているAの作品を非公開としているが、これは、自発的な情報提供者が存在していないことを意味する。したがって、X_2らが富山県立近代美術館の収蔵するAの作品を鑑賞することを、自由権としての知る権利（情報受領権）の問題として構成することは困難である。また、富山県立近代美術館がその収蔵しているAの作品を非公開として

---

*10　芦部・憲法181頁を参照。
*11　佐藤・憲法論249-252頁。
*12　詳しくは中林暁生「判例を読む」法教343号（2009年）22頁以下を参照。

いる以上、富山県立近代美術館に収蔵されているAの作品へは一般に接近可能であるとはいえない。以上から、X₂らが富山県立近代美術館の収蔵するAの作品を鑑賞することは、請求権としての知る権利（積極的情報収集権）の問題であるということがわかる。そこで、【事例2】においては、X₂らが利用した特別観覧に係る条例等の規定を、請求権としての知る権利（積極的情報収集権）を具体化するものとして——すなわち情報公開法等に相当するものとして——理解しうるか否かが重要になったのである（1審判決は特別観覧に係る条例等の規定を請求権としての知る権利（積極的情報収集権）を具体化するものとみなしたが、控訴審判決はそのようにみなすことはできないとした。）。

[3] 自由権としての知る権利（情報受領権）

ところで、自由権としての知る権利（情報受領権）のみが実際に問題となる場面は、実は、それほど多くはないのである。そもそも、「市場」に出回っている情報の受領が公権力によって妨げられる場合というのは、通常、情報提供に対する規制の結果であることが多いので、「情報提供権」（表現の自由）が十全に保障されていれば、その結果として自由な情報受領が可能になるという関係にあるからである。しかしながら、たとえば、外国において発表された情報を日本国内で受領することを規制するという場合や、国内に情報提供者がいる場合でも、情報提供権（表現の自由）への侵害として構成しにくい場合には、情報受領権を固有に語る必要が出てくる。いわゆる税関検査は前者の例であり、よど号ハイジャック記事抹消事件は後者の例である[*13]。

4 刑事収容施設の被収容者の閲読の自由

従来の在監者の人権という論点は、公権力と国民一般との関係を主に念頭においた人権保障が、公権力と在監者（刑事収容施設の被収容者）との関係ではある程度相対化されることを肯定する際の根拠に関わるものであった。そして、具体的な事案の検討に際しては、在監者（刑事収容施設の被収容者）が未決拘禁

[*13] 佐藤・前掲注8）472頁。

者なのか、受刑者なのか、死刑確定者なのかといった点[*14]や、実際に問題となっている人権等に着目しながら、具体的に検討していく必要がある。ここでは、このような観点から文書等の閲読の自由に着目してみよう。

[1] 囚われの聴衆と思想の自由

　近年、憲法学では、「《government speech と『囚われの聴衆』によるその受領》という『問題』[*15]」の重要性が広く認識されるようになり、思想・良心の自由の侵害となりうるものとして「思想・良心の自由な形成を妨げること」が挙げられたり[*16]、あるいは、「特定の『思想・良心』を組織的に宣伝・教化されない自由」が思想・良心の自由の問題として挙げられる[*17]ようになってきている。

　たとえば、蟻川恒正は刑務所における教誨を採り上げて、「教誨とは、刑務所において、犯罪者を――その犯罪的性向を減衰させることによって――矯正し社会復帰（rehabilitate）させるべく、彼に講話し説諭する活動であ」り、「それを government speech と呼びうるとすれば、在監者は、全き意味での『囚われの聴衆』である[*18]」という。このような government speech（政府の言論）と囚われの聴衆という問題に関しては、「囚われの聴衆」が「対抗言論」に接しうるよう配慮することが重要であると解されている[*19]。これらのことを踏まえて考えると、少なくとも法令上は、主に「教誨及ヒ教育」の補助手段としてその意義が認められていた在監者の文書図画の閲読を、憲法21条1項等の問題として捉えなおすことの意義は――日本国憲法の下では当然のことといえるにせよ――決して小さくないはずである[*20]。

[2] 事例

　【事例1】では、よど号ハイジャック記事抹消事件と同様、未決拘禁者によ

[*14] 宍戸・憲法89頁。
[*15] 蟻川恒正「思想の自由」講座憲法学Ⅲ132頁。
[*16] 高橋・憲法188頁。
[*17] 佐藤・憲法論221-222頁。
[*18] 蟻川・前掲注15）124頁。
[*19] 高橋・憲法188-189頁、佐藤・憲法論222頁。

る新聞の閲読が問題となっているし、また、拘置所長による2紙の選定も閲読傾向の調査の結果に基づくものであるので、そこに government speech と囚われの聴衆という問題を認めることは困難である。このことを前提とした上で、1983年判決の枠組みに従いつつ、大阪拘置所長の判断を違法な処分と解した控訴審判決をみてみよう（ただし、控訴審判決は、過失はなかったとして、国家賠償請求を棄却した。)[21]。

　控訴審判決はまず、通常紙の定期購読の紙種制限を撤廃することで、たとえば内容審査の業務などが増大し、現在の勤務態勢を変更せざるを得なくなることが容易に予想されることについては、「国家の設営する刑事収容施設としての監獄における物的設備及び人員配置がその時々の国家予算等の制約を受けることはもとより憲法の予定するところであり、監獄においては、所与の物的、人的制約の下で、刑事収容施設としての設置目的を達成するために、その事務を適切かつ効率的に処理することが求められるのであって、被拘禁者に対する新聞紙の閲読の許可に係る事務についても、上記のような観点からの制約は免れないものというべきである」としつつも、具体的事情を詳細に検討した上で、「現在の事務担当の変更が必要になるにしても、取り扱う紙種を2種に限定しなければ大阪拘置所内の規律及び秩序の維持上放置することのできない程度の障害が生ずる相当の蓋然性があることは明らかではない」とした。

　また、控訴審判決は、「未決拘禁者の新聞紙の閲読の自由に対する制限の程度は、監獄内の規律及び秩序の維持上放置することのできない程度の障害の発生の防止のために必要かつ合理的な範囲にとどまるべきものである」とした上で、「新聞各紙が独自の立場による取材活動により得た事実及びその事実に対する意見ないし論評等の情報については、これを逐次迅速に摂取することが重要なのであって、読者が自己の価値観に基づき選択した新聞紙の事実報道・論

---

[20] 1983年判決は、閲読の自由を導く際に、憲法21条1項だけでなく19条や13条にも言及している。懲役受刑者による文書等の閲読が問題となった事案において、福岡高判1990（平成2）年12月20日訟月37巻7号1137頁は、1983年判決と同様憲法21条1項等から閲読の自由を導いた上で、受刑者の教化・矯正等を含む懲役刑の目的のほか、監獄内の紀律および秩序維持のために必要かつ合理的な制限を閲読の自由に課すことは許されるとし、その際、1983年判決と同様の判断枠組みを採用した。未決拘禁者ではなく懲役受刑者の事案に1983年判決の枠組みを用いたことも興味深いが、その結果として、「教化・矯正」と19条（思想の自由）・21条（表現の自由）等によって根拠づけられる「閲読の自由」との間に緊張関係が生じることになったのである。
[21] 評釈として、横内恵「判批」阪大法学59巻5号（2010年）123頁以下がある。

評等を含む記事の逐次的な閲読が制約されることは、新聞紙の閲読の自由の趣旨を没却する重大な制約といえ」、差入れによる閲読は「逐次に摂取されることが前提とされている新聞紙の閲読方法としては、定期購読の代替的な方法であるとはいい難」く、「大阪拘置所において定期購読することができる通常紙の紙種を2紙に制限することにより未決拘禁者が受ける不利益は、未決拘禁者の通常紙の閲読の自由に対して加えられる制限の態様並びに制限される自由の内容及び性質にかんがみ、重大であるというべきである」とした。

その上で、控訴審判決は、「定期購読できる通常紙の紙種を2紙のみに制限し、それ以外の通常紙については外部の業者との契約による定期的な差入れ等の代替的な方法も認めないまま、拘禁されていなければ通常定期購読できるはずの一般の通常紙を自己の選択に従って逐次的に閲読することができなくなる本件購読規制は、その購読を認めることにより監獄の取扱いに生ずる障害の発生を防止するために必要かつ合理的な範囲内の措置ということは到底できないというべきである」ので、「このような制限が必要かつ合理的であるとした大阪拘置所長の判断は著しく妥当を欠くものであり、監獄法施行規則86条2項により監獄の長に付与された裁量権の範囲を逸脱し、憲法上保障された新聞紙を閲読する自由を侵害する違法な処分であるというべきである」としたのである。

5 おわりに

1983年判決が、その結論において、未決拘禁者の閲読の自由に十分配慮したものか否かは、別途検討されるべきものであろう[*22]。その上でいえば、1983年判決の枠組みに拠りつつ、読者が自己の価値観に基づき選択した新聞紙の記事を逐次的に閲読することの意義を説くなどの丁寧な判断を行った【事例1】の控訴審判決は、未決拘禁者の閲読の自由を憲法21条1項等との関係で認めることの意義を再確認させるものであった。

[*22] 奥平康弘「国家が読む自由を奪うとき──未決在監者の新聞閲読の自由」同『なぜ「表現の自由」か』（東京大学出版会、1988年）221頁以下を参照。

コラム……「知る権利」に寄せて

1　よど号ハイジャック記事抹消事件判決[*1]を「心」の問題として読む、という大変刺激的な、しかしおそらくは判旨に忠実な読解を披露されたのが、この回であった。この読みの痛快さは、その《注20》にあらわれる。《注20》によれば、1990（平成2）年の福岡高裁の判決[*2]は、文書等の閲読の自由を、受刑者の教化・矯正といった収容目的と対立するものとして捉えたという。つまり、閲読の自由に対する制限を正当化する根拠として、受刑者の教化・矯正を掲げたというのである。しかし、中林の読解によれば、文書に触れ、読み、思考するというのは、教化・矯正のためにこそ認められなければならない。「在監者文書、図画ノ閲読ヲ請フトキハ之ヲ許ス」と規定するかつての監獄法31条1項が、「教誨及ヒ教育」と題する同法6章に置かれていたこと、「文書図画の閲読は『教誨および教育の補助手段として、また、在監者自らが知識を拡め、感情・意思を修める自己教育の方法として重要な意義をもつ』とされていた」[*3]ことから、《文書を読む》ことは、受刑者が、自らの意思で罪を悔い改め、自らの意思で自己を再創造するために必要であるというのである。

　それだけでない。中林によれば、閲読の自由は、塀の中という閉鎖的空間で行われる政府の「教誨」がもつ洗脳リスク——他律的な・反省？——を緩和し、自らの思想・良心を自律的かつ自覚的に形成するためにも、不可欠であるとされる。かくして中林の塀の中の閲読自由論は、よど号ハイジャック記事抹消事件判決が、この自由を、憲法21条の規定だけでなく、「思想及び良心の自由の不可侵を定めた憲法19条の規定」からも基礎づけていたことに、特段の注意を促すのである（無論、政府による「教誨」は受刑者に対してなされるもので、これによる特定思想への誘導リスクが、未決拘禁者の閲読の自由を直接根拠づけることになるのかははっきりしない。もっとも、未決拘禁者も囚われの身であることは確かであり、自律的な思想・良心の形成がより強く保障されなければならない立場にあるとはいえるであろう）。

2　この、「状況」の特殊性を強調した議論を、否定するつもりはない。ただ、筆者は、よど号記事抹消事件において行われた国家（東京拘置所長＝Ｙ）の「行為」を再検討することで、この事件に、「状況」に囚われない19条論が潜在していることに着眼したい。

　本件で、Ｙは、未決拘禁者であるＸらに、新聞の閲読を認めなかったのではない。よど号ハイジャック事件に関する記事を黒く塗りつぶして、提供したのである。別言すれば、単に新聞を読ませなかったのではなく、よど号ハイジャック事件に関する記事のみを塗りつぶすことで、同事件が起きていない虚構の世界——ハイジャック事件の起きなかった1970年3月31日——を見せたのである。問題は、《見せなかっ

た》ことにあるのではなく、偽りの世界を《見せた》ことにある。こうみると、本件の「作為」は、単に新聞社からＸらへの情報の流通を妨げたという以上の意味をもつことになろう。すなわち、単にＸらの情報受領権（知る自由）を侵害したというより、Ｘらに歪んだ情報を積極的に伝える（発話する）ことにより、その自律的な思想・良心の形成過程を侵食した、と考えることができるのである[*4]。

　アメリカの憲法学者であるＤ・ストラウスは、操作的な虚偽言明は、受け手の「思考プロセス（thinking processes）」ないし「内心プロセス（mental processes）」を支配し、受け手を「精神的奴隷（mental slavery）」にまで貶めるものであると述べる[*5]（ストラウスは、この種の虚偽言明は、精神の自由が辛うじて確保される「あからさまな強制」よりも「酷い」ものであると主張する）。彼の議論によれば、よど号ハイジャック記事抹消事件でのＹの行為は、21条の問題というよりも、19条の──「心」の──問題ということになろう。このような「作為」を強調するよど号記事抹消事件判決の読みが、同判決の射程を、「政府の言論」問題（本書172頁以下）を含み込むかたちで拡張しうることは、他言を要しないであろう。

[山本龍彦]

[*1] 最大判1983（昭和58）年6月22日民集37巻5号793頁。
[*2] 福岡高判1990（平成2）年12月20日訟月37巻7号1137頁。
[*3] 中林・本書28頁（改訂復刻新装版として小野清一郎＝朝倉京一『監獄法〔改訂、復刻新装版〕』（有斐閣、2000年）264-265頁を引用）。
[*4] 詳しくは、山本龍彦「続・原発と言論──政府による『言論』の統制について」大沢秀介編『フラット化社会における自由と安全』（尚学社、2014年）68-76頁参照。
[*5] David A. Strauss, *Persuasion, Autonomy, and Freedom of Expression*, 91 COLUM. L. REV. 339, 354 (1991).

part. 1 　「判例」を読む　　　　　　　　　　　　　　　　　▷21 条

集会と表現

【事例 1】
　A 社は、1987 年から名古屋港にある名古屋市国際展示場においてサーキット用レースカー、改造自動車およびアフターパーツ等の展示会を行ってきた。このイベントには改造車のドライバーや自動車の改造に興味のある者が多数集まるが、その中には遵法精神に欠ける者もいた。また、改造車のドライバーが、改造した車を他人に見せるために集まってきて、付近の道路が渋滞するようになった。さらに人身事故や物損事件も発生した。
　1999 年のイベントの際には、夜遅くに、地元の暴走族や、トラックにバイクを積載してやってきた関東方面の暴走族らが駐車場内で爆音を立てて暴走行為を行った。このような事態に対しては、一般の来場者から苦情が寄せられ、また、近隣の住民からも、暴走行為についての 110 番通報が警察に寄せられていた。イベント会場に隣接する名古屋港オペレーションセンターでは、イベント開催により、同センターの業務に支障が生じていた。
　1999 年のイベント終了後、警察、名古屋市国際展示場の関係者、A 社、港湾管理者、住民（学区区政協力委員長）が参加した対策会議が開かれ、暴走族をい集させないための対策が協議された。A 社は、実効性のある対策を打ち出せない限り、同様のイベントを名古屋市国際展示場で開催することが困難な状況に追い込まれたため、2000 年以降のイベントの開催を断念した。
　A 社がイベント開催を断念したことをうけて、X_1 社は、同じ施設で同種のイベントを開催することを企画した。X_1 社は、名古屋市国際展示場の管理を委託されている名古屋市都市産業振興公社（以下では、「公社」という。）および警察と会議を行ったが、公社と警察は暴走族のい集を憂慮し、最終的には 2000 年 9 月 19 日、公社の総務部長が X_1 社に「今回のことはご遠慮願いたい」旨告知した。

2000年10月13日、X_1社は「名古屋オートショー」という名称のイベントを行うために、名古屋市国際展示場の使用許可申請をした。これに対し、Y_1（名古屋市長）は、A社が1999年に行ったイベントの際に生じたのと同様の事態（施設の敷地内および周辺道路において来場者に迷惑を及ぼしたことや、住民、通行人等の生活および道路交通等に著しい混乱が生じたこと）が今回のイベントの開催によっても生じる可能性があるので、名古屋市国際展示場条例（【資料】を参照）2条2項各号の不許可事由に該当するとして、X_1社の申請を不許可とする処分をした。X_1社は、この不許可処分の取消を求めて訴えを提起した。

【資料】
名古屋市国際展示場条例
第1条　産業貿易の振興及び国際経済交流の促進並びに市民福祉の向上に資するため、次のように展示場を設置する。
　　名称　名古屋市国際展示場
　　位置　名古屋市港区金城ふ頭二丁目2番地
2　（略）
第2条　施設を使用しようとする者は、規則で定めるところにより、市長の許可を受けなければならない。
2　市長は、次の各号の一に該当するときは、前項の許可をしてはならない。
　　（1）　公の秩序又は善良な風俗をみだすおそれがあるとき。
　　（2）　管理上の支障があるとき。
3　市長は、第1項の許可に際して、展示場の管理上必要な条件をつけることができる。

【事例2】
　朝鮮民族の民族舞踊、声楽、民族楽器演奏などの舞台公演を行っているB歌劇団は、1955年に、在日朝鮮人・韓国人の音楽舞踊家らによって創立された。B歌劇団は、創立以来、日本国内だけでなく世界各地でも公演を行ってきた。宮城県においても、主に宮城県民会館（以下では、「県民会館」という。）を使用して、1955年以降ほぼ毎年公演を行ってきた。
　2006年度の全国ツアーの際には、同年9月27日に県民会館において

仙台公演が行われた。この公演の時には、右翼団体等13の団体、約50名が街宣車を使用して抗議活動を行った。このような抗議活動により、県民会館周辺などでは断続的に交通渋滞が発生し、また街宣車による暴騒音やこれに近い騒音も発生していた。ただし、右翼団体等の抗議活動が予測されていたので、宮城県警は警備体制を整えて対処していたし、また、街宣車による抗議活動に対しても宮城県の「拡声機の使用による暴騒音の規制に関する条例」（【資料2】を参照）に基づいて停止命令を出すなどしていた（同条例3条・5条参照）。

仙台市におけるB歌劇団の公演の準備を行い、またそれを主催してきたX_2（B歌劇団仙台公演実行委員会）は、2007年度の仙台公演の開催のために、2006年10月2日に、県民会館を管理する財団法人宮城県文化振興財団に対し、使用日を2007年10月4日として、県民会館の使用許可申請を行った。しかしながら、県民会館の使用許可はなかなか下りず、また、関係者から不許可になる可能性を示唆されたので、X_2は、2007年3月9日に、仙台市民会館（以下では、「市民会館」という。）を管理する東北共立・陽光ビル企業体に対し、使用日を2007年9月3日として、市民会館大ホールの使用許可を申請したところ、その使用が許可された（ちなみに、県民会館の使用許可申請は4月20日付けで不許可となっている。）。

市民会館は、地下2階地上20階建の会議室棟と地下2階地上5階相当のホール棟から成っている。会議室棟とホール棟とは内部通路でつながっており、市民会館の受付事務室や会議室等は会議室棟にあり、大ホールはホール棟にある。また、会議室棟の3階以上は賃貸住宅（全240戸）となっており、当時は231世帯（427人）が居住していた。会議室棟の1階には、居住者のための出入口と受付事務室、会議室等への出入口が別個に設けられている。市民会館前は西公園通りと定禅寺通りが丁字形に交わっているが、定禅寺通りは仙台市のメインストリートの一つであり、車両や歩行者の通行量が多い。

その後、Y_2（仙台市長）は、X_2に対し、使用許可を取り消すための聴聞手続を実施する旨の決定通知を発し、聴聞を実施した後、6月5日付けで、「昨年実施された公演に対する妨害行為の状況及び最近の国際政治情勢を踏まえると、公演を実施した場合、妨害行為等により会館利用者や周辺に混乱が生じることにより、市民会館の管理等に支障を及ぼすおそれがあると認め

られるため」として、仙台市民会館条例 8 条 2 号に基づき本件使用許可を取り消した（【資料 1】を参照）。なお、2007 年度の全国ツアーは 5 月 17 日の東京公演から、すでに始まっていた。

【資料 1】
仙台市民会館条例
第 1 条　市民福祉の増進を図るとともに、文化の向上に寄与するため、市民会館を設置する。
第 3 条　市民会館を使用しようとする者は、あらかじめ市長の許可を受けなければならない。
2　市長は、次の各号のいずれかに該当するときは、前項の許可をしないことができる。
　一　公の秩序を乱すおそれがあるとき
　二　市民会館の管理上支障を及ぼすおそれがあるとき
　三　前二号に掲げるもののほか、市長が不適当と認めるとき
第 8 条　市長は、使用者が次の各号のいずれかに該当すると認めるときは、第三条第一項の許可を取り消し、又は使用を制限し、若しくは停止することができる。
　一　この条例又はこの条例に基づく規則に違反したとき
　二　第三条第二項各号のいずれかに該当することとなったとき

【資料 2】
拡声機の使用による暴騒音の規制に関する条例
第 1 条　この条例は、県民の日常生活を脅かすような拡声機の使用について必要な規制を行うことにより、地域の平穏を保持し、もって公共の福祉の確保に資することを目的とする。
第 3 条　何人も、拡声機を使用して、別表の上欄に掲げる使用の区分に応じそれぞれ同表の下欄に定める測定地点において測定したものとした場合における音量が八十五デシベルを超える音（以下「暴騒音」という。）を生じさせてはならない。
第 5 条　警察官は、第三条の規定に違反する行為（以下「違反行為」という。）をしている者があるときは、その者に対し、当該違反行為の停止を

集会と表現

命ずることができる。
　2　略
　第11条　第五条第一項の規定による警察官の命令又は同条第二項の規定
　　による警察署長の命令に違反した者は、六月以下の懲役又は二十万円以下
　　の罰金に処する。
　2　略

　　＊　【事例1】については、名古屋地判2001（平成13）年1月31日判夕
　　　1085号199頁を、【事例2】については、仙台高決2007（平成19）年8月
　　　7日判夕1256号107頁を参照。

1　はじめに

　【事例1】と【事例2】において問題となっている施設（名古屋市国際展示場と仙台市民会館）は、いずれも、地方自治法244条にいう「公の施設」である。したがって、2つの事例共、集会の用に供する「公の施設」における「集会」が問題となった事例といえそうである。そうであるならば、これらの事例を考える際に参照されるべき判例は、1995年の泉佐野市民会館事件最高裁判決[1]と1996年の上尾市福祉会館事件最高裁判決[2]ということになる。

2　基本知識

[1]　泉佐野市民会館事件最高裁判決

　憲法21条1項は集会の自由を保障している。この集会の自由の保障は集会についての「公権力からの自由」をその主たる内容とするが、このことは、集会に必要となる「場所」の提供までを公権力に対して当然に要求できるわけではないということも意味する[3]。

---

[1]　最判1995（平成7）年3月7日民集49巻3号687頁。
[2]　最判1996（平成8）年3月15日民集50巻3号549頁。

この点について、泉佐野市民会館事件最高裁判決は、地方自治法の「公の施設」に関する規定を用いながら、「地方自治法244条にいう普通地方公共団体の公の施設として、本件会館〔市立泉佐野市民会館のこと――中林注〕のように集会の用に供する施設が設けられている場合、住民は、その施設の設置目的に反しない限りその利用を原則的に認められることになる」とした上で、「管理者が正当な理由なくその利用を拒否するときは、憲法の保障する集会の自由の不当な制限につながるおそれが生ずることになる」（傍点中林）と述べた。

　このように、最高裁は、地方自治法244条の規定に依拠しながら、集会の用に供する「公の施設」の利用と集会の自由の保障とを結びつけたのである*4。そして、最高裁は、「集会の用に供される公共施設の管理者は、当該公共施設の種類に応じ、また、その規模、構造、設備等を勘案し、公共施設としての使命を十分達成せしめるよう適正にその管理権を行使すべきであって、これらの点からみて利用を不相当とする事由が認められないにもかかわらずその利用を拒否し得るのは、利用の希望が競合する場合のほかは、施設をその集会のために利用させることによって、他の基本的人権が侵害され、公共の福祉が損なわれる危険がある場合に限られるものというべきであり、このような場合には、その危険を回避し、防止するために、その施設における集会の開催が必要かつ合理的な範囲で制限を受けることがあるといわなければならない」とした上で、「右の制限が必要かつ合理的なものとして肯認されるかどうかは、基本的には、基本的人権としての集会の自由の重要性と、当該集会が開かれることによって侵害されることのある他の基本的人権の内容や侵害の発生の危険性の程度等を較量して決せられるべきものであ」り、また、「このような較量をするに当たっては、集会の自由の制約は、基本的人権のうち精神的自由を制約するものであるから、経済的自由の制約における以上に厳格な基準の下にされなければならない」とした。このように、最高裁は、利益衡量論を採りつつ、いわゆる「二重の基準論」も示唆したのである。

　市立泉佐野市民会館条例が不許可事由として「公の秩序をみだすおそれがあ

---

*3　阪本昌成『憲法理論Ⅲ』（成文堂、1995年）157-158頁。関連して、中林暁生「給付的作用と人権論」法教325号（2007年）24頁以下を参照。
*4　小山・作法22-23頁、196-197頁を参照。

る場合」を挙げていたことについては、最高裁は、「本件会館における集会の自由を保障することの重要性よりも、本件会館で集会が開かれることによって、人の生命、身体又は財産が侵害され、公共の安全が損われる危険を回避し、防止することの必要性が優越する場合をいうものと限定して解すべきであり、その危険性の程度としては……単に危険な事態を生ずる蓋然性があるというだけでは足りず、明らかな差し迫った危険の発生が具体的に予見されることが必要であると解するのが相当である」とした上で、「右事由の存在を肯認することができるのは、そのような事態の発生が許可権者の主観により予測されるだけではなく、客観的な事実に照らして具体的に明らかに予測される場合でなければならない」とした。

さらに、最高裁は、「主催者が集会を平穏に行おうとしているのに、その集会の目的や主催者の思想、信条に反対する他のグループ等がこれを実力で阻止し、妨害しようとして紛争を起こすおそれがあることを理由に公の施設の利用を拒むことは、憲法21条の趣旨に反する」とも述べた（いわゆる敵意ある聴衆の理論*5）。

[2] 上尾市福祉会館事件最高裁判決

上尾市福祉会館事件において、最高裁は――泉佐野市民会館事件の時ほどには――集会の用に供する公の施設と集会の自由との関係を詳細に説明したわけではないが、上尾市福祉会館条例が不許可事由として定める「会館の管理上支障があると認められるとき」について、この規定は、「会館の管理上支障が生ずるとの事態が、許可権者の主観により予測されるだけでなく、客観的な事実に照らして具体的に明らかに予測される場合に初めて、本件会館［上尾市福祉会館のこと――中林注］の使用を許可しないことができることを定めたものと解すべきである」とした上で、実際の当該不許可処分を違法と判断した（泉佐野市民会館事件では当該不許可処分は違法と判断されなかった）。また、最高裁は、「主催者が集会を平穏に行おうとしているのに、その集会の目的や主催者の思想、

---

*5 「……反対勢力や集会に対する敵意をもつ観衆の存在によって治安妨害が発生するおそれがあるという場合については、『正当な権利の行使者を法律上弾圧すべきでない』というイギリスの判例上確立された法理（「敵意ある聴衆の法理」）が原則として妥当すると解すべきである」（佐藤・憲法論287頁）（強調は原文）。

信条等に反対する者らが、これを実力で阻止し、妨害しようとして紛争を起こすおそれがあることを理由に公の施設の利用を拒むことができるのは、……警察の警備等によってもなお混乱を防止することができないなど特別な事情がある場合に限られる」と述べたが（敵意ある聴衆の理論）、集会の実現のために警察等と連携して混乱を防止するよう努めるという積極的な行為を——泉佐野市民会館事件最高裁判決よりも——明快に施設管理者に求めたことは重要である[6]。

[3]「公の施設」

2つの最高裁判決の行論においては、泉佐野市民会館および上尾市福祉会館がいずれも集会の用に供する「公の施設」であったことに重点が置かれていた。

地方自治法244条にいう「公の施設」には、泉佐野市民会館や上尾市福祉会館のような集会の用に供する施設だけでなく、普通地方公共団体の設置する学校、公園、道路、図書館、病院なども含まれる[7]。地方自治法は、「正当な理由」がない限り普通地方公共団体は住民による「公の施設」の利用を拒否してはならないと定め（地方自治法244条2項）、さらに、普通地方公共団体が住民による利用について「不当な差別的取扱い」をすることも禁止している（地方自治法244条3項）。この「正当な理由」に該当するか否か、あるいは「不当な差別的取扱い」に該当するか否かは、個別具体的に判断することになるが、一般には、「公の施設の利用に当たり使用料を払わない場合、公の施設の利用者が予定人員をこえる場合、その者に公の施設を利用させると他の利用者に著しく迷惑を及ぼす危険があることが明白な場合、その他公の施設の利用に関する規程に違反して公の施設を利用しようとする場合等[8]」が「正当な理由」に該当すると考えられ、また、「信条、性別、社会的身分、年齢等により、合理的な理由なく利用を制限し或いは使用料を減額する等[9]」が「不当な差別的取扱い」に該当すると考えられている[10]。

---

[6] 上尾市福祉会館事件最高裁判決は「及び腰になりがちな自治体関係者に対して、妨害活動への毅然とした対応を要請したものである」（大橋洋一「判批」法教191号（1996年）107頁）。
[7] 宇賀克也『地方自治法概説〔第7版〕』（有斐閣、2017年）368頁。
[8] 松本英昭『新版 逐条地方自治法〔第9次改訂版〕』（学陽書房、2017年）1101頁。
[9] 松本・前掲注8）1102頁。

集会と表現　47

2つの最高裁判決の行論において、各施設が集会の用に供する「公の施設」であったことが重要な意味を持っていたということは、ある事例において問題となった施設が「公の施設」でなければ、その事例と2つの最高裁判決とを区別することができるということも意味する。実際、「東京ビックサイト」の施設におけるパーティーの開催が問題となった事案において、当該施設は「公の施設」そのものとは異なるとして、その施設の利用関係については2つの最高裁判決の事例とは「事案を異にする」とした裁判例[11]がある。

　また、地方自治法244条2項の規律に服するのはあくまでも当該「公の施設」をその設置目的に基づいて使用する場合に限られる[12]。この点に関しては、公立学校の施設において教職員組合の教育研究集会を行うことが問題となった事件[13]が重要である[14]。この事件において、最高裁は、「公立学校施設をその設置目的である学校教育の目的に使用する場合」には地方自治法244条の規律に服するが、その施設を「設置目的外に使用するためには」地方自治法238条の4第4項［現7項――中林注］「に基づく許可が必要である」と述べた上で、当該事案を裁量権逸脱の問題として処理したのである。

[4] 集会の自由と集会の用に供する「公の施設」

　「公の施設」の利用に関する事案として取り扱われた場合においても、その利用拒否が「正当な理由」にもとづくものであるか否かの判断は事案毎に異なりうる。たとえば、公立美術館における美術作品の特別観覧や図録の閲覧が問題となった天皇コラージュ事件において、控訴審判決[15]は、富山県立近代美術館条例に基づく特別観覧および図録の閲覧を「公の施設」の利用と捉えつつも、一審判決[16]の採った――泉佐野市民会館事件最高裁判決に類似する――

---

[10]　なお、地方自治法244条2項および3項により禁止されているのは、あくまでも当該普通地方公共団体の住民に対する「正当な理由」のない利用拒否および「不当な差別的取扱い」である。ただし、他の地方公共団体の住民に対する場合においても、憲法14条に違反することはできないと解されている（松本・前掲注8）1102頁）。
[11]　東京高判2002（平成14）年7月16日判時1811号91頁。
[12]　宇賀・前掲注7）372頁。
[13]　最判2006（平成18）年2月7日民集60巻2号401頁。
[14]　小山・作法195-196頁。亘理格「公立学校施設とパブリック・フォーラム論――憲法・行政法の共振回路としての公共施設法」法教329号（2008年）40頁以下も参照。
[15]　名古屋高判金沢支判2000（平成12）年2月16日判時1726号111頁。
[16]　富山地判1998（平成10）年12月16日判時1699号120頁。

基準は「憲法21条が保障する『集会の自由』を制約するおそれのある事案については相当であるが、本件のような美術品及びその図録の観覧あるいは閲覧に関する事案については厳格に過ぎて相当でないというべきである」と述べていた。したがって、泉佐野市民会館事件と上尾市福祉会館事件がいずれも、〝集会の自由と集会の用に供する「公の施設」〟に関する事案であったことには注意する必要がある。

3 事例の検討

以上のような基本知識を踏まえた上で、各事例について考えてみよう。

[1] 集会の自由にいう「集会」

　【事例1】において、名古屋地裁判決は、「集会の自由における『集会』とは、集団としての意思を形成し、その意思実現のための具体的行動をとることを当然の内実とするもので、それ故に集会の自由は精神的自由権として表現の自由と並んで厚く保護されているのであ」るとした上で、「公の施設を利用しようとする者のすべてが集会の自由により憲法上保護されるべき『集会』を開催しようとしているとは限ら」ず、「本件イベントは自動車を自分の好みに改造するという一定の方向性の下に開催されるものであるけれども、その方向性が自動車の改造及びその部品の販売を目的とするものである以上、基本的には営業活動の自由等の経済的自由に関する催事に過ぎず、上記判例［泉佐野市民会館事件最高裁判決および上尾市福祉会館事件最高裁判決のこと——中林注］のいう厳格な基準が直接妥当すべき事案であるとは解し難い」と述べている[*17]。

　ここで、名古屋地裁が、2つの最高裁判決によって示された「厳格な基準」を適用しなかったのは、この事件で問題となったイベントは憲法21条1項の保障する「集会」ではないと考えたからである。そこで、次に、集会の自由における「集会」とは何かについて考えてみることにしよう。

　まず、集会の自由を「広義の表現の自由の一形態[*18]」と解しつつ、集会の

[*17]　ただし、本判決は「本件申請は、集会の自由を前提とした厳格な基準を適用した場合でも、なお、使用を許可しないことができる場合に該当するというべきである」とも述べている。

自由にいう「集会」を狭く解する見解がある。たとえば、芦部信喜は、「集会の自由の『集会』とは、特定または不特定の多数人が政治・経済・学問・芸術・宗教などの問題に関する共通の目的をもって、公園・広場・公会堂のような特定の場所に一時的に会合する行為を言う[19]」と解した上で、「集会は組織と計画とが原則としてあらかじめ決められている会合であ」り、「この点で、趣味・娯楽のための音楽会や観劇、または祭り・縁日ないし見本市など計画性のない偶然の人だかりと異なる[20]」としていた。

集会や、「動く集会」としての集団示威運動（デモ行進）などは、自分たちの見解をマス・メディアには十分に採り上げてもらえない人々にとって、自分たちの見解を他者に伝達する重要な手段であるので、それらを表現の自由の一形態として捉えるということには重要な意義がある。また、いわゆる二重の基準論の下では、集会の自由を表現の自由の一形態として捉えるということは、表現の自由と同等の「厳格な」審査基準を採ることを意味することにも注意を払う必要がある。

しかしまた、集会の自由が、結社の自由とともに「『表現の自由』には代替せしめられない独自の価値（情感上の相互作用、連帯感、信奉心の醸成など）を担っていること」[21] にも留意する必要がある。ここから、集会の自由を広く捉える見解[22] が有力に唱えられることになる。

名古屋地裁判決による「集会」の定義は、狭義説に親和的であるといえるが[23]、最高裁自身は、狭義説を明示的に採っているわけではない（"政治的な集会"〔泉佐野市民会館事件〕だけではなく、"合同葬"〔上尾市福祉会館事件〕をも含むものが、判例のイメージする「集会」であるということができるであろう[24]）。

---

[18]　芦部・憲法学Ⅲ 480 頁。
[19]　芦部・憲法学Ⅲ 479 頁。
[20]　芦部・憲法学Ⅲ 479 頁。
[21]　佐藤・憲法論 285 頁。
[22]　初宿正典『憲法 2　基本権〔第 3 版〕』（成文堂、2010 年）301 頁を参照。詳しくは、狭義説と広義説との関係を含めて、赤坂正浩『憲法講義（人権）』（信山社、2011 年）83-85 頁を参照。
[23]　名古屋地裁判決の集会の捉え方は、佐藤幸治の見解（「『集会、結社』は、集団としての意思を形成し、その意思実現のための具体的行動をとることを当然その内実とするもので、『表現』と同一線上にあるといえる。」（佐藤幸治『憲法〔第 3 版〕』（青林書院、1995 年）543 頁、佐藤・憲法論 284 頁）を「前提にするものと思われる」（吉野夏己「判批」法学新報 110 巻 5・6 号（2003 年）279 頁）。
[24]　赤坂・前掲注 22）84-85 頁を参照。

ところで、芦部は、「偶然の人だかり」であっても集会の自由の保障対象となることがあるとした上で、「演劇公演のような催しであっても、『意見形成を行うことを目標とする傾向が勝っている』場合には、『集会』として保護されよう*25」と述べていた。これは、演劇公演が当然に集会の自由にいう「集会」にあたるわけではない、ということを前提としている。

　この点で興味深いのが、【事例2】である*26。【事例2】において、仙台高裁は、使用許可取消処分の効力の停止を認めたが、その際に、仙台高裁は、「住民等は、本件会館［仙台市民会館のこと―中林注］のような公の施設が設けられている場合、その施設の設置目的に反しない限りその利用を原則的に認められることになるのであって、管理者が正当な理由もないのにその利用を拒否するときは、憲法の保障する集会の自由、表現の自由の不当な制限につながるおそれがある」（傍点中林）と述べて、泉佐野市民会館事件最高裁判決などでは述べられていなかった「表現の自由」にも言及し、さらに、「本件公演の開催は、民族舞踊、声楽、民族楽器演奏などの舞台公演を通じて、南北朝鮮の民族芸術を紹介し、在日朝鮮人・韓国人と宮城県民、仙台市民との友好親善と相互理解を深めることを目的としたものであって、そのこと自体は、我が国の憲法によって保障された行為というべきである」とも述べたのである。仙台高裁が当該公演を集会の自由の問題と捉えたのか、それとも表現の自由の問題と捉えたのかは必ずしも明らかではないが*27、このこと自体が興味深いということもできる。

　以上のように、【事例1】におけるイベントや【事例2】における公演はいずれも、集会の自由にいう「集会」の周縁部分に位置するものであったということができよう。

---

*25　芦部・憲法学Ⅲ 479-480頁。
*26　X₂側が、2007年7月2日に、仙台地裁に対し、使用許可取消処分取消訴訟を提起し、さらに、使用許可取消処分の効力の停止（行政事件訴訟法25条2項を参照）を求める申立ても併せて行った。仙台地裁は執行停止の申立てを認容し（仙台地決2007（平成19）年7月24日判例集不登載）、これに対し仙台市が即時抗告をしたが、仙台高裁は即時抗告を棄却した。
*27　自作の映画の上映会が問題となった事案において、もっぱら「表現の自由」を問題とした裁判例として、東京地決2008（平成20）年10月17日判自338号10頁がある。

[2] 敵意ある聴衆の理論

　泉佐野市民会館事件最高裁判決と上尾市福祉会館事件最高裁判決[*28]は、いずれも、敵意ある聴衆の理論（法理）に言及していた。次に、この敵意ある聴衆の理論について考えてみよう。

　まず、【事例1】における暴走族などは「敵意ある聴衆」ではないので[*29]、【事例1】において敵意ある聴衆の理論は問題とならない。これに対し、【事例2】においては、敵意ある聴衆の理論が問題となる。

　ところで、【事例2】と同種の事件は、2006年にも岡山県倉敷市で起き、岡山地裁は、倉敷市民会館の使用許可取消処分の執行停止の申立てを認容していたので[*30]、仙台高裁の決定それ自体は、特に珍しいものではなかった。それにもかかわらず、ここで仙台高裁決定を採り上げるのは、【事例2】において、仙台市が、前年の宮城県民会館における公演の際の混乱等を挙げ、さらに、仙台市民会館の建物の特性に基づく主張を行ったことに対して、仙台高裁が興味深い判断を示しからである。

　前年（2006年）の仙台公演の際には、県の「拡声機の使用による暴騒音の規制に関する条例」に基づいて停止命令が発せられていたが、この条例の違反行為の基準は85デシベルである（同条例3条）。このことを踏まえて、仙台市は、「本件公演が実施された場合、当日、長時間にわたり本件会館を中心とする周辺において、地域住民らは同程度の騒音に悩まされることが予想され、警察による警備等によってもかかる住民の被害を完全に防止することは基本的に困難な状況にあ」り、「その結果、周辺住民、特に本件会館と同一建物内の賃貸住宅の住民は受忍限度を超える騒音に耐え続けなければならないこととなる」等と主張していた[*31]（傍点はいずれも中林）。

[*28] 上尾市福祉会館事件において最高裁が敵意ある聴衆の理論に触れたことについて、調査官解説は、最高裁判決が「本件合同葬の際に混乱が生ずるおそれがあるとは考え難い状況にあったと判示しているのであるから、……『敵意ある聴衆』の理論についての判示部分は、仮に何らかの混乱が生ずるとしてもという仮定的な判断とも考えられるが」、原告側が第1審以来「力点を置いて主張しているため、この点についても触れたものと思われる」としている（秋山壽延・最判解民事篇平成8年度（上）210頁）。
[*29] 判タ1085号199頁の「解説」を参照。
[*30] 岡山地決2006（平成18）年10月24日裁判所HP。この決定については、松井直之「判批」横浜国際経済法学17巻1号（2008年）183頁以下を参照。
[*31] 「即時抗告申立書」5-6頁。

仙台高裁は、まず、申立てが「本案について理由がないとみえるとき」（行政事件訴訟法25条4項）に当たるか否かの検討に際し、上尾市福祉会館事件最高裁判決を参照しつつ、仙台市の「主張する『管理上の支障』は、本来警察当局の適切な警備等によって回避が図られるべきものであって、本件公演に反対する者の抗議活動を理由に本件会館の使用を拒み得るのは、警察の適切な警備等によってもなお混乱を防止することができないなど特別な事情がある場合に限られるものというべきである」とした。その上で、仙台高裁は、まず、2006年の仙台公演の際の「右翼団体等の抗議活動は、一般市民の生活にある程度の支障をもたらし、警察当局に苦情が寄せられたとはいえ、街宣車による暴騒音や交通の渋滞も警察の警備等によって制約し、防止し得た程度のものであったというべきであって、警察の警備等によってもなお混乱を防止することができないほどのものであったとは認め難い」とした。次に、仙台高裁は、本件での公演が実施されると、「警察の警備等が適切であったとしても、賃貸住宅に居住する住民にある程度の騒音等の被害がもたらされることは避け難いとは思われるが、ホールを併有する建物に居住する以上、多少の騒音等は受忍すべきものである」とし、また、「本件会館を使用する一般市民、あるいは付近を通行する一般市民においてもある程度の騒音等の被害がもたらされるであろうが、右翼団体等にも表現の自由はあるのであるし、市街地の施設を利用し、あるいは市街地で生活する以上、やはり多少の騒音被害等は受忍すべきものというべきである」とした（傍点はいずれも中林）。

　仙台高裁は、一方で、X₂の集会の自由、表現の自由に言及し、他方で、騒音規制の枠内であるにせよ右翼団体等の表現の自由にも言及した上で、市街地に生活する周辺住民等の受忍を説いたのであるが、そこに、事案の具体的な検討の場面でも憲法21条が保障する自由の価値を尊重しようとする姿勢を見て取ることができよう[32]。

---

[32] 中林暁生「パブリック・フォーラム論の可能性」憲法問題25号（2014年）31頁以下を参照。

4　おわりに

ところで、【事例２】の背景には、北朝鮮をめぐる諸問題が存在していた。そのこともあったため、宮城県は、2006年に県民会館において行われた仙台公演の際に、それまで行っていた「後援」を、県民感情の悪化を理由に取り止めたのである（仙台市は2005年に「後援」を取り止めていた。）[33]。したがって、2006年の公演の時、宮城県は、一方で、県民会館の使用を許可しつつ、他方で、仙台公演への宮城県の後援は取り止めていたということになる。この時、宮城県議会環境生活常任委員会において、委員から、「後援」を取り止めることと、県民会館の使用を認めることとの「整合性」についての質問が出されていた[34]。

確かに、特定の団体の活動に対し、県の公共施設の使用を認めるということと、県がその活動を「後援」するということとは、県がその活動について便宜をはかっているという点では同じである、ということもできるであろう。しかしながら、県民会館の使用が地方自治法244条の規律を受けるという点で、それと「後援」の場合との間には画然とした相違があるのである（もちろん、「後援」についても別途検討する必要はある。）。さらにいうと、現在の日本の判例の下では、普通地方公共団体は、その設置する集会の用に供する公の施設の使用が問題となる場合には、当該普通地方公共団体が「後援」しているか否かに関わりなく、必要に応じて、集会の実現のために警察と連携することが求められているのである。かつて、上尾市福祉会館事件の1審判決[35]は、「外部からの攻撃等を防ぐために警察の警備を必要とすることを理由に安易に集会を拒むことを認めることは、暴力をおそれるあまり集会の自由を規制することを認めるに等しいこととなり、ひいては違法な暴力行為を助長して民主主義社会の存立を危うくすることになりかね」ず、「むしろこのような場合、地方公共団体は、

---

[33]　河北新報2006年7月20日（本紙〔朝刊〕〔宮城県版〕）。「県は『公演の中身が政治的かどうかということではなく、県として積極的に見に行ってくださいと言える状況にないということ』（生活・文化課）と説明している」（同）。
[34]　河北新報2006年7月22日（本紙〔朝刊〕〔宮城県版〕）。
[35]　浦和地判1991（平成3）年10月11日判時1426号115頁。

可能な限り手段を尽くして違法な暴力から集会を擁護することが、憲法の精神にそうものであると言うべきである」と述べていた。集会の用に供する公の施設の使用が問題となる場合には、当該施設を設置する都道府県等は、自らが「後援」しているわけではない集会等であっても、その実現のために警察と連携して混乱を防止するよう努めなければならないということが、民主主義社会において有する意義は、明らかであろう。

part. 1 「判例」を読む　　　　　　　　　▷21条・31条

「読む」人、「読まぬ」人
―― 「一般人基準」雑考

【事例】（仮想事例である）

　「インターネット上の有害ウェブサイト等の規制に関する法律」は、インターネットを利用する青少年を有害情報から保護することを目的に、内閣総理大臣が、有害ウェブサイトおよび有害ウェブページ（以下「有害サイト等」という。）を指定して、有害サイト等の閲覧者に対し、その閲覧時に、氏名、生年月日、メールアドレスおよび年齢確認のためのID番号（運転免許証の番号等）を当該サイトに登録することを義務づけるものである。同法によれば、有害サイト等の運営者は、18歳に満たない者にその閲覧を許してはならず、また、閲覧を許可した者に関する上記個人情報を6か月間保存しておかなければならない。このような義務に違反したサイト運営者には一定の罰則が科される。

　この法律に含まれる憲法上の問題について論ぜよ。

【資料】

　インターネット上の有害ウェブサイト等の規制に関する法律（抄）
第2条　この法律において「有害情報」とは、インターネット上に流通している情報で、著しく性的感情を刺激し、又は著しく残忍性を助長するものとして、内閣府令で定める基準に該当し、青少年の健全な育成を阻害するおそれがあると認められるものをいう。

　2　この法律において「有害ウェブページ」とは、有害情報が掲載されているウェブページとして内閣総理大臣が指定するものをいう。

　3　この法律において「有害ウェブサイト」とは、有害ウェブページを含み内容的に一つのまとまりをなすウェブページ群として内閣総理大臣が指定するものをいう。
　……

> 第5条　内閣総理大臣は、有害ウェブページ及び有害ウェブサイトを指定するものとする。
> ……
> 第13条　内閣総理大臣の諮問に応じて、次項に掲げる事項について調査審議させるため、内閣府に、インターネット上の有害ウェブサイト等に関する審議会（以下、「審議会」という。）を置く。
> 　2　内閣総理大臣は、次の各号に掲げる場合には、審議会の意見を聴かなければならない。
> 　　一　第2条第2項に規定する内閣府令の基準を定めようとするとき。
> 　　二　第5条の規定による有害ウェブページ又は有害ウェブサイトの指定をしようとするとき。

1　はじめに

　法的判断の規準として、判決の中に「一般人」が登場することは少なくない。①表現の自由規制ないし刑罰法規の明確性が問題になる場面、②表現行為による名誉毀損およびそれによる不法行為の成否が問題になる場面は、「一般人」の代表的な登場シーンといえよう。
　本章は、最高裁と下級審とで「一般人」の捉え方に違いがあることを示したうえで、これが①・②場面の解釈に与える影響について若干の検討を加える（もちろん、最終的には、【事例】の考え方に結びつけたい）。なお、以下では、最高裁に現れる「一般人」を見る際には上記①場面の判決を、下級審に現れる「一般人」を見る際には上記②場面の判決を用いる。この点、両者に違いが出るのは当然であり、それらを比較してわが国裁判所の「一般人」論を検討することは不適切であるとの考えもありえる。しかし、①・②とも、人がテクストを「読む」作業にかかわっていること——①は法文を、②は記事を「読む」ことにかかわる——を踏まえれば、両場面に登場する「一般人」の整合性を問題にすることは許されるように思われる（詳細は後述する）。

2 「読む」人

[1] 基本知識

「精神的自由を規制する立法は明確でなければならない」が[*1]、特に刑罰法規、表現の自由規制については、憲法31条（罪刑法定主義）、憲法21条（表現行為に対する萎縮効果の除去）の要請から、法文の明確性が厳格に求められ、漠然不明確な立法は原則として文面上無効になる[*2]。昭和50年の徳島市公安条例事件判決[*3]がその判断基準として示したのが、次のような「一般人基準」であった。

>「ある刑罰法規があいまい不明確のゆえに憲法31条に違反するものと認めるべきかどうかは、通常の判断能力を有する一般人の理解において、具体的場合に当該行為がその適用を受けるものかどうかの判断を可能ならしめるような基準が読みとれるかどうかによってこれを決定すべきである。」

かかる一般人基準は、①解釈によって得られた結果の明確性（犯罪成立要件の明確性）と、②解釈の容易性（一般人の理解において、法文からそのような解釈が読みとれるか）という2要素から成り立っているとされるが[*4]、本章が問題にするのはそのうちの②である。

ところで、明確性を欠く立法も、合憲限定解釈によってその不明確性が除去される場合には文面上無効とは判断されない。とはいえ、この合憲限定解釈にも限界はある。そして、この限界を画するのもやはり「一般人（一般国民）」である。表現の自由に対する事前規制的立法を合憲限定解釈した昭和59年の税関検査事件判決[*5]は、この点について次のように述べている。

[*1] 芦部・憲法213頁。
[*2] たとえば、佐藤・憲法論259頁。
[*3] 最大判1975（昭和50）年9月10日刑集29巻8号489頁。
[*4] 門田成人「刑罰法規の明確性の理論と『公正な告知』の概念（2・完）」島大法学34巻3号（1990年）89頁、初宿正典＝大石眞編『憲法 Cases and Materials 人権・展開編［第2版］』（有斐閣、2013年）440頁、村山健太郎「公安条例の明確性」百選Ⅰ［5版］183頁、深町晋也・刑事判例研究・ジュリ1194号（2001年）134頁参照。これらと異なる観点に立つものとして、前田雅英『現代社会と実質的犯罪論』（東京大学出版会、1992年）59頁以下。
[*5] 最大判1984（昭和59）年12月12日民集38巻12号1308頁。

「表現の自由を規制する法律の規定について限定解釈をすることが許されるのは、その解釈により、規制の対象となるものとそうでないものとが明確に区別され、かつ、合憲的に規制し得るもののみが規制の対象となることが明らかにされる場合でなければならず、また、一般国民の理解において、具体的場合に当該表現物が規制の対象となるかどうかの判断を可能ならしめるような基準をその規定から読みとることができるものでなければならない」[*6]。

[2]「一般人」——市民？

では、ここで想定されている「一般人」とはどのような人間なのだろうか。これを検討するため、以下、「一般人基準」の具体的な適用状況を参照しておく。

まず、徳島市公安条例事件判決は、集団行進等の遵守事項として徳島市公安条例が掲げた「交通秩序を維持すること」（3条3号）という規定につき、「その文言だけからすれば、単に抽象的に交通秩序を維持すべきことを命じているだけで、いかなる作為、不作為を命じているのかその義務内容が具体的に明らかにされていない」としながらも、これは、「道路における集団行進等が一般的に秩序正しく平穏に行われる場合にこれに随伴する交通秩序阻害の程度を超えた、殊更な交通秩序の阻害をもたらすような行為を避止すべきことを命じているものと解される」とし、この理解は「一般人」によって可能であるとした。本判決に付された高辻裁判官の意見が指摘するように、こうした解釈が、「交通秩序を維持すること」という「規定の文言だけではなく、その規定と法規全体との関係、当該法規の立法の目的、規定の対象の性質と実態等」にまで思いを巡らせ、それらについて「考慮を重ねた」結果得られたものであるとすれば[*7]、ここで想定される「一般人」とは、裁判官と同様、上述の諸点を考慮して、法令の抽象的文言から、上に挙げた規範を読みとることのできる人、とい

[*6] 法文の過度広汎性と合憲限定解釈の限界が争われた広島市暴走族追放条例事件（最判2007（平成19）年9月18日刑集61巻6号601頁）で、「解釈の容易性」に一定の注意を払ったのは那須裁判官の補足意見であった。同補足意見は、「規定の文言自体から導き出せないような限定解釈は、客観性・論理性を欠き、恣意的な解釈に流れるもので、そもそも『解釈』と呼ぶに相応しくない」としながら、本条例については、「条例の名称が……暴走族追放条例とされているほか、条例の目的を定める1条をはじめとして随所に『暴走族追放』、『暴走族から（の）離脱』等の文言が存在し、その主たる目的が少年の本来的暴走族への参加を防止し、あるいはその離脱を促すことにあることが読み取れる」から、本条例の対象を本来的暴走族に限定するという解釈は「一般国民の理解においても極めて理解しやすいものであり、本条例の『規定から読みとることができるもの』である」と述べた。

うことになろう。

　税関検査事件判決は、先に軽く触れたとおり、その明確性が問題にされた、関税定率法21条1項3号（輸入禁制品を掲げた規定）[*8]にいう「風俗を害すべき書籍、図画」等を、<u>「猥褻な書籍、図画等」に限定して解釈した</u>ものであるが、そこでは、「一般法としての刑法の規定を背景とした『風俗』という用語の趣旨及び表現物の規制に関する法規〔出版法、新聞紙法等〕の変遷」が考慮されていた。合憲限定解釈の限界に関する先の「一般人基準」を踏まえれば、ここで最高裁が想定している「一般人」も、「風俗」という用語の（刑法上の）趣旨や関連法規の歴史的変遷などを知り、これらを考慮できる人、ということになろう。また、本判決は、上記限定解釈（下線部）に対する「一般人」の理解可能性を示す根拠として、かかる解釈が、「現在の社会事情の下において、わが国内における・社・会・通・念・に合致する」（傍点山本）ことを挙げている[*9]。しかし、昭和32年のチャタレイ事件判決[*10]では、「社会通念」は、「一般社会において行われている良識」と同定され、「社会通念が如何なるものであるかの判断は、……裁判官に委ねられている」と説明されていた。しかも、同判決は、「社会通念」の内容を「判断」する裁判官に、次のような批判的・規範的態度をも求めていた。

　　「裁判所は良識をそなえた健全な人間の観念である社会通念の規範に従って、社会を道徳的頽廃から守らなければならない。けだし法と裁判とは社会的現実を必ずしも常に肯定するものではなく、病弊堕落に対して批判的態度を以て臨み、臨床医的役割を演じなければならぬのである」。

　このようなチャタレイ事件判決の「社会通念」論に鑑みると、税関検査事件

[*7]　なお、高辻裁判官意見は、「本条例3条3号の規定は犯罪構成要件の内容をなすものとして明確性を欠くものとはいえないとする多数意見には賛成することができない」としつつ、付随的違憲審査制を前提に、「本条例3条3号、5条の定める犯罪構成要件に当たることの明らかな本件事実については、……それらの規定の適用が排除されるべきではない」とし、結論として多数意見に同調した。
[*8]　昭和55年法7号による改正前のもの。現在は、関税法69条の11第1項7号。
[*9]　「社会通念に依拠した……限定解釈があたかもそのまま一般人の理解に明確さを与えているとするかのような論法」の問題性については、駒村圭吾「刑罰法規の不明確性と広範性」百選II〔6版〕247頁参照。
[*10]　最大判1957（昭和32）年3月13日刑集11巻3号997頁。

判決が想定する「一般人」――「社会通念」から上述のような規範内容を読みとることのできる人――は、批判的（critical）で規範的な判断が可能な「良識」人ということになろう。阪本昌成教授は、同判決が前提とする「一般人（一般国民）」を、「擬制された規範的国民」と称するが*11、確かにここで登場する「一般人」は、「通常の判断能力」というより、「合理的な判断能力」をもった人間であるように思われる。

3 「読まぬ」人

一方、表現行為による名誉毀損およびそれによる不法行為の成否が争われた下級審には、これとは異なる「一般人」が登場する。以下では、まず、名誉毀損事案における「一般人基準」を簡単に紹介しておく。

[1] 基本知識

憲法学では、名誉毀損的表現の免責法理――公共性・公益目的性・真実性（真実相当性）――に専らその焦点が当てられることが多いが*12、実際には、「免責」問題に先行して、そもそもある表現（記事等）の意味内容が名誉を毀損したものといえるか、すなわち他人の社会的評価を低下させるものといえるかが、「一般の読者の普通の注意と読み方とを基準」に判断される*13。これが、名誉毀損法理における「一般人基準」である（「一般人」と「一般読者」との差異については後述）。

ところで、事実摘示による名誉毀損ではなく、意見・論評による名誉毀損については、免責法理としての真実性（真実相当性）は、「意見ないし論評の前提としている事実〔の〕重要な部分」について認められればよいとされるから、一般に事実摘示型の名誉毀損よりも免責の幅が大きくなる*14。そこで、問題

---

*11 阪本昌成「輸入書籍・図画等の税関検査」百選I〔5版〕153頁参照。
*12 名誉権侵害の基本構造は、刑事も民事も同様であるとされる。最判1966（昭和41）年6月23日民集20巻5号1118頁。
*13 最判1997（平成9）年9月9日民集51巻8号3804頁。先例として、最判1956（昭和31）年7月20日民集10巻8号1059頁。
*14 いわゆる「公正な論評の法理」については、最判1989（平成元）年12月21日民集43巻12号2252頁、前掲注13）平成9年判決参照。

とされる表現が事実を摘示するものか、意見・論評の表明であるのかを区別することが肝要となるのだが、判例によれば、この区別も「一般人（一般読者）」を基準になされる。すなわち、事実摘示か意見・論評かの別は、一般の読者の普通の注意と読み方とを基準に、「証拠等をもってその存否を決することが可能な他人に関する特定の事項」を主張しているものと理解されるかどうかで判断される、というのである。

> 「名誉毀損の成否が問題となっている部分について、……証拠等をもってその存否を決することが可能な他人に関する特定の事項を主張しているものと直ちに解せないときにも、当該部分の前後の文脈や、記事の公表当時に<u>一般の読者が有していた知識ないし経験等を考慮し</u>、右部分が、修辞上の誇張ないし強調を行うか、比喩的表現方法を用いるか、又は第三者からの伝聞内容の紹介や推論の形式を採用するなどによりつつ、間接的ないしえん曲に前記事項を主張するものと<u>理解されるならば</u>、同部分は、事実を摘示するものと見るのが相当である。また、……当該部分の前後の文脈等の事情を総合的に考慮すると、当該部分の叙述の前提として前記事項を黙示的に主張するものと<u>理解されるならば</u>、同部分は、やはり、事実を摘示するものと見るのが相当である」[*15]。

[2]「一般人」──消費者？

以下、下級審判決を素材に、このような基準において想定される「一般人（一般読者）」像を描出してみたい。

まずは、週刊誌の記事が原告の名誉を毀損するものかどうかを争った平成20年の違法カジノ事件判決[*16]を見てみよう。本件は、原告・サンマリノ共和国が、「『治外法権』が売り物の『危ないカジノ』サンマリノ文化交流会館」との見出しのもと、太字リード文で「ここに紹介するカジノ〔が〕……他と違うのは、某国の駐日大使館直営で、『治外法権』というのが売り物であること。それがホントなら、逮捕を恐れず堂々と遊べるというわけだが…。」などと書かれた記事によって名誉を毀損されたとして、被告出版社に対し損害賠償等を求めた事件なのだが、上の引用箇所に原告名（「サンマリノ共和国」）を直接記載

[*15] 前掲注13）平成9年判決。事実言明と意見言明との区別については、さらに、最判2004（平成16）年7月15日民集58巻5号1615頁参照。
[*16] 東京地判2008（平成20）年2月22日判時2001号53頁。

した部分はなく、原告が違法カジノの経営に関与していることを断定する記述もないうえ、本件記事の本文には、カジノへの関与を完全否定する同大使館の回答も記載されていたため、そもそも本件記事が原告の社会的評価を低下させ、その名誉を毀損するものといえるのかが争われた。もちろん、被告出版社は、「一般人の普通の注意と読み方」を基準とすれば、原告が違法カジノに関与していないという事実——本件カジノは実際には暴力団関係者等によって経営されているという事実——は読みとれるはずであり、本件記事によって原告の社会的評価は低下していないと主張したが、本判決は、「一般の読者が批判的見地から注意深く本件記事を読むとは認められ〔ず〕」、このことをも考慮すれば、「一般の読者は、必ずしも本件記事から本件カジノの経営者が〔原告ではなく、実際には〕暴力団関係者等である事実を読み取るものとは断定できない」として、本件記事が原告の名誉を毀損するものであることを認めたのである。ここで現れる「一般人」——批判的読解を期待できない「読まぬ」人——は、2で見た「一般人」——「読む」人——とは大きく異なっているように思われる。

同様に、「八王子スーパーで3人射殺」などの見出しのもと、原告が強盗殺人未遂事件等に関与した疑いがあるなどと報じた週刊誌記事が原告の名誉を毀損したかどうかが争われた事案[*17]で、大阪地裁は、「本件記事を慎重に、あるいは繰り返し読んだ場合には」、「原告が……強殺事件等に関与した疑いがあると断定している記事でないことが判明し得ないわけではない」が、「読者が記事を慎重に、あるいは繰り返し読むことによりその内容を誤って受け取らないように努めることは、通常期待し難い」ために、結局、「本件記事は、一般の読者の普通の注意と読み方とを基準として解釈した意味内容に従えば、原告が……強殺事件等の犯人であるとの事実を摘示したものであると認められ」、この点において原告の社会的評価を低下させるものと結論づけたのである。ここでも、一般読者にテクストを「読む」ことは期待されていない。

では、事実摘示、意見・論評の別が問題とされた場面はどうか。たとえば、原告・クリーニング業者が行っている「オゾン&アクアドライ」なるクリーニング方法の洗浄効果・有効性について、第三者の否定的意見を紹介した週刊誌

[*17] 大阪地判2007（平成19）年7月27日判例集未登載。

記事が、事実言明に当たるのか意見言明（論評）に当たるのかが争われた名誉毀損事案*18 で、被告出版社が、本件記事は否定的意見の存在を摘示したうえでの「論評」であるなどと主張したのに対し、福岡高裁は、確かに本件記事は第三者の「意見」を紹介する形式をとってはいるが、「本件記事の構成や、〔その〕記載部分の位置付けなどを総合すると、一般読者は、その普通の注意と読み方を基準とすれば、本件記事全体を読むことによって、……『オゾン＆アクアドライ』というクリーニング方法自体に普通のドライクリーニング以上の洗浄効果はないとの印象を受ける」（傍点山本）から、「論評」の表明ではなく、「『オゾン＆アクアドライ』に普通のドライクリーニング以上の洗浄効果が認められないという事実」の摘示があったとみるべきであり、被告出版社としては、かかる「事実」それ自体の真実性（真実相当性）を立証すべきであるとした。ここで想定されている「一般人（一般読者）」も、記事全体から受ける「印象」によって、第三者の「意見」をあたかも「事実」であるかのように感じてしまう脆弱な人間であるように思われる*19。

4　別人？

[1] 複数のアプローチ

「下級審の裁判例を通して『判例』を読む」という Part.1 の趣旨*20 に想到するとき、一定の疑問を抱かざるをえないのは、**2** と **3** に現れる「一般人」（一般的読み手）の違いである。単純に考えて、**3** でみた、批判的読解能力を欠く「一般人」が、「規定の文言だけではなく、その規定と法規全体との関係、当該法規の立法の目的、規定の対象の性質と実態等」、さらには「社会通念」までをも考慮して、法令を「読む」ことができるようには思われない。また逆に、最高裁が想定する「一般人」――たとえば、青少年保護条例が処罰対象と

---

*18　福岡高判 2007（平成 19）年 4 月 27 日判タ 1252 号 285 頁。
*19　「印象」に左右される「一般人」は、テレビ放送による名誉棄損事案ではデフォルトとされている（最判 2003（平成 15）年 10 月 16 日民集 57 巻 9 号 1075 頁〔テレビ朝日ダイオキシン訴訟〕参照）。そこに行くにはいくつかの議論を経る必要があるが、関連する問題として、政府言論やエンドースメント・テストが前提とする「一般人」論がある。蟻川恒正『憲法的思惟――アメリカ憲法における「自然」と「知識」』（岩波書店、2016 年）、小泉良幸「信教の自由と政教分離」小山＝駒村（編）・論点探究 148 頁以下参照。
*20　本書 1 頁以下。

する「淫行」を、「青少年を誘惑し、威迫し、欺罔し又は困惑させる等……不当な手段により行う性交又は性交類似行為」のように限定して読める人[*21]——が、雑誌記事の見出しやリード文などに簡単に踊らされ、惑わされるとは思えないのである。

　もちろん、文脈が異なる以上、最高裁に現れる「一般人」と下級審に現れる「一般人」（一般読者）が同一であるはずはない。法令を読むという行為の公共性と、雑誌記事を読むという行為の私的性格の別からいって、両者には一定の差異があって然るべきである（もとより人間は多面的な存在である[*22]）。しかし、先述のように、どちらの場面もテクストを「読む」という作業にかかわっている。そうである限り、裁判所としては、両場面に現れる「一般人」を完全に切り分けること、完全に別人として扱うことはできないように思われる。

　①この点で、最高裁の想定する「読む」人の方に、名誉毀損事案の「一般人」を近づけるというアプローチが、まずは考えられる。このアプローチを選択する場合、名誉毀損成立のハードルが上がり、言論市場に放出される表現量は増大するだろう。無論、「悪質」な言論も流入しようが、批判的・規範的判断が可能な「読む」人が「一般人」であるならば、こうした言論は見抜かれ、自然淘汰されていくことになろう。ただ、このような市場が——メディア・リテラシー教育が必ずしも十分でない状況において——現実に成り立つかは、議論の余地がある。

　②他方、名誉毀損事案で見たような「読まぬ」人の方に、明確性事案において最高裁が想定するところの「一般人」を近づけるという選択もありうる。同アプローチを素朴に選び取る場合、漠然性ゆえに無効とされる法令は増大することになろう。たとえば、先にみた関税定率法21条1項3号（当時）は、同規定のいう「風俗を害すべき書籍、図画」等を「わいせつ表現物」に限定する解釈が、「通常の判断能力を有する一般人に可能であるとは考えられない[*23]」がゆえに無効と判断されうる（こうした解釈は、前記高辻意見が述べるように、「一

[*21]　最大判1985（昭和60）年10月23日刑集39巻6号413頁。
[*22]　問題の所在について、石川健治ほか「《座談会》法における人間像を語る」法時80巻1号（2008年）4頁以下参照。
[*23]　前掲注5）（伊藤・谷口・安岡・島谷裁判官反対意見）。

般人」が「規定の文言から素朴に感得するところの常識的な理解」とはいえないということになろう)。また、福岡県青少年保護育成条例10条1項も、その処罰範囲を、「青少年を誘惑し、威迫し、欺罔し又は困惑させる等……不当な手段により行う性交又は性交類似行為」等に限定する解釈が、「一般人の理解として『淫行』という文言から読みとれるかどうかきわめて疑問[*24]」であるがゆえに無効と判断されうる。

こうしたアプローチ(②—A)は、1つのありうる選択肢ではある。しかし、「読まぬ」人にとっては、「解釈」を必要とするおよそすべての法文が不明確ということになり、実に多くの法文が文面上無効の対象となりうる点に注意すべきであろう[*25](もちろん、ますます読まなくなる「一般人」に、法による統治はそもそも不向きなのであって、アーキテクチャによる統治へと統治方法を切り替えていくべきだ、したがって、文面上無効とされる法令が増大しても問題はないとの主張も、究極的にはありうる[*26])。

[2] 代読者——審議会の重要性

他方、「一般人」に代わって法令を読む「代読者」を制度上組み込み、それによって明確性の理論が目的とするところのものを担保し、明確性に欠く法令を救済しようというアプローチも考えられる(②—B)。審議会等の「代読者」は、法令を公正かつ適切に「読む」ことで規制機関の恣意的運用を防ぎ、また読みの結果を何らかの形[*27]で公表することで国民への告知機能をも果たしうる。こう考えれば、国民への事前告知、規制機関の恣意的運用の防止、表現行為等に対する萎縮効果の抑止といった明確性理論の目的は、審議会等の制度的な組み込みによってある程度は実現されよう。

[*24] 前掲注21)(伊藤裁判官反対意見)。
[*25] 「解釈的転回(interpretive turn)」——解釈なくして法命題なし——を前提にすると、「読まぬ」人にとって、法は存在しないことになる。が、「当該社会において広く受け入れられているルールあるいは慣行(convention)からすれば、直ちにその意味が了解可能なテクストが十分な数、存在していなければ、そもそも人と人とのコミュニケーションはありえないし、法およびそれに関わる人々の活動もありえない」(長谷部・理性209頁)。そうであるならば、「テクストから法命題を導くために、つねに解釈が要求されるわけではない」(同219頁)。
[*26] 問題の所在について、大屋雄裕『自由とは何か』(筑摩書房、2007年)、安藤馨『統治と功利』(勁草書房、2007年)、松尾陽編著『アーキテクチャと法』(弘文堂、2017年)等を参照。
[*27] ガイドラインの策定や、具体化・明確化を図る下位規範形成への積極的関与などが考えられる。ただし、委任にかかわる論点や民主的正統性にかかわる論点を検討する必要があろう。

この点で示唆的なのは、「有害図書」指定の合憲性、「有害図書」の判断基準の不明確性等を問題にした岐阜県青少年保護育成条例事件*28 に付された伊藤裁判官補足意見である。まず、同補足意見は、本件条例が、有害図書を（個別）指定する市長に対し、県青少年保護審議会の意見を聴くよう求めていること（9条）、換言すれば、「漠然としている嫌いを免れない」有害図書の判断基準を、当該審議会に「代読」させていることを、合憲判断の一要素と捉えた。すなわち、「公正な機関〔＝審議会〕の指定の手続を経ることにより、有害図書に当たるかどうかの判断を慎重にし妥当なものとするよう担保することが、有害図書の規制の許容されるための必要な要件とまではいえないが、それを合憲のものとする有力な一つの根拠とはいえる」、としたのである。

　次に、伊藤補足意見は、代読者の存在と法令の明確性とを相補的関係において捉えた。すなわち、本件で実際に問題となった「包括指定」は、審議会の判断を経ずに行われる点で憲法上問題となりうるが、（個別指定以上に）「指定の基準が明確なものとされており、その指定の範囲が必要最少限度に抑えられている限り、……これを違憲と断定しえない」と述べ、包括指定手続における「代読者＝審議会」の不在が、包括指定基準の明確性によってカバーされうるとしたのである。

　かかる相補性は、法令の不明確性が「代読者」の存在によってある程度カバーされうることを示唆しているように思われる。教科書裁判において、「旧検定基準の一部には、包括的で、具体的記述がこれに該当するか否か必ずしも一義的に明確であるといい難いものもある」としながらも、「教育的、学術的な専門家である教育職員、学識経験者等を委員とする〔教科用図書検定調査〕審議会」が同基準を「読む」ことを1つの根拠に、教科書検定制度の合憲性を認めた第1次家永訴訟判決*29 も、両者の相補性を示すものとして読み直すことができよう*30（教科用図書検定調査審議会は、「一般人」の「代読者」ではないが）。

---

*28　最判1989（平成元）年9月19日刑集43巻8号785頁。
*29　最判1993（平成5）年3月16日民集47巻5号3483頁。
*30　教科書検定制度における「教科用図書検定調査審議会」の重要性について、「政府の言論」の統制という観点から詳細な検討を加えたものに、蟻川恒正「政府の言論の法理——教科書検定を素材として」駒村圭吾＝鈴木秀美編『表現の自由 I』（尚学社、2011年）417頁以下がある。蟻川氏は、審議会の重要性を認めたうえで、現状においては、文部科学省職員である「教科書調査官」が、審議会の職責を妨げている可能性を指摘する。

5　事例について

【事例】は、平成20年度新司法試験論文式試験（公法系科目第1問）に多少の変化を加えたものである。したがって、平成20年度問題と同様、誰の（青少年／成人／サイト運営者）、どのような権利（表現の自由／知る自由／プライバシー権）が、どのような形で制限されているのかなど、多様な論点を含んでいる（個人情報が6か月間保存されることによる情報の濫用等への不安から閲覧が差し控えられるとすれば、それは、サイト運営者の表現ないし閲覧者の知る自由に対する重大な制限ということになる。また、運営者に対する個人情報の保存要請が、閲覧者のプライバシー権ないし自己情報コントロール権の「制限」となるのかも問題となる。さらに、運営者が訴訟当事者となっている場合、閲覧者は「第三者」となるので、運営者がこの「制限」を主張しうるのかも手続上問題となる）。ただ、ここでは、本章のこれまでの検討を踏まえて、規制される「有害情報」の不明確性にかかわる論点に焦点をあてることにしたい。

まず、上記②—Aのようなアプローチから、法令の（文面上）無効を主張することが考えられる。内閣府令によって「有害情報」の明確化が図られることもありうるが（13条2項1号）、下位の法規範による明確化については、国民に対する告示機能に劣るという点で、また（規制機関自身の手による基準変更を許すことにより）恣意的運用を有効に防止できないという点で、問題になりうる。これに対し、上記②—Bのようなアプローチをとって、審議会（＝代読者）の存在、構成、機能等を強調し、明確性に問題のある法令を救済することも不可能ではない。ただし、かかるアプローチをとる場合、(i)審議会の構成（規制機関からの独立性が実質的に担保されているか）、(ii)内閣府令による基準策定手続および個々の指定手続に対する審議会の実質的関与（13条2項）、(iii)同基準を公表する方法（インターネットによる公表など）に注意する必要があろう（こうした検討から審議会が「お飾り」に過ぎないと判断されれば、明確性は原点に戻って厳しく審査されるべきである）。なお、【事例】では、このような諸点についての検討を深めてもらうために、(i)〜(iii)に関する具体的事情をあえて書かなかった。各自検討されたい。

part.1 「判例」を読む　　　　　　　　　▷21条・82条

権利と特権

【事例】
　警察の不正腐敗問題を中心に取材活動や執筆活動を行ってきたX（フリーのジャーナリスト）は、札幌地裁で、北海道警察本部の元警部が起訴された刑事事件の公判を傍聴してきた。札幌地裁では、北海道司法記者クラブの幹事社の記者から、判決言渡期日の10日前頃までに判決要旨の交付に関する要請書が提出された場合、札幌地裁所長が、審理を担当する裁判官の意見を踏まえて、判決要旨の交付の当否を判断し、そして、その指示に基づいて、事務局総務課職員が判決要旨を北海道司法記者クラブの幹事社の記者に交付するか、同クラブに加盟する報道機関の記者に対して個別に交付するという取扱いをしていた。2003年4月14日に、XはA（札幌地裁事務局総務課長）に対し、21日の判決言い渡しの際の傍聴席の確保と判決要旨の交付を電話で申し入れ、さらに同内容の文書をファックスで送信した。18日、Aは「傍聴席の確保及び判決要旨の準備のいずれの要望にも応じることはできない。」と電話で回答した。Xが21日に札幌地裁に赴いたところ、一般傍聴用の傍聴席が64席であったのに対し傍聴希望者は95人であったため抽選が実施された。そして、Xは抽選にはずれたので当該公判を傍聴できなかった。なお、北海道司法記者クラブの幹事社の記者は、あらかじめ、札幌地裁に対して、同クラブ加盟の報道機関の記者用の席（以下では、「記者席」という。）の確保と判決要旨の交付を要請していた。そのため、当日は、記者席が23席設けられ、さらに同クラブ加盟の報道機関の記者に対して判決要旨が交付された。
　Xは、株式会社Bと警察との癒着問題についても取材活動や執筆活動を行ってきていたので、Bに関わる刑事事件を傍聴しようと思い、その事件の第1回公判が行われる同年7月24日、東京地裁に赴いた。当該公判が行われる法廷の傍聴席は20席あり、そのうち5席が記者席に割り当てら

れていた。Xが法廷に入ったときにはすでに記者席以外の傍聴席は満席であったので、Xは記者席に座った。東京地裁の職員が「記者席には座れません。」とXに注意したが、Xは「記者が来ないかもしれないから。」と答えてそのまま席に座っていた。その後、東京の司法記者クラブに加盟する報道機関の記者5名が入ってきたので、職員はXに席を空けるよう求めた。Xは、席からは離れたが、そのまま法廷内で立ち続けていた。担当書記官と職員は、立ったままでは傍聴はできないと説明して、退廷を促したが、Xは「立ち見の傍聴が認められたこともあるので、今回も立ち見を認めてほしい。」と要請した。これに対し、審理を担当する裁判官の指示に基づいて、担当書記官が着席せずに傍聴することを許可しないと回答した。Xは、審理に支障が生じないよう床に着座するか中腰になるので傍聴を認めるように要請し、「こうすれば裁判官の審理の邪魔にもならないでしょう。」と述べてしゃがみ込むような姿勢をとった。これに対し、審理を担当する裁判官の指示に基づいて、担当書記官が床に着座した傍聴も許可しないと回答したが、Xは、傍聴希望者が多いことに配慮して、しゃがんだ状態での傍聴を認めるよう述べた。その後、東京地裁刑事訟廷副管理官が、職員5名とともに法廷に入ってきて、Xに対し、「このままでは開廷できないので出て下さい。」と通告し、Xは、法廷から出ていった。

　Xは、札幌地裁および東京地裁の裁判所職員の行為が憲法14条1項および21条1項に違反すると主張して、国家賠償法1条1項に基づき損害賠償請求訴訟を提起した。

＊【事例】については、東京地判2006（平成18）年1月25日判タ1229号234頁を参照。

1　はじめに

【事例】において、フリーのジャーナリストであるXは、記者クラブ[*1]に所

---

*1　記者クラブがもつ問題については、駒村圭吾『ジャーナリズムの法理──表現の自由の公共的使用』（嵯峨野書院、2001年）145-153頁を参照。

属する報道機関の記者が享受しているもの（記者席での傍聴や判決要旨）を享受できなかった。この【事例】を素材としつつ、1989年のいわゆる法廷メモ訴訟最高裁判決*2（以下では、「1989年判決」という。）を再考することが、本章の目的である。

2　基本知識

まず、1989年判決に関する基本知識を確認しておこう。この事件では、日本における証券市場およびこれに関する法的規制についての研究に従事してきたアメリカ人弁護士が、自らの研究の一環として、ある刑事事件の公判を傍聴した際に、裁判長により傍聴席でのメモ採取を認められなかったことが問題となった。

1989年判決は、まず、「各人が自由にさまざまな意見、知識、情報に接し、これを摂取する機会をもつことは、その者が個人として自己の思想及び人格を形成、発展させ、社会生活の中にこれを反映させていく上において欠くことのできないものであり、民主主義社会における思想及び情報の自由な伝達、交流の確保という基本的原理を真に実効あるものたらしめるためにも必要であって、このような情報等に接し、これを摂取する自由は」憲法21条1項の「趣旨、目的から、いわばその派生原理として当然に導かれる」とした上で、「さまざまな意見、知識、情報に接し、これを摂取することを補助するものとしてなされる限り、筆記行為の自由は、憲法21条1項の規定の精神に照らして尊重されるべきであるといわなければならない」とした。その上で、1989年判決は、「筆記行為の自由は、憲法21条1項の規定によって直接保障されている表現の自由そのものとは異なるものであるから、その制限又は禁止には、表現の自由に制約を加える場合に一般に必要とされる厳格な基準が要求されるものではないというべきである」とし、さらに、傍聴人の「メモを取る行為がいささかでも法廷における公正かつ円滑な訴訟の運営を妨げる場合には、それが制限又は禁止されるべきことは当然であるというべきである」としつつも、「傍聴人の

---

*2　最大判1989（平成元）年3月8日民集43巻2号89頁。

メモを取る行為が公正かつ円滑な訴訟の運営を妨げるに至ることは、通常はあり得ないのであって、特段の事情のない限り、これを傍聴人の自由に任せるべきであり、それが憲法21条1項の規定の精神に合致するものということができる」とした。結論としては、1989年判決は、この事件で裁判長の採った措置は国家賠償法1条1項にいう違法な公権力の行使に当たると断ずることはできないとしたのであるが、その後は、この判決が指針となって、全国の裁判所で法廷内でのメモ採取が原則的に自由となったのである[*3]。

3 裁判の公開と傍聴人

[1] 裁判の公開

　裁判の公開に関し、憲法は、37条1項で「すべて刑事事件においては、被告人は、公平な裁判所の迅速な公開裁判を受ける権利を有する」と定め、82条1項で「裁判の対審及び判決は、公開法廷でこれを行ふ」と定め、同条2項でその例外について定めている。憲法37条1項は、裁判の公開の「訴訟当事者にとっての権利としての側面[*4]」を規定したものである。憲法82条については、それを裁判の公開の「国民にとっての権利の側面[*5]」と解する見解もあるが、1989年判決は、憲法82条1項の規定の「趣旨は、裁判を一般に公開して裁判が公正に行われることを制度として保障し、ひいては裁判に対する国民の信頼を確保しようとすることにある」とした上で、「裁判の公開が制度として保障されていることに伴い、各人は、裁判を傍聴することができることとなるが、右規定は、各人が裁判所に対して傍聴することを権利として要求できることまでを認めたものでない」と述べて、裁判の公開原則（憲法82条）の下での裁判傍聴の権利性を否定した。

　憲法82条の下での興味深い「法廷」像を呈示したのが、「法が権威を有してこそ法の支配が可能になる[*6]」という考えから、法廷の秩序維持に強い関心を

[*3]　矢口洪一『最高裁判所とともに』（有斐閣、1993年）106頁。
[*4]　小田中聰樹「裁判と国民——裁判の公開を中心に」法時52巻10号（1980年）9頁。
[*5]　小田中・前掲注4）9頁。
[*6]　田中耕太郎「法廷秩序維持の諸問題」法曹時報5巻1号（1953年）9頁。なお、田中の「法の支配」理解については、中林暁生「法の支配」南野森編『憲法学の世界』（日本評論社、2013年）18-20頁を参照。

抱いていた第2代最高裁長官田中耕太郎である。田中は、「裁判所法の認めている退廷（退去も含む）命令は、多数の傍聴人が一斉に喧騒をなす場合においては、少数の警備員を以てしては徹底的に実行しがたいのであ」り、「かような法廷の情況は事件の性質や周囲の形勢からして予想ができる場合が多いのであるから、裁判所は秩序の維持が可能な程度に傍聴者の数を制限すべきである*7」と主張していたが、その際に、彼は、「公開の程度、傍聴人の数は諸種の事情によって同一でないから、必要ある場合に新聞ラヂオ等報道陣の人々が自由に出入できるならば」裁判の公開原則「を充たしたといえる*8」考えていた。「一人の記者の在廷は数十万の公衆のそれに匹敵する」とした上で、田中は、「公開は秘密裁判が行われないことの保障としての意義を有するのであり、法廷の秩序維持を不可能又は困難ならしめるまで傍聴人を入れなければならぬことを意味しない*9」としたのである。このような田中の主張それ自体については、「荒れる法廷」といわれる状況があったことを踏まえた上で検討する必要があるが、ここでは、マス・メディアの記者を在廷させてさえいれば憲法82条の裁判の公開原則は満たされる、というときの彼の「法廷」像のみに着目することにしよう。

[2] 記者クラブ所属の報道機関の記者と傍聴人

　法廷メモ訴訟において、アメリカ人弁護士にメモ採取を許さなかった裁判長は、しかし、同じ法廷で傍聴していた司法記者クラブ所属の記者にはメモ採取を許していた*10。このことについて、1989年判決は――いわゆる博多駅事件最高裁決定*11 に拠りつつ――「報道機関の報道は、民主主義社会において、国民が国政に関与するにつき、重要な判断の資料を提供するものであって、事

---

*7　田中・前掲注6) 23頁。
*8　田中・前掲注6) 23頁。
*9　田中・前掲注6) 23頁。このような田中の憲法82条理解に対しては、「公開の原則は、国民の直接の監視によって、裁判の公正を担保しようとするものである」ので、「傍聴が可能であるにもかかわらず、すでに報道機関が在廷していることだけを理由に、その傍聴を拒否するのは、公開の原則に反するものといわなければならない」という批判がなされている（法協・註解（下）1240-1241頁）。
*10　ただし、公判期日すべてに記者クラブ所属の報道機関の記者が在廷していたわけではなかった（Lawrence Repetaほか『MEMOがとれない』（有斐閣、1991年) 14-15頁 [Lawrence Repeta〔浜田純一訳〕]）。
*11　最大決1969（昭和44）年11月26日刑集23巻11号1490頁。

実の報道の自由は、表現の自由を定めた憲法 21 条 1 項の規定の保障の下にあることはいうまでもなく、このような報道機関の報道が正しい内容をもつためには、報道のための取材の自由も、憲法 21 条の規定の精神に照らし、十分尊重に値するものである」と述べた上で、「そうであってみれば、以上の趣旨が法廷警察権の行使に当たって配慮されることがあっても、裁判の報道の重要性に照らせば当然であり、報道の公共性、ひいては報道のための取材の自由に対する配慮に基づき、司法記者クラブ所属の報道機関の記者に対してのみ法廷においてメモを取ることを許可することも、合理性を欠く措置ということはできないというべきである」として、当該措置は法の下の平等を定めた憲法 14 条 1 項に違反しないと判示した。

この点について、蟻川恒正は、「一体、同じく法廷内のメモである、報道記者のメモと一般傍聴人のメモとが較差づけられたのは、夫々のメモが仕える価値の、民主主義社会における効用の高低の故であったが、それは、裏を返せば、一般傍聴人のメモが——報道記者のメモに較べて——有効に活用されないような『民主主義社会』を、最高裁が、選び取っていた、ということを、意味する[*12]」とした上で、社会的権力たる報道機関に対し個人である一般傍聴人を劣後させるような「民主主義社会」を最高裁が選択しつづけてきたという「問題」を提起した。

このような蟻川の議論に対し、長谷部恭男は、特殊な立場にあるマス・メディアには「憲法的な観点からしてある程度の規制も必要だし、その反面として、その公共性に応じた、個人には認められない特権も認められるべきだ[*13]」という立場から、長谷部自身の議論との対立軸の存在を主張した。長谷部は、「裁判所での傍聴ないしメモを特殊な情報源へのアクセスの問題であるというふうにとらえると、これは特権をだれに与えるか、という問題に翻訳され」、「そういう枠組みを取ると、蟻川理論と私の議論は正面から衝突する可能性がある[*14]」と考えたのである。

[*12] 蟻川恒正「人権論の名のもとに」法時 69 巻 6 号（1997 年）40 頁。
[*13] 水島朝穂ほか「人権と国家権力・社会権力［討論］」法時 69 巻 6 号（1997 年）47 頁［長谷部恭男発言］。長谷部のマス・メディア理解については、長谷部恭男『テレビの憲法理論——多メディア・多チャンネル時代の放送法制』（弘文堂、1992 年）を参照。
[*14] 水島ほか・前掲注 13）48 頁［長谷部恭男発言］。

[3] 権利と特権

「権利」ではない利益を「特権」と理解しておくならば[*15]、このような意味での「特権」をだれに与えるかは、原則として、与える側の裁量に委ねられるべき事柄である。裁判の公開原則の下での裁判傍聴の権利性を否定した1989年判決は、まさに特権論の文脈で裁判の傍聴を理解していたということができる[*16]し、さらに、前述の田中の憲法82条理解もまた、そのような発想をおしすすめたものであったということができる。

前述の長谷部の問題提起に対する蟻川の応答のなかで特に興味深いのは、蟻川が、「裁判の公開の保障のもとで、だれもが裁判を見聞することができる保障のもとで、法廷で手書きのメモをとることを、特殊な情報源へのアクセスの問題として考えるのは難しいように思われ[*17]る、とした上で、「一般論としてマスメディアに特権を付与することが認められるとしても、法廷でのメモ採取という場面までを特権論の枠組みで考えなければならない必然性はないのではないか」、と答えている点である。

[4] 憲法21条1項と憲法82条

そもそも「特権」概念それ自体が相対的なものであることに照らすならば[*18]、裁判の公開原則の下での裁判傍聴の「特権」的性格についてもまた、慎重に考える必要がある。実際、「法廷傍聴権・記録採取権」を「国民主権の原則をはじめとした憲法全体の構造のなかから割り出され憲法21条（表現の自由）を中核に構成されるところの、国政情報へのアクセス権の一環として捉えるべきであろう[*19]」とする見解や、「国民は主権者として裁判について知る権利を有するのであり、たとえ憲法上の知る権利一般はいまだ抽象的な権利にすぎないとしても、裁判の公開については82条により具体的権利となっていると解すべきである[*20]」という見解に示されるように、いわゆる「知る権利」

[*15] 中林暁生「給付と人権」岩波講座憲法II 265頁を参照。
[*16] 蟻川もこの点は認めている（水島ほか・前掲注13）48頁［蟻川恒正発言］）。
[*17] 水島ほか・前掲注13）48頁［蟻川恒正発言］。
[*18] 中林・前掲注15）を参照。
[*19] 奥平・憲法III 345頁。
[*20] 高橋・憲法 425-426頁。

を梃子にしながら、憲法21条1項と憲法82条とを繋げることが可能だからである。

4　事例について

　以上の検討を踏まえた上で、【事例】について考えてみよう。ここでは、裁判所がXに対し、記者クラブ所属の報道機関の記者には認めていた「記者席」での傍聴および判決要旨の交付[*21]をXに対しては認めなかったことが問題となっているので、ここでの主たる争点は、一般傍聴人と記者クラブ所属の報道機関の記者との差別的取扱いではなく、フリーの記者と記者クラブ所属の報道機関の記者との差別的取扱いである。そして、【事例】に関し、2006年の東京地裁判決（以下では、「2006年東京地裁判決」という。）は、当該差別的取扱いは憲法14条1項にも、憲法21条1項にも違反しないと判断した。

　2006年東京地裁判決は、まず、「報道の自由ないし取材の自由は、報道機関の報道行為、取材行為に対して国家機関が介入してはならないといういわゆる消極的な自由を意味するにとどまるのであり、国に対して一定の行為を請求することができるという積極的な権利まで当然に含むものではないから、報道機関が裁判所に傍聴席の確保や判決要旨の交付を請求するというような権利が、当然に報道の自由ないし取材の自由に含まれることにはならない」とし、さらに、記者クラブ所属の報道機関の記者に対して裁判所が行っている傍聴席の確保と判決要旨の交付は、「裁判の迅速かつ正確な報道に資するため、司法行政上の便宜供与として行われているにすぎないのであるから、このような取扱いがされているという事実があるからといって、報道機関が、裁判所に対して、傍聴席の確保や判決要旨の交付を請求する権利を有しているということはできないし、また、このことは原告についても同様である」とした。その上で、2006年東京地裁判決は、傍聴席の確保については、「傍聴席を確保するか否か及びその対象者の範囲は、裁判所の裁量に委ねられていると解するのが相当であ」り、「また、傍聴席の数には限りがあること、無制限に記者席を確保した

[*21]　判決要旨の交付についての類似の裁判例として、東京高判2001（平成13）年6月28日訟月49巻3号779頁がある。

場合、一般の傍聴希望者のための席を確保できず、裁判の公開が害されるおそれが生じることからすると、傍聴席を優先的に確保する対象者の範囲を制限する必要があるというべきである」とし、また、判決要旨の交付についても、「札幌地裁による判決要旨の交付は、法的義務に基づくものではなく、国民に対する裁判の迅速かつ正確な報道に資するための司法行政上の便宜供与として行われているものであることに照らすと、判決要旨を交付するか否か及びその対象者の範囲は、裁判所の裁量に委ねられていると解するのが相当である」とした。以上から明らかなように、2006年東京地裁判決は、裁判所による傍聴席の確保と判決要旨の交付は「権利」ではなく「特権」（判決の言葉を借りていえば「便宜供与」）にすぎないと理解したのである。このような理解を前提とした上で、2006年東京地裁判決は、「ジャーナリストの意義は一義的なものとはいえず、その取材対象や発表媒体等の活動状況も多岐にわたるのであるから、裁判所が、要請の都度、限られた時間で、その取材対象や発表媒体等について検討し、傍聴席確保の当否を個別に判断することは事実上困難であるうえ、結果的に差別的な取扱いが生じるおそれがあり、報道機関の報道行為、取材行為に対して国家機関が介入してはならないという報道の自由ないし取材の自由の趣旨に照らしても、相当ではないというべきである」と述べて、裁判所が記者クラブ所属の報道機関の記者に供与している便宜（傍聴席の確保）を原告（X）には供与しないとしても、憲法14条1項および憲法21条1項に違反しないと判示したのである（判決要旨の交付も同様である。）。

5　おわりに

1989年判決が裁判の公開原則の下での裁判傍聴の権利性を否定したことは、確かである。しかしながら、1989年判決が法廷でのメモ採取を原則的に自由としたこともまた、確かである。そこに、「『知る権利』主張に込められた時代の要請に応える一兆候[22]」を認めることができる。そのことも踏まえるならば、「知る権利」をひとつの梃子にしながら、裁判の公開原則の下での裁判傍

---

[22]　奥平・憲法Ⅲ 200頁。

聴に権利性を認めていく途が重要な意義を有していることはいうまでもない。ただし、その際には、長谷部が指摘した特権論の意義にも十分な注意を払っておく必要があるであろう。

そもそも特定の報道機関の記者に対し、裁判傍聴に関する「特権」を全く認めないとすれば——【事例】において「特権」を享受しうる記者と位置づけられなかったXが抽選や先着順のために裁判を傍聴できなかったことからも推測されるように——報道機関の記者が1人も在廷しないという——田中が描いた「法廷」像の対極に位置する——「法廷」像を観念しうることになる。そうすると、実際に裁判所に赴いた具体的な「傍聴人」の「知る権利」とは別に、「国民」の「知る権利」のこと[23]を問題にする余地が出てくる。そして、「国民」の「知る権利」を重視するならば、裁判所が重要な事件につき傍聴席の一部を特定の報道機関のために確保しておくという措置を講ずることには重要な意義があることになる。そして、このような特権論の意義を認めるのであれば、裁判の公開原則の下で語りうる裁判傍聴の「権利」とは、一定数の傍聴席の確保という「特権」を裁判所が特定の報道機関の記者に付与しうることを前提とした上でのものであることになる[24]。もとより、このように解することが、裁判の公開原則の下で裁判傍聴に権利性を認めることの意義を低下させるものではないことはいうまでもない。問われるべき問題は、「権利」と「特権」それぞれの射程であろう[25]。

---

[23] 「報道機関の報道は……国民の『知る権利』に奉仕するものである」と述べた博多駅事件最高裁決定を参照。
[24] なお、憲法82条の裁判の公開については、国民の中の「傍聴人」を権利主体として考える必要を説くものとして、阪本昌成「『知る権利』の意味とその実現」ジュリ884号（1987年）212-215頁を参照。
[25] 法廷でのメモ採取を「特権」論の枠組みで捉えないとしても、別の問題（たとえば一定数の傍聴席の確保）を「特権」論の枠組みで捉えることは可能である、ということである。なお、傍聴人の権利に関する興味深い事案に関して、「『傍聴人に聞こえない証人尋問』国家賠償請求事件——一橋大学ロースクール人権クリニック」法セ730号（2015年）9頁以下を参照。

part. 1 「判例」を読む　　　　　　　　　　　　　　　▷76条

「板まんだら判決」再考
——終局的解決可能性要件の射程？

【事例】
　X（55歳女性）は、平成○×年国立大学法人Y大学の医学部医学科の入学試験を受験し、個別学力検査等とセンター試験の合計得点については合格者の平均点を超える得点を得たが、不合格となった（合格者の平均点が551点であったところ、Xの合計得点は561点であった）。そこでXは、Y大学による不合格判定はXの年齢を理由とする差別であって、合否判定権の濫用に当たるなどと主張し、Y大学に対して同学部医学科への入学許可を求める訴えを提起した。
　Y大学は、技術士国家試験事件判決を参照して、この訴えは裁判所法3条に言う「法律上の争訟」に当たらない不適法なものであると主張している。

【資料】
　技術士国家試験事件判決（最判1966（昭和41）年2月8日民集20巻2号196頁）
　「司法権の固有の内容として裁判所が審判しうる対象は、裁判所法3条にいう『法律上の争訟』に限られ、いわゆる法律上の争訟とは、『法令を適用することによって解決し得べき権利義務に関する当事者間の紛争をいう』ものと解される」。「従って、法令の適用によって解決するに適さない単なる政治的または経済的問題や技術上または学術上に関する争は、裁判所の裁判を受けるべき事柄ではないのである。国家試験における合格、不合格の判定も学問または技術上の知識、能力、意見等の優劣、当否の判断を内容とする行為であるから、その試験実施機関の最終判断に委せられるべきものであって、その判断の当否を審査し具体的に法令を適用して、その争を解決調整できるものとはいえない。この点についての原判決の判断は正当であって、上告人は裁判所の審査できない事項について救済を求めるものにほかならない。」

> *【事例】については、東京高判 2007（平成 19）年 3 月 29 日判時 1979 号 70 頁、判タ 1273 号 710 頁を参照。

1 はじめに

　本書 Part.1 のコンセプトは「『判例』を読む」である。そして、最初の数章のコンセプトは、さらに絞り込まれて、「下級審の裁判例を通して『判例』を読む[*1]」ということになっている。筆者らは、この作業を通して、従来の「判例」に別の光を当て、憲法解釈をより豊かなものにしていければ、と考えている。本章は、まず、ある下級審の裁判例を読み（→ 2）、そこから判例──板まんだら判決──の存在感の軽さと、読み直しの必要性を描いてみたい（→ 3）。その狙いは、「法律上の争訟」（裁判所法 3 条）の第 2 要件（「終局的解決可能性要件」とも呼ばれる）の射程を明確化するところにある。

2 ある下級審の裁判例への疑問

[1] 基本知識

　一般に、憲法 76 条が裁判所に付与する「司法権」は、「具体的な争訟について、法を適用し、宣言することによって、これを裁定する国家の作用[*2]」（圏点山本）とされ、その中核をなす「具体的な争訟」は、裁判所法 3 条の「法律上の争訟」と同じ意味であるとされる（具体的な争訟＝法律上の争訟）。そして、「法律上の争訟」は、判例・通説によれば、「〔①〕当事者間の具体的な権利義務ないし法律関係の存否に関する紛争であって、かつ、〔②〕それが法令の適用により終局的に解決することのできるもの」を言うとされるから[*3]、結局、裁判所は、この 2 要件を満たさない限り、自らの権限を行使できないということになる。高橋和之教授にならって、これを「司法権の性格（定義）自体から

---

*1　本書 1 頁以下。
*2　清宮・憲法 I 335 頁。
*3　最判 1981（昭和 56）年 4 月 7 日民集 35 巻 3 号 443 頁〔板まんだら判決〕。

くる」「内在的限界」と呼ぶとすれば、司法権は、それ以外にも憲法上の他の規定等との調整からくる「外在的限界」を受ける*4。そのような外在的限界の例として、(A) 他権の自律権に基づく限界、(B) 自由裁量行為に基づく限界、(C) 統治行為に基づく限界、(D) 団体の自治に基づく限界（部分社会論）が挙げられることが多い。

ところで、いま述べた司法権の内在的限界と外在的限界は、理論上はまったく異なる次元に属するものと言える。前者は本来的不能（can not）を意味し、後者は「可能」を前提とした政策的限界（should not）を意味するように思われるからである*5。しかし、実際上は、上記②要件（終局的解決可能性要件）をめぐって両者は混濁し、これが実務上あるいは学習上の障害になっているように思われる。

[2] 研究社英和辞典名誉棄損事件

この「混濁」が鮮明に表れていると思われるのが、研究社英和辞典名誉棄損事件の控訴審判決*6 である。この事件は、英語辞書を出版するXが、「〔X出版の〕○○辞書はダメ辞書だ！」というフレーズを掲げたY出版の書籍により名誉を毀損されたとして、Y出版社およびその発行者等を被告として、謝罪広告の掲載と損害賠償を請求したものである。一見、素朴な名誉棄損事案のように思えるが、本案前の抗弁として、Yらが、英語例文等の誤りを指摘する部分が不法行為に当たるか否かを判断するには、英語例文として何が適切かにかかわる学術上の論争についての判断が必要不可欠であって、本件訴えは「法律上の争訟」に当たらないと主張したために、その判決中に、本章の主題と関連する次のような説示を聞くことができたのである。

> 「学術上の論争に関する判断が請求の当否を決する前提問題となっており、この論争が当事者間の紛争の本質的な争点をなすとともに、右の判断が訴訟の帰趨を左右する必要不可欠のものと認められるような場合には、裁判所が法令の適用により終局的に解決することに適しないものとして、当該訴訟は、法律上の争訟に

---

*4 高橋・憲法413頁。
*5 小山剛ほか編『憲法のレシピ』（尚学社、2007年）278頁以下参照［山本龍彦］。
*6 東京高判1996（平成8）年10月2日判夕923号156頁。

当たらないこともある」。「しかしながら、<u>右のような結論を承認することの実質的な理由は、学術上の論争については、一般的に学問の自由が保障されているとともに、裁判所の判断能力にも限界があることにほかならない</u>が、内心における学問的活動は別として、学問上の諸活動も絶対的な自由を享有するものではなく、人格権に由来する他人の名誉の保護との関係で制約を受ける場合のあることは免れないところである。」

　注目されるのは、②要件の論拠として、「学問の自由」と「裁判所の判断能力」の2つが挙げられていることである。先述の整理によれば、「学問の自由」は司法権の外在的限界（should not）、「裁判所の判断能力」は内在的限界（cannot）にかかわるものであるから、本判決は、まったく次元を異にする2つの理由を②要件の論拠に当ててしまっていることになる。これが、まず確認しておきたかった「混濁」である。

3　板まんだら判決再考

[1] 板まんだら判決以前
　この「混濁」には歴史がある。②要件は、その出発時から、内在的限界と外在的限界との間でアイデンティティ・クライシスを引き起こしていたようにも思われるからである。【資料】に挙げた技術士試験判決は、②要件を欠くがゆえに「法律上の争訟」に当たらないとされた事案のリーディング・ケースとされているが、同判決が踏襲する昭和28年の教育勅語事件判決[*7] は、「教育勅語」が憲法に違背しないことの確認等が請求された事案において、既に、次のように述べていた。すなわち、「〔本件では〕原告の具体的な権利義務ないし法律関係の存否に関する紛争の存在を認めることができない」のみならず、「<u>原告が本件訴において請求の趣旨として掲げるところは、衆参両院が専ら道義的又は政治的の見地から自ら決すべき問題であって、裁判所が法律の適用によって終局的に解決し得べき事項ではなく、これまた裁判所の権限に属するものと認めることはできない</u>」、と。ここでは、前項で挙げた（A）とも（B）とも

[*7]　最判1953（昭和28）年11月17日行集4巻11号2760頁。

(C) とも取れるような外在的限界が、②要件の内実をなしているのである。実は、その後の技術士試験判決(昭和48年)でも、政治的＝経済的＝技術的＝学術的問題が並列に挙げられており(【資料】参照)、②要件が外在的・政策的限界にかかわるものなのか、内在的限界にかかわるものなのかがはっきりしていなかった。また、同判決中の「法令の適用によって解決するに適しない……争〔い〕」という文言も、果たして法令の適用によって解決すべきでない争いを意味するのか、法令の適用によって解決できない争いを意味するのか、明確に指示するものではなかった(しかも、同判決中の「単なる……」という文言は、①要件に対する②要件の従属性・依存性を示唆しているようにもみえる。【資料】参照)。

こうみると、2［2］で挙げた下級審判決の「混濁」を批判することはできないようにも思える。それは、過去の判例と連続性を有しているようにみえるからである。しかし、この「混濁」は、外在的・政策的限界を「法律上の争訟」ないし「司法権」の定義のなかに招き入れ、「司法権の範囲」を不当に縮減させることに連なるため、少なくとも規範的に批判できるし、以下述べるように、実のところ、その免罪符としての「連続性」も問題にしうる。

板まんだら判決が、この「混濁」を一旦は純化したように思われるからである。

［2］ 板まんだら判決

昭和56年の板まんだら判決[*8]は、技術士試験判決を引用し、「法律上の争訟」について2［1］のように定義したうえで、次のように述べた。

> 「〔本件寄付金返還請求の理由となる〕要素の錯誤があったか否かについての判断に際しては、……宗教上の価値に関する判断が、また、……宗教上の教義に関す

[*8] 事案の概要は以下のとおりである。Y（創価学会）の会員であったXら17名は、Yが「広宣流布」（日蓮の三大秘法の仏法が全世界に広まること）達成の時期に、御本尊（俗称「板まんだら」）を安置する「事の戒壇」たる正本堂を建立する資金として寄付を募ったため、1人当たり280円から200万円の金員を寄付した。しかしその後Xらは、この寄付行為は明示された出捐の目的たる重要な要素の錯誤に基づいてなされた無効のものであり、Yは法律上の原因なくして寄付金を不当に利得しているなどと主張し、寄付金の返還を求めて出訴した。Xらが主張する錯誤の内容は、①Yが正本堂に安置した本尊のいわゆる「板まんだら」は、日蓮正宗において「日蓮が弘安2年10月12日に建立した本尊」と定められた本尊ではない（偽物である）ことが本件寄付の後に判明した、②Yは、募金時には、正本堂完成時が広宣流布の時に当たり正本堂は「事の戒壇」になると称していたが、正本堂が完成すると、正本堂は未だ三大秘法抄の戒壇の完結ではなく、広宣流布は未だ達成されていないと言明した、という2点である。

る判断が、それぞれ必要であり、いずれもことがらの性質上、<u>法令を適用することによっては解決することのできない問題</u>である。本件訴訟は、具体的な権利義務ないし法律関係に関する紛争の形式をとっており、〔(a)〕その結果信仰の対象の価値又は宗教上の教義に関する判断は請求の当否を決するについての前提問題であるにとどまるものとされてはいるが、〔(b)〕本件訴訟の帰すうを左右する<u>必要不可欠</u>のものと認められ、また、……〔(c)〕本件訴訟の争点及び当事者の主張立証も右の判断に関するものが<u>その核心</u>となっていると認められることからすれば、結局本件訴訟は、<u>その実質において法令の適用による終局的な解決の不可能なもの</u>であって、……法律上の争訟にあたらない」。

　ここでまず注目されるのは、これまで使われてきた「解決し得べき」という多義的な言葉（教育勅語判決、技術士試験判決参照）が「解決することができる」という一義的な言葉に置き換わっていることであろう。ここでは、本来的不能（can not）を指す「不可能」という言葉も使われている。ただ、これらは単に「言葉の問題」なのかもしれない（あるいは現代語風に言い直しただけなのかもしれない）。上述の「純化」という観点からより重要なのは、前年（昭和55年）に出された本門寺判決[*9]や板まんだら事件一審判決[*10]との違いである。詳細は割愛するが、本門寺判決は、信教の自由に由来する宗教団体の自治権を尊重するとの観点から、「宗教上の教義にわたる事項」を「国の機関である裁判所がこれに立ち入って実体的な審理、判断を<u>施すべきものではない</u>」として、宗教問題に対する司法的抑制を外在的限界として捉えていた。また、板まんだら事件の一審判決も、「教義をめぐる対立や宗教的信念の争いに基づく抗争など、紛争の核心がすぐれて宗教的な争いである場合」には、「裁判所はこれに介入することを差し控え、宗教団体内部の自由な議論に委せた方が、信教の自由を保障し、国家と宗教との分離を規定した憲法20条の趣旨に沿うものというべきである」とし、ここから②要件の欠如を導いていた。これらの判決に対して、板まんだら判決は、「信教の自由」とか、「政教分離」といった外在的な限界事由に一切触れずに、きわめてシンプルに、宗教上の教義に関する問題は法的に判断することができない、と述べているのである。これによって、②要件にお

[*9] 最判1980（昭和55）年4月10日判時973号85頁。
[*10] 東京地判1980（昭和50）年10月6日判時802号92頁。

ける内在的限界と外在的限界との癒着が除去されたように思われる（②要件が本来的不能のみを示すものとして再定義されたと言ってもよい）。

　板まんだら判決は、このように②要件を純化させただけでなく、いかなる場合に②要件の欠如として「法律上の争訟」性が否定されるのかを定式化した判決でもある。上記引用部分にあるように、板まんだら判決は、(a) 裁判所が本来的になしえない宗教上の教義に関する判断（不能事項に関する判断）が、(b) 本件訴訟の帰すうを左右する<u>必要不可欠</u>なものと認められ、(c) 本件訴訟の争点および当事者の主張立証も<u>教義判断（不能事項に関する判断）に関するものがその核心</u>となっていると認められる場合に、「法律上の争訟」性が否定され、訴え全体が「却下」されると述べたのである（これは"無理なものは無理"と言っているだけのシンプルな規範であるが、後述のように、実際にはかなり高いハードルとして機能する。以下、「板まんだら基準」と呼ぶ）。

[3] 蓮華寺判決による逆行？

　かくして、板まんだら判決は、②要件の意味と射程をはじめて明確化した画期的判決ともみなされうるのであるが、その影響力ないし含意は、日蓮正宗の内紛に起因する一連の訴訟によって、失われていくことになる。その「主犯」は、おそらく平成元年の蓮華寺判決[*11]であろう（宗教法人・日蓮正宗の管長により〈擯斥処分＝僧籍剝奪処分〉を受けたＸが、当該処分の無効を理由にＹ寺の代表役員たる地位の確認を求め、他方でＹ寺がＸに対し寺所有の建物の明渡しを求めた事件）。同判決は、まず、板まんだら判決を引用しつつ、宗教問題に対する司法的抑制の根拠について次のように述べる。

> 「宗教団体における宗教上の教義、信仰に関する事項については、憲法上国の干渉からの自由が保障されているのであるから、これらの事項については、裁判所は、その自由に介入すべきではなく、一切の審判権を有しないとともに、これらの事項にかかわる紛議については厳に中立を保つべきであることは、憲法20条のほか、宗教法人法１条２項、85条の規定の趣旨に鑑み明らかなところである」。

---

*11　最判1989（平成元）年９月８日民集43巻８号889頁。

この段階で、既に蓮華寺判決が、板まんだら判決の「純化」努力を無視して、②要件の中に再び外在的限界論を招き入れていることがわかる。しかも、「すべできな〔い〕」（should not）という外在的限界から、「一切の審判権を有しない」という本来的不能（can not）を——論理的にみればやや強引に——導いている。そのうえで同判決は、以下のような規範を立てる。

> 「当事者間の具体的な権利義務ないし法律関係に関する訴訟であっても、宗教団体内部においてされた懲戒処分の効力が請求の当否を決する前提問題となっており、その効力の有無が当事者間の紛争の本質的争点をなすとともに、それが宗教上の教義、信仰の内容に深くかかわっているため、右教義、信仰の内容に立ち入ることなくしてその効力の有無を判断することができず、しかも、その判断が訴訟の帰趨を左右する必要不可欠のものである場合には、右訴訟は、その実質において法令の適用による終局的解決に適しないものとして、裁判所法３条にいう『法律上の争訟』に当たらない」。

　事案の違いを差し引いても、この規範が、板まんだら基準と大きく異なることは明らかであろう。第１に、板まんだら基準には存在した要件（c）が削られている。これにより、訴訟の争点および当事者の主張立証の核心が教義判断にはない場合でも、「争訟」性が否定されることがありうる（たとえば、蓮華寺事件において、Ｘは、懲戒権者たる地位の存否は「〔その者が〕選任準則に基づいて選任されたか否かを判断すれば足り……、日蓮正宗の教義及び信仰の内容に立ち入る必要はない」などと主張していた。本件に板まんだら基準を適用すれば、教義判断がＸ主張の核心にはなっていないので、「法律上の争訟」性は肯定されるはずであった）。

　第２に、蓮華寺判決の規範では、宗教上の教義や信仰内容は請求の当否を決する前提問題としては（としても）出てこない（要件（a）の変更）。同規範で前提問題とされるのは「懲戒処分の効力」であり、宗教上の教義はその「効力」の有無の判断に関連するものとして登場するに過ぎないのである（要するに、宗教問題は、前提問題の前提問題となっている）。

　第３に、蓮華寺判決の規範では、「法律上の争訟」に当たらない紛争の「実質」が、「法令の適用による終局的な解決の不可能なもの」から、「終局的解決に適しないもの」へと変わっている（波線部分参照）。これは、蓮華寺判決が

――板まんだら判決の存在にもかかわらず――②要件を外在的限界として理解していたことの証左であるように思われる。

　もちろん、以上述べてきたことは、蓮華寺判決の結論に重要な影響を与えている。端的に言えば、蓮華寺事件では、このように板まんだら基準が緩和化されたがゆえに、実際には法的判断が「できる」状況であるにもかかわらず、「法律上の争訟」性が否定され、「却下」判決が下されているのである。そして、この基準の緩和化の背景になったのは、「混濁」である。②要件に再び外在的限界の要素が入ってきたことによって、「法律上の争訟」性を決する重要なポイントが、「できるかできないか」から「すべきかすべきでないか」へと動く。これが、基準の緩和化を導いたように思われるのである。

[4] 板まんだら事件と蓮華寺事件の違い

　以上の検討を踏まえ、改めて板まんだら事件をみてみると、同事件では宗教団体内部の決定や処分が手続上問題とされることはなく、宗教上の教義判断がナマで争われていたことがわかる。つまり、同事件は、裁判所が、団体の処分等をプロセス的観点から審査することもできず、教義問題とダイレクトに向き合うしかなかった事案と位置づけることができるのである。これはまさに、②要件にふさわしい「本来的不能」（どうしたってできない）の事案であったと言えよう。これに対し、蓮華寺事件は、団体の自律的な決定が存在し、当事者によって当該決定の手続上の問題（準則違反等）も指摘されていた。同事件は、裁判所が法的に解決できる事案だったのである。そうであるならば、前記（A）～（D）と同様、裁判所が介入すべきではない理由（本件であれば憲法20条）に配慮しつつ、団体の自律的決定に限定的な（手続）審査を加え[*12]、そこ

[*12]　（A）について、通説は、議院の自律権を尊重しつつも、「法律制定などにつながる議事手続」が「国民の権利・義務に直接関係」することを踏まえて、「議事手続に明白な憲法違反が認められる場合には司法判断〔は〕可能」と考えてきた（佐藤・憲法195頁）。（C）について、判例は、「高度の政治性を有する問題」であっても、「一見極めて明白に違憲無効」であると認められる場合には司法審査が及ぶとした（最大判1959（昭和34）年12月16日刑集13巻13号3225頁〔砂川事件〕。ただし、この判決は、「やや変則的な『統治行為論』」をとった、とも評されている。佐藤・前掲358頁）。（D）について、判例は、「それが一般市民法秩序と直接の関係を有しない内部的な問題にとどまる限り」との重要な留保を付したうえ、「直接の関係」を有する問題、たとえば、「一般市民としての権利利益を侵害する」ような団体の処分（除名処分等）については限定的な手続審査を加えるべきとした（最判1988（昭和63）年12月20日判時1307号113頁〔共産党袴田事件〕）。なお、（B）の事案において、裁判所が「裁量の逸脱・濫用」について日常的に審査してきたことは、言を俟たない。

に明白な瑕疵がない限りで当該決定を前提とした本案判決を出すべきであったように思われる[*13]。それこそが、②要件の「混濁」を除去し、司法権の内在的限界（can not）と外在的限界（should not）とを明確に切り分けた板まんだら判決の趣旨に適う態度と言えよう。

4　おわりに──板まんだら判決から考える

　本章は、研究社英和辞典事件判決への疑問を出発点に、板まんだら判決の再検討・再評価を試みるものであった。最後に、この成果（と言えるほどのものではないかもしれないが）を踏まえて、【事例】について若干の考察を加えてみたい[*14]。

　まず、板まんだら判決を最も深く受けとめると、Yの主張はまったく不適切だ、ということになる。板まんだら判決は、内在的限界事案と、外在的限界事案とを峻別し、前者（②要件）を、「板まんだらは本物か偽物か」とか、「宇宙の起源に関するビッグバン・モデルは正しいか」といった、およそ法令を適用することによって解決できない事項（本来的不能事項）が請求の当否を決する前提問題となる事案に限定するものであった。他方、【事例】において請求の前提問題となっているのは、Yによる試験の合否判定である。これは、大学の自治（憲法23条）やその専門技術的性格から司法権が介入すべきでない事項に当たるとしても、いま述べたような本来的不能事項とまでは言えない。よって【事例】は、内在的限界事案に当たるとして「法律上の争訟」性が否定される事案ではなく、外在的限界事案に当たるとしてYの合否判定に限定的な司法審査[*15]が加えられる事案であると解される（このように板まんだら判決を厳密

[*13]　安念教授はこれを「判断受容型」の思考回路と呼んでいる。安念潤司「司法権の概念」大石眞＝石川健治『憲法の争点』（有斐閣、2008年）250頁以下参照。

[*14]　【事例】の検討に当たっては、宍戸・憲法270頁以下、大橋真由美「国家試験と司法審査」行政百選Ⅱ〔第7版〕298頁以下等を参照してほしい。

[*15]　【事例】の素材とした判決は、「入学試験における合否の判定にあたり、憲法及び法令に反する判定基準、たとえば、合理的な理由なく、年齢、性別、社会的身分等によって差別が行なわれたことが明白である場合には、それは本件入試の目的である……医師としての資質、学力の有無とは直接関係のない事柄によって合否の判定が左右されたことが明らかであるということになり（いわゆる他事考慮）、原則として、国立大学に与えられた裁量権を逸脱、濫用したものと判断するのが相当である」とし、裁判所は「そのような他事考慮がなされたかどうか、なされたとしてその他事考慮が許されるものであるかどうか」を審査できるとした。

に受けとめると、②要件を欠くために「争訟」性を否定される事案はきわめて例外的なものに限られることになろう）。

　また仮に、(a) 本来的不能事項と言いうる判断（たとえば、「Xは医師としてふさわしい人格と倫理性を備えているか」）が「前提問題」になると考えても、(b) この判断が本件訴訟の帰すうを左右する必要不可欠のものと言うことはできず、また、(c) Xの主張の核心も、この点ではなく、差別（平等原則違反）、裁量の逸脱・濫用があったという点にあるのだから、結局、本件訴訟はその実質において法令を適用して終局的な解決が不可能な事案とは言えない（裁判所が判断するに際しての法的拠り所がある）、と考えられる。もちろんこれは、②要件を満たし「争訟」性が認められるというだけで、前記パターンと同様、裁判所は大学の自治や専門技術性に基づく外在的限界は受ける。よって、合否判定に対する審査はあくまで限定的なものにとどまることになろう[*16]。

[*16] 前掲注15) 参照。

part.1 「判例」を読む　　　　　　　　　　　　　　　　　　▷81条

立法過程の脱「聖域」化
―― 主観的憲法瑕疵への注目

【事例】
　在外国民であるXらは、最高裁判所裁判官国民審査法8条等の規定が、在外国民に最高裁裁判官を審査するための投票（審査権の行使）を認めていない点において、憲法15条ならびに79条2項および3項に違反するなどと主張して、国に対し、国家賠償法1条1項に基づき慰謝料等の支払いを求めた。その理由は、国会が在外国民にも審査の投票を認める旨の立法をすべき義務を怠ったため、平成21年8月30日に行われた国民審査において審査権を行使することができず、精神的苦痛を被った、というものである。Xらの主張は認められるか。
　なお、在外審査制度（および在外選挙制度）に関する立法等の状況は以下のとおりである。

昭和59年4月　内閣は、第101回国会に対して、在外選挙制度の創設にかかわる「公職選挙法の一部を改正する法律案」を提出した。しかし、同法律案は、実質的審議は行われずに廃案となった。
平成8年5月　日弁連は、衆議院議長、参議院議長、内閣総理大臣等に宛てて、在外国民の選挙権および最高裁裁判官の審査権を保障するよう求める要望書を提出した（当時は、在外選挙制度も創設されていない）。
平成10年4月　公選法が改正され、在外国民は、衆参比例代表選出議員の選挙について投票できるものとされた（ただし、本改正では、選挙区選出議員の選挙は在外選挙制度の対象から外された）。本改正に際して、在外審査制度の創設についても若干の質疑がなされ、政府は、技術的に実施不可能に近い状況にある旨の説明を行った（その後、在外審査制度の創設にかかわる法律案が国会に提出され、審議されたことはなかった）。
平成17年9月　最高裁は、国会が在外国民に選挙権を認めなかった、い

わゆる立法不作為について、違憲・違法の判断を示した（在外国民選挙権事件最高裁判決）。
平成21年8月　本件国民審査が実施される。

＊【事例】については、東京地判2011年（平成23）年4月26日（判時2136号13頁）参照。

1　はじめに

　憲法初学者のなかには、「違憲」とは、問題となる法令・処分の内容が、憲法の規範内容と抵触することをいうのだ、と素朴に考える者もいるかもしれない。もちろん、このような「規範内容相互間の客観的抵触」[*1]を、常に「違憲」の十分条件であると考えることも、規範論としては可能である[*2]。しかし、違憲審査の実際においては、①こうした「規範内容相互間の抵触」（以下、便宜上「客観的憲法瑕疵」と呼ぶ）だけでは「違憲」とされず、これに、②立法過程における立法者の非難されるべき行為（以下、便宜上「主観的憲法瑕疵」と呼ぶ）が加味されて、はじめて「違憲」と判断されることも少なくない。議員定数不均衡訴訟で、最高裁が、①「憲法の選挙権の平等の要求に反する程度」の較差——"違憲状態"——に至っているだけでは「違憲」とせず、②立法者が、「合理的期間」（衆議院）ないし「相当期間」（参議院）を経過してもなおこれを是正しないときにはじめて「違憲」と判断していることは、周知のとおりである（《①＋②＝違憲》という形式）。また、近年、最高裁が、参議院議員定数不均衡訴訟において、いわゆる「判断過程審査」の影響の下、①客観的憲法瑕疵よりも、②立法者が立法過程において何をしたか——較差是正に向けて「真摯な努力」をしたか[*3]——に、違憲審査の重点を移してきていることも、憲法学上

[*1]　安念潤司「いわゆる定数訴訟について（三）」成蹊法学26号（1988年）67頁。
[*2]　ベッケンフェルデの議論として、安念潤司「いわゆる定数訴訟について（四）」成蹊法学27号（1988年）154頁。
[*3]　最大判2006（平成18）年10月4日民集60巻8号2696頁（藤田補足意見）。

軽視しえない事実となっている*4。

　このように、違憲審査の現実において、②の主観的憲法瑕疵が「違憲」判断の重要な要素となっているとすれば、憲法学習者としても、その審査構造や、②が重視される問題領域について一定の注意を払わざるをえない。本章の目的は、こうした心構えを醸成することにある。

　以下ではまず、②が不可欠な考慮要素となる立法不作為の違憲国賠訴訟の変遷について概観しておく。

2　基礎知識──立法不作為の違憲国賠訴訟

[1] 在宅投票事件最高裁判決

　いま筆者は、立法不作為の違憲国賠訴訟では、②の主観的憲法瑕疵が「不可欠な考慮要素となる」と述べた。確かにここでは、法律の規範内容ではなく、まさに立法者の「不作為」という「行為」が問題となっているのであり、②がポイントになるのは当然の理のように思われる。しかし、事はそう単純ではない。立法者の行為を法的評価の対象にするということは、「政治」過程たる立法過程を、あるいは立法者の「政治」的振る舞いを「法」的に評価することを意味するのであって、そこに、かかる評価は可能か、可能であるとしても、果たして裁判所がかかる評価をなすべきか、といった《法－政治》関係をめぐる重要問題が浮上してくるからである。

　実際、立法不作為の違憲国賠訴訟のリーディング・ケースであった昭和60年の在宅投票事件最高裁判決*5（以下、「昭和60年判決」と呼ぶ）は、「仮に当該立法の内容が憲法の規定に違反する廉があるとしても、その故に国会議員の立法行為が直ちに違法の評価を受けるものではない」とし、立法内容の違憲性と立法行為の（国賠法上の）違法性との間に一旦線を引きつつも、結局、立法行為が例外的に違法の評価を受けるのは、「立法の内容が憲法の一義的な文言に

---

*4　毛利透「公職選挙法14条、別表第3の参議院（選挙区選出）議員の議員定数配分規定の合憲性」民商142巻4・5号（2010年）456-461頁参照。平成18年の調査官解説は、同判決が「平成16年判決の補定意見2〔判断過程審査を採用〕の立場を取り込んだものと評価することができる」と述べている。谷口豊・法書時報60巻10号（2008年）3251頁。

*5　最判1985（昭和60）年11月21日民集39巻7号1512頁。

違反しているにもかかわらず国会があえて当該立法を行う」ような場合であるとした（傍点はすべて山本）。本判決は、一般に、立法内容の違憲性と立法行為の違法性を区別したものと理解されているが、現実には、いまみたように、立法行為の違法性を、立法内容の著しい瑕疵（一義的文言違反）に置き換えることによって、立法行為それ自体の司法審査対象性を否定したのである。このように、「立法不作為」の問題を立法内容*6 の問題に一元化し、立法行為それ自体の問題を法的評価の対象から外した背景には、無論、先述したような、「国会議員の立法行為は、本質的に政治的なものであ〔る〕」との考えがある。本判決は、この点を強調するために憲法51条（免責特権）まで引用し、それを、「国会議員の立法過程における行動は政治的責任の対象とするにとどめるのが国民の代表者による政治の実現を期するという目的にかなうもの」と解したうえで、「国会議員の立法行為は、本質的に政治的なものであって、その性質上法的規制の対象になじまず、……あるべき立法行為を措定して具体的立法行為の適否を法的に評価するということは、原則的には許されない」とか、「法律の効力についての違憲審査がなされるからといって、当該法律の立法過程における国会議員の行動、すなわち立法行為が当然に法的評価に親しむものとすることはできない」と述べたのである。

このように、昭和60年判決は、立法過程を法的介入から保護し、これを「聖域」化するという観点から、「立法不作為」という行為が争われているにもかかわらず、違憲・違法判断のポイントを、主観的憲法瑕疵（②）ではなく、客観的憲法瑕疵（①）に置いたのであった（ここでは、《立法者がいかに行動したか》というより、《憲法の規範内容が在宅投票制度の設置を一義的に要求しているか》が問われる。それによって、「行為」問題が消失する）。

[2] 媒介としての下級審判決——ハンセン病事件熊本地裁判決

最高裁のこうした態度を変化させる一契機となったのが、平成13年のハンセン病事件熊本地裁判決*7（以下、「熊本地裁判決」と呼ぶ）であった。ハンセン

---

*6 ここでいう「立法内容」は、立法の不存在も含む。大石和彦「立法不作為に対する司法審査」白鷗法学14巻1号（2007年）173頁以下参照。
*7 熊本地判2001（平成13）年5月11日判時1748号30頁。

病患者の隔離等を規定する法律（昭和28年制定）を平成8年まで改廃しなかった国会議員の立法不作為が争われた本件で、この地方裁判所は、立法不作為の（国賠法上の）違法判断においても、そしておそらくは立法不作為の違憲判断においても、立法者の行為を正面から問題視したのである。

　周知のように、本判決は、昭和60年判決が示した《立法不作為の違法＝立法内容の一義的文言違反》という等式を崩したうえで、「違法」を、《(a) 立法不作為の違憲（この意味は後述）＋ (b) 非難可能な立法者の行為（違法性・過失）*8》へと再構成した。具体的には、(a) の成立（昭和35年）を前提として、(b) 法律の「附帯決議が、近い将来、……改正を期するとしており、もともと〔法律〕制定当時から……隔離規定を見直すべきことが予定されていた」にもかかわらず、長期にわたって隔離規定を改廃しなかった国会議員の立法上の不作為につき「違法性」を認め（判決は、「遅くとも昭和40年以降」に違法性が認められるとしており、(a) の成立から"5年"をカウントしている）、さらに、隔離規定の違憲性を基礎づける事実については「国会議員が調査すれば容易に知ることができたものであり、また、昭和38年ころには、全患協〔全国ハンセン病患者協議会〕による新法改正運動が行われ、国会議員や厚生省に対する陳情等の働き掛けも盛んに行われていた」にもかかわらず、改廃に踏み切らなかった不作為につき「過失」を認め、結論として、立法不作為の国家賠償責任を肯定したのである。ここでは、昭和60年判決のいう一義的文言違反とは異なる「違憲」（後述）に加えて、明らかに、立法者の行為が「違法」判断の要件のなかに組み込まれている。別言すれば、立法者についても「職務上通常尽くすべき注意義務」*9 が観念され、通常の公務員の場合と類似した違法性（・過失）判断*10 がなされているのである。

　さらに注目されるのは、熊本地裁判決が、(a) 立法不作為の憲法的評価の際にも、立法者の行為を考慮しているように解される点である。本判決は、①法律の隔離規定に厳格審査を加えたうえで、当該規定が「制定当初〔昭和28年〕

---

*8　国賠訴訟における「違法性」と「過失」の実質的な重複については、櫻井敬子＝橋本博之『行政法〔第5版〕』（弘文堂、2016年）371-372頁参照。
*9　櫻井＝橋本・前掲注8）370頁以下参照。
*10　前掲注8）参照。

から既に、ハンセン病予防上の必要を超えて過度な人権の制限を課すものであり、公共の福祉による合理的な制限を逸脱していた」こと（客観的憲法瑕疵）を認めただけでなく、②「制定以降の事情、特に、昭和 30 年代前半までには、〔ハンセン病の治療薬である〕プロミン等スルフォン剤に対する国内外での評価が確定的なものになり、また、現実にも、スルフォン剤の登場以降、……進行性の重症患者が激減していたこと、……ハンセン病に関する国際会議の動向などからすれば、遅くとも昭和 35 年には、〔法律の〕隔離規定は、その合理性を支える根拠を全く欠く状況に至っており、その違憲性は明白となっていた」と述べている。その言い回しから、②を、客観的憲法瑕疵の拡大と解することもできるが、一定期間の経過（「昭和 30 年代前半」を起算点にすれば、"約 5 年"*11）を——後にみる「合理的期間」論と同様——立法者の是正義務違反と関連づけて理解することもできるであろう。そうすると、本判決は、(a) 立法不作為の「違憲」を、①一義的文言違反よりもマイルドな客観的瑕疵と、②一定期間が経過していたにもかかわらず当該瑕疵の是正に着手しなかったという主観的瑕疵の"足し算"として捉えているように思われるのである*12。

　以上のようにみると、熊本地裁判決では、(a) 国賠法上問題になるような主観的瑕疵（約 5 年の放置）が、立法不作為の違憲の判断要素としても組み込まれ（②）、これが一義的文言違反には至らない程度の内容上の瑕疵（①）を補完し、(b) この"足し算"で成立した「違憲」に、さらに②の要素が加重されて（「違憲」の成立からさらに 5 年）、国賠法上の「違法」が構成されていることになる。ここでは、(a) の判断においても主観的瑕疵（の要素）が加わったこと、(a) と (b) 双方の判断において、客観的瑕疵のウエイトが下がり（一義的文言違反までは要求されない）、その代わりに、主観的瑕疵が重視されるようになった点が重要であろう。何よりこれは、昭和 60 年判決により、本質的政治領域として「聖域」化されていた立法過程を、正面から法的評価の対象とすることを意味するからである。

---

*11　熊本地裁判決における「合理的期間について〔は〕若干わかりにくい」（〔　〕内は山本）との指摘もある。佐藤修一郎「立法不作為に対する違憲訴訟（2）」百選Ⅱ〔5 版〕441 頁。
*12　立法不作為の違憲を、①と②の"足し算"として捉えるアプローチは、学界における支配的見解とも一致している。たとえば、戸波江二「立法の不作為の違憲確認」芦部信喜編『講座　憲法訴訟・第 1 巻』（有斐閣、1987 年）361-375 頁参照。

[3] 在外国民選挙権事件最高裁判決

　この下級審判決が、平成17年在外国民選挙権事件最高裁判決*13（以下、「平成17年判決」と呼ぶ）による「事実上の判例変更」*14 に先鞭をつけたといっても過言ではなかろう。本件は、在外国民の選挙権行使を認めていない、という立法不作為を争ったものであるが、判決は、（a）その違憲判断においても、（b）国賠法上の違法判断においても、熊本地裁判決とほぼ同様の判断枠組みを用いているように思われるからである。すなわち、平成17年判決は、（a）について、厳格審査を導入したうえで、①まず、「在外国民に選挙権の行使を認めるに当たり、公正な選挙の実施や候補者に関する情報の適正な伝達等に関して解決されるべき問題が〔当初〕あったとしても、既に昭和59年の時点で、選挙の執行について責任を負う内閣がその解決が可能であることを前提に……〔在外選挙制度の創設を内容とする〕法律案を国会に提出している」とし、この時点（昭和59年）で、在外国民に選挙権を行使させるための措置をとらないことの合理的な根拠が失われ、「違憲状態」が生じていたことを認め*15、②さらに、「同法律案が廃案となった後、国会が、10年以上の長きにわたって在外選挙制度を何ら創設しないまま放置」していたことをも考慮して、本件立法不作為の「違憲」を肯定しているのである。調査官解説が指摘しているように、②で問題にされているのは、国会が「具体的な調査、検討等を進めることなく、長期間にわたってこれ〔違憲状態〕を放置」した、という主観的瑕疵である*16。

　周知のように、平成17年判決は、（b）の「違法」判断について昭和60年判決の一義的文言説をとらず、（ⅰ）「立法の内容又は立法不作為が国民に憲法上保障されている権利を違法に侵害するものであることが明白な場合」や、（ⅱ）「〔（イ）〕国民に憲法上保障されている権利行使の機会を確保するために所要の立法措置を執ることが必要不可欠であり、それが明白であるにもかかわらず、〔（ロ）〕国会が正当な理由なく長期にわたってこれを怠る場合」などに、

---

*13　最大判2005（平成17）年9月14日民集59巻7号2087頁。
*14　新正幸「立法不作為に対する違憲訴訟（1）」百選Ⅱ〔6版〕421頁。
*15　調査官解説は、「選挙権を有する在外国民に選挙権行使の機会を提供していない状態は、ある時点からは違憲状態になったというべきものであろう」と述べる（傍点山本）。杉原則彦・法曹時報58巻2号（2006年）691頁。
*16　杉原・前掲注15）692頁。

例外的に、立法行為・立法不作為が国賠法上「違法」の評価を受けるとした。

　かかる定式の意味するところは必ずしも明らかではないが*17、前記熊本地裁判決を踏まえれば、理論上、（ⅱ）（イ）を前記（a）の「違憲」と同視し*18、（ロ）を主観的瑕疵の加重と解することも不可能ではないように思われる（違法＝違憲〔①＋②〕＋②'）。実際、前記（a）②の"10年"が、本件訴えで具体的に問題となった平成8年の衆議院議員選挙をポイントに便宜上算定されているとすれば（昭和59年〜平成8年）、「違憲」判断に必要な期間はそれよりも短く、（熊本地裁判決に照らして）"5年"とも解され、これを前提にすると、本判決が（ロ）として提示した"10年"は、それに5年が加算されたものとみることができる（そうすると、熊本地裁判決と同様、「違憲」に必要な期間は"5年"、国賠法上の「違法」に必要な期間は、それに5年を加算した"10年"ということになる）。

　立法不作為の違憲・違法を判断する際の具体的な基準や方法についてはなお議論の余地があるが*19、平成17年判決において、最高裁が、熊本地裁判決の行った立法過程の脱「聖域」化を追認し、立法者の行為を違憲・違法判断における不可欠の考慮要素としたことは確かであろう。

3　主観的憲法瑕疵論の射程

　このように、立法者の行為ないし立法過程が裁判所による憲法的評価の対象になるのは、立法不作為が正面から争われる場面に限定されるのであろうか。立法行為の本質的政治性を強調した昭和60年判決を想起すれば、裁判所が立法者の行為を審査するのは、2の場面に厳に限定されるようにも思われる。しかし、以下にみるように、裁判所は思いのほか多くの場面で、主観的憲法瑕疵を問題にしてきた。

---

*17　（ⅰ）は、重大な客観的瑕疵に照準する一義的文言説を引き継いだもののように思われる。
*18　（ⅱ）（イ）の「明白」性は、熊本地裁判決に照らせば、一定期間の経過（②）を意味するように思われるが、平成17年判決には、この点に関する言及がない。本文で後述するように、平成17年判決では、「明白」性の認定に必要な期間が、（ロ）の"10年"のなかに組み込まれている可能性がある。
*19　この点、「さらなる判例の展開による判断基準の内容の明確化が待たれる」。長谷部恭男「立法活動と国家賠償責任」行政百選Ⅱ〔6版〕479頁。最大判2015（平成27）年12月16日民集69巻8号2427頁（再婚禁止規定違憲判決）は、判断枠組みについて、平成17年判決と異なる文言を用いたが、「平成17年判決を変更するものではない」（千葉勝美補足意見）と指摘されている。

立法過程の脱「聖域」化　97

[1] 明示的使用

「一票の較差」問題に関する議員定数不均衡訴訟は、立法不作為そのものを争うものではないが、最高裁は、同訴訟で、比較的古くから主観的憲法瑕疵を「違憲」判断の重要な構成要素としてきた。たとえば、衆議院議員選挙に関する昭和51年判決[20]は、「一般に、制定当時憲法に適合していた法律が、その後における事情の変化により、その合憲性の要件を欠くに至ったときは、原則として憲法違反の瑕疵を帯びる」が（客観的憲法瑕疵＝違憲状態）、「右の要件の欠如が漸次的な事情の変化によるものである場合には、いかなる時点において当該法律が憲法に違反するに至ったものと断ずべきかについて慎重な考慮が払われなければならない」としたうえ、本件の場合には、人口の漸次的異動によって「〔①〕偏差が選挙権の平等の要求に反する程度となったとしても、これによって直ちに当該議員定数配分規定を憲法違反とすべきものではなく、〔②〕人口の変動の状態をも考慮して合理的期間内における是正が憲法上要求されていると考えられるのにそれが行われない場合に始めて憲法違反と断ぜられるべき」であるとした。周知のように、本判決は、結論として本件定数配分規定を「違憲」と断ずるものであったが[21]、それは、「本件選挙当時〔昭和47年〕における……著しい比率の偏差〔約5倍〕から推しても、そのかなり以前から選挙権の平等の要求に反すると推定される程度に達していたと認められること」（著しい客観的憲法瑕疵からの推論）、「公選法自身……別表……はその施行後5年ごとに直近に行われた国勢調査の結果によって更正するのを例とする旨を規定しているにもかかわらず、昭和39年の改正後本件選挙〔昭和47年〕の時まで8年余にわたってこの点についての改正がなんら施されていないこと」を考慮して、「合理的期間」の経過を認めたからであった（なお、ここでも"5年"が一応の目安となっている）。同期間の算出が、国会による違憲状態の認識の難易や、是正に向けての国会の努力の程度といった「主観的事情」によって左右され、実際上は「立法者の過失の有無の判断に無限に接近する」とも指摘されるように[22]、②要件が主観的憲法瑕疵と密接に関連しているとい

---

[20] 最大判1976（昭和51）年4月14日民集30巻3号223頁。
[21] ただし、事情判決的手法により、無効を回避している。
[22] 安念・前掲注1）64-65頁参照。

うことは論を俟たない。

　参議院議員定数不均衡訴訟でも、ほぼ一貫して、「〔①〕人口の変動の結果、投票価値の著しい不平等状態が生じ、かつ、〔②〕それが相当期間継続しているにもかかわらずこれを是正する措置を講じないことが、国会の裁量権の限界を超えると判断される場合には、当該議員定数配分規定が憲法に違反するに至る」（傍点山本）という判断枠組みがとられている*23。特に、平成16年判決に付された補足意見2が、いわゆる判断過程審査を採用し*24、同補足意見をリードした藤田裁判官が、平成18年判決補足意見のなかで、「問われるべきは、……立法府が、……諸考慮要素の中でも重きを与えられるべき投票価値の平等……が損なわれる程度を可能な限り小さくするよう、問題の根本的解決を目指した作業の中でぎりぎりの判断をすべく真摯な努力をしたものと認められるかである」という見解を提示して以降*25、②の重要性が増し、「国会が不平等是正措置をしっかり行っているかどうか」が重点的かつ自覚的に審査されるようになったと指摘されている*26。ここでは、立法経過や立法記録を通して、立法過程そのものが裁判所によりチェックされるのであろう*27（こうした動きが、立法過程の脱「聖域」化を是認した平成17年判決の前後に起きていることが注目される）。なお、藤田裁判官は、「最大較差4倍超」に客観的憲法瑕疵が認められること、かかる較差の原因が現行の選挙制度の仕組みそれ自体にあることを認めたうえで、「この問題につき、立法府自らが基本的にどう考え、将来に向けてどのような構想を抱くのかについて、明確にされることのないままに、単に目先の必要に応じた小幅な修正が施され」るだけでは、是正に向けた「真摯な努力」があったとは認められないとしている*28。そうなると、平成17年に、参議院改革協議会専門委員会が、選挙制度の仕組みそれ自体の問題を提起する報告書を提出したにもかかわらず、5年以上も、国会が弥縫策に終始してきたこ

---

*23　最大判2009（平成21）年9月30日民集63巻7号1520頁。
*24　最大判2004（平成16）年1月14日民集58巻1号56頁（補足意見2）。判断過程審査については、小山・作法183-187頁参照。
*25　前掲注3）参照。
*26　前掲注22）の平成21年判決を評して、毛利・前掲注4）457頁。
*27　立法記録審査の意義と限界について、小林祐紀『立法裁量に対する対する司法的統制』慶應義塾大学大学院修士論文（2010年）69頁以下参照。
*28　前掲注23）平成21年判決（藤田補足意見）。

とは、上記②要件を充足せしめる──したがって、「違憲」を成立せしめる──重要な事実としてみなされることになろう。

[2] 黙示的使用──若干の規範論的検討とともに

　立法者の行為に対する審査が、一般に「法令審査」（規範審査）と考えられているもののなかに紛れ込んでいる場合もある。たとえば、薬局の適正配置規制を違憲無効とした薬事法違憲判決[*29]も、単純に、憲法と法律の規範内容相互間の客観的抵触ゆえに無効と判断したわけではない。本判決は、「〔規制の不存在による〕競争の激化──経営の不安定──法規違反という因果関係に立つ不良医薬品の供給の危険が、……相当程度の規模で発生する可能性があるとすることは、単なる観念上の想定にすぎず、確実な根拠に基づく合理的な判断とに認めがたい」と述べているが、これは、立法者が、規制の効果を可能な限り正確に評価すべく、自ら入手可能な認識源を利用し尽くていない（入手可能な資料の事実に基づいていない）、ということを非難する一節のようにも読める[*30]。また、本判決は、一般に「LRA（Less Restrictive Alternative）の基準」を採用したと説かれるが、実際に、LRA（より制限的でない他の選びうる手段）の存在を実証し、明示しているわけではない（裁判所の能力からして、本来それは不可能に近い。本判決も、行政による監視強化によって不良医薬品の供給を防ぐ「方途もありえないではな〔い〕」と述べているにすぎない）。こうみると、ここでも、立法者が、LRAについて十分な検討を加えなかった、ということが非難されているように思われる。さらに、本判決が、そもそも、「規制の目的、必要性、内容、これによって制限される職業の自由の性質、内容及び制限の程度を検討し、これらを比較考量」するのは「第一次的には立法府の権限と責務」と述べ、判断代置型審査を避けることを宣言していた点を重視すれば、本判決を、立法者の判断過程を厳密に審査したものと捉えることも不可能ではないのかもしれない。

　また、近年、表現内容規制に対し適用されるような「厳格審査の基準」が、目的─手段の適合を突き詰めることで、立法者の真の動機を燻り出す（smoke

---

[*29] 最大判1975（昭和50）年4月30日民集29巻4号572頁。
[*30] いわゆる「主張可能性の統制（Vertretbarkeitskontrolle）」について、岡田俊幸「判断過程統制の可能性」法時83巻5号（2011年）59頁、宍戸常寿『憲法裁判権の動態』（弘文堂、2005年）261-266頁等を参照。

out）機能を有していると指摘されている*31。そうなると、この審査は、法令（規範）を審査しているというより、立法者の動機を審査しているともいえる。さらに、「適用違憲」という判決手法も、主観的憲法瑕疵論との関係である程度説明できるように思われる。適用違憲は、法令に客観的憲法瑕疵（違憲状態）は認められるが、事情の変化もあって、未だ主観的憲法瑕疵までは認められないような場合に下す中間的な判決形式として位置づけられる場合*32もあるからである。こう考えると、適用違憲は、法令全体にわたる客観的憲法瑕疵を──熟議をもって──是正する時間的猶予を立法者に与えるものいうことにもなろう（逆に、適用違憲判決から一定期間内に国会が当該法律を改正しなければ、立法不作為の違憲も問われうる。この点、適用違憲は、議員定数不均衡訴訟の"違憲状態"判決と同様、国会にとっての時限爆弾ともなる）。

　このようにみると、立法者・立法過程の統制という発想は、我々の違憲審査の日常のなかに遍在していることになる。もちろん、これを可視化し、強調することにどのような意味があるのか、という批判もありえよう。法令ではなく、立法者の行為に照準することで、違憲審査を混沌へと導くのではないか、議員定数不均衡訴訟のように、客観的憲法瑕疵を大目にみることで、立法者を甘やかすことにつながるのではないか、逆に、立法過程を法的に固化することで立法者の「形成の自由」──自由な政治領域──を奪うのではないか、等々の批判が予想される。しかし、常に有効な規範審査（客観法相互の一致の審査）が可能なほど、憲法規範の意味内容は確定的でないこと（憲法規範の開放性）*33、立法不作為の違憲国賠訴訟を通じて、既に立法過程の脱「聖域」化がなされていること、主観的憲法瑕疵の認定方法を精緻化し、これと客観的憲法瑕疵との関係を整序することによって*34、立法過程における熟議の実現や「より良き立法」の制定にインセンティブを与えうること*35などを踏まえれば、立法者・立法過程への注目は憲法学上不可避であるようにさえ思える（たとえば、これま

---

*31　たとえば、阪口正二郎「人権論Ⅱ・違憲審査基準の二つの機能」辻村みよ子＝長谷部恭男編『憲法理論の再創造』（日本評論社、2011年）147頁以下参照。
*32　東京高判2010（平成22）年3月29日判夕1340号105頁（堀越事件控訴審判決）、東京高判2010（平成22）年3月10日判夕1324号210頁（非嫡出子相続分規定に関する適用違憲判決）等を参照。
*33　宍戸・前掲注30）241頁参照。
*34　両者の関係を考察したものとして、大石・前掲注6）190-191頁、岡田・前掲注30）60-61頁参照。これらの文献では、内容的合理性と手続的合理性との取引的（barter）的関係が示唆されている。

で縷縷批判されてきた合理的期間論を逆手にとって、有効な立法者の統制手法として鍛え直すことも不可能ではなかろう）。

4　事例の検討

　最後に、主観的憲法瑕疵の役割を改めて確認していただくために、【事例】を簡単に検討しておきたい。Xらは、在外国民に最高裁裁判官の審査権の行使を認めていない立法不作為の国賠法上の違法を主張しているが、2で詳しくみたように、その前提として、まず立法不作為の違憲を主張しておく必要がある。そして、そこでは、①客観的憲法瑕疵（違憲状態）のみならず、②一定期間（2の判例に従えば"5年"）を経過したにもかかわらず、国会がその是正に向けた努力を行っていない、という主観的瑕疵をも主張しなければならない。本件事案について判断した平成23年東京地裁判決は、「憲法は、最高裁判所の裁判官の罷免権である審査権を国民の固有の権利として保障している」とし、立法不作為の違憲につき、平成17年判決と同じ厳格な審査枠組みを用い、（ⅰ）通信手段の目覚ましい発達と、（ⅱ）在外選挙制度の先行的な導入と経験から、本件国民審査の時点（平成21年）では、不作為の合理性を支える根拠が失われ、憲法適合性に重大な疑義が生じていたと述べたが（①要件の充足）、在外選挙制度に関する不作為を違憲とし、かかる問題を国会に認識せしめた平成17年判決から本件審査時（平成21年）まで「4年弱」しか経過していなかったために、②の主観的瑕疵は認められないとして、その違憲性を否定している。違憲性が否定された以上、本判決において国賠法上の違法性も否定されたことはいうまでもない[36]。

---

[35]　高見勝利「『より良き立法』へのプロジェクト」ジュリ1369号（2008年）11頁以下、原田大樹「立法者制御の法理論」新世代法政策研究7号（2010年）109頁以下等参照。
[36]　国賠法上の違法性が認められるためには、さらに強い主観的瑕疵が必要となるからである。なお、本件には、Xらに、「次回の国民審査において在外選挙人名簿に登録されていることに基づいて投票をすることができる地位」が認められるか、といった論点もある（公法上の法律関係に関する確認の訴え）。平成23年東京地裁判決を参照して、各自検討されたい。

part. 1 「判例」を読む ▷81条

「適用か、法令か」という悩み
──違憲審査の対象・範囲と憲法判断の方法

> 【事例】
> 「適用審査」を行うのに最も相応しい場面は次のうちどれか。
> ①社会保険事務所に勤務する一般職国家公務員である X_1 が、衆議院議員選挙に際して、休日に、私服で、勤務先とは無関係に、自宅付近の地域で、特定の政党の機関誌等を集合住宅などの郵便受けに配布したところ、政治目的のある無署名の文書を配布したとして、国家公務員法110条1項19号および102条1項ならびに人事院規則14-7第6項7号および13号により起訴された事例。
> ②民法900条4号但書により、Aの遺産相続につき、養子縁組によってAの子となったYと、Aの非嫡出子である X_2 との間で差が設けられた事例（X_2 は、平等割合による分割を望んでいる）。
> ③X_3 が、過当競争が起こり得ないような人口過密地域内の、既存の薬局から90メートル離れた場所で薬局の開設許可を申請したところ、薬事法上の適正配置規制に基づき行政機関により不許可とされた事例。

1 はじめに

最近、学生から、「この事例は、適用審査で行くべきか、法令審査で行くべきか」といった質問をよく受ける。憲法上重要と思われる事案において、下級審が立て続けに「適用違憲」判決を出したこと[*1]、また学説においても、適用審査の原則性や優先性を強調する有力な見解が提示され始めたこと[*2] などを

[*1] 公務員の政治活動の禁止につき、東京高判2010（平成22）年3月29日判タ1340号105頁（堀越事件二審判決）、非嫡出子の相続分区別規定につき、東京高判2010（平成22）年3月10日判タ1324号210頁。

踏まえると、こうした悩みも十分に理解できる。しかし、この悩みに先行して悩まなければならない問題が存在する。「適用審査」、「適用違憲」、「法令審査」(「文面審査」)、「法令違憲」とは、正確に何を意味するのか (→ 2)、そもそもなぜ「適用か、法令か」について我々は苦悩しなければならないのか (→ 3)、といった問題である。本章は、下級審判例を参照しながら、このような前提問題について若干の検討を加えたうえで (特に後者については、憲法学上未解決の問題が多く含まれており、本来は、学部生や法科大学院生以上に、憲法研究者がもっと頭を悩ますべき問題なのであるが[*3])、表題のような悩みを共有する学生に一定の示唆を与えたい。

なお、本章は、学術論文でないにもかかわらず、「注」の数が多い。それは、判例・学説に動きがあるテーマを扱う関係で、参考文献や注釈 (あるいは、筆者なりの用語の理解) を書き添える必要があると考えたためである。適宜ご参照いただきたい。

2 用語の整理──基本知識と問題の再構成

2では、近年の学説の展開を踏まえて、違憲審査または憲法判断の対象に関する用語法を整理し、表題の問題を再構成・再設定してみたい。

[1] 基本知識
(i) 文面審査

まず、近年、「文面審査 (facial scrutiny)」が、立法事実に基づかずに法令の規定ぶり (まさに文面) を形式的に審査するものという理解を超えて、「当該訴訟事件の事実 (司法事実) を直接の対象とせずに、法令それ自体の合憲性を判断しようとするもの」と広範に理解されるようになってきている[*4]。かかる理解を前提とする限り、「文面審査」には、少なくとも、①立法事実を考慮しな

[*2] 代表的な議論として、市川正人「文面審査と適用審査・再考」立命館法学 321・322 号 (2008 年) 21 頁以下、君塚正臣「適用違憲「原則」について」横浜国際経済法学 15 巻 1 号 (2006 年) 1 頁以下参照。
[*3] ここでは、「憲法にかかわる法実務を十分に咀嚼してきたとは言い難い日本の憲法学」の「研究」態度そのものが問われているといえる。蟻川恒正「憲法事例問題の解き方」法セ 677 号 (2011 年) 54 頁。
[*4] 市川・前掲注 2) 23 頁。

い文面審査（「狭義の文面審査」。典型は、漠然性、過度広汎性、検閲該当性に関する審査）と、②立法事実を考慮して法令の内容・構造を審査する文面審査があるということになる。

　駒村圭吾教授は、両者がともに客観性・一般性を帯びた「法令審査」であることに鑑みて、①を「文面上の法令審査」、②を「内容上の法令審査」と呼んでいる*5。また、駒村教授は、②のなかで、「法規定を目的と手段の連関構造に分解し、必要性や合理性を審査指標にその基本骨格を憲法的に査定する」という、我々にとって馴染み深い方法を——法令の「構造的欠陥」を追及するという意味で——特に「構造審査」と呼んでいる*6（これを、法令の「建て付け」審査*7と呼ぶこともできよう）。

（ⅱ）　適用審査

　次に、「適用審査（"as applied" scrutiny）」は、近年、「法令の合憲性を当該訴訟当事者に対する適用関係においてのみ個別的に判断しようとするもの」（傍点山本）*8と説明されるようになってきている。適用審査は、裁判所が、「当該事件に適用されている姿での法令の合憲性を、当該事件の具体的事実を前提として判断しようとするもの」（傍点山本）*9であり、あくまで「法令審査」の一類型であるというのである（「事案限定的な法令審査」）。

　上述のように、わが国の憲法訴訟論でいう「適用」なる言葉は、アメリカでいう"as applied to"（法令が当該事件に適用される限りで）の訳であり、"application"（適用行為それ自体）の訳ではない。つまり、「適用」審査や後述する「適用」違憲が照準しているのは、法令、あるいは法令を定立した立法府なのであって、行政機関等による法令の「適用行為（application）」ではないのである*10。法令自体は"シロ"で（つまりは、法令自体に洗い出すべき憲法上の問題は

---

*5　駒村・転回44頁。
*6　駒村・前掲注5）46頁。なお、阪本昌成教授は、「裁判所が、立法に当たって議会の認定した立法事実の存在を確定したり、立法目的を支える事実は妥当であるか、または、立法目的にとって規制範囲・手段は過大でなく必要最小限度性（または必要かつ合理性）を満たすかにつき、独自の観点から、再評価したりすること」を「法令審査」と呼び、狭義の「文面審査」と区別している。阪本昌成『憲法理論［補訂第3版］』（成文堂、2000年）445-446頁。
*7　この言葉は、宍戸・憲法140頁による。
*8　市川・前掲注2）24頁。さらに、宍戸・前掲注7）296頁、青井未帆「演習憲法」法教360号（2010年）145頁、土井真一「憲法判断の在り方——違憲審査の範囲及び違憲判断の方法を中心に」ジュリ1400号（2010年）52頁参照。
*9　市川・前掲注2）24頁。

なく)、専ら行政機関等の適用行為や処分を審査する方式——行政機関等の適用行為または処分に疑わしい点があり、それ(のみ)を洗い出す審査——は、近年は「処分審査」として類型化される傾向にある[*11]（繰り返すが、「適用審査」は、法令に含まれる問題を当該事件限りで洗い出そうとする営為、あるいは、その具体的事件によって切り出された法令部分の違憲性を審査する営為である)。

この点、適用審査の典型と目される猿払事件一審判決（いわゆる時國判決[*12]）も、(a) まずは法令に対する違憲審査基準を設定し、(b) 本件被告人の行為を一般化（行為類型化）したうえで[*13]、(c) かかる行為類型（適用事実類型[*14]）に「刑事罰を加えることができる旨を法定すること」——適用事実類型に関連する法令の一部——を、上記 (a) 基準に照らして審査している[*15]（これと異なる「適用審査」の方式については **4〔1〕** で紹介する)。

猿払事件1審判決は、まず、(a)「政治活動を行う国民の権利の民主々義社会における重要性を考えれば国家公務員の政治活動の制約の程度は、必要最小限度のものでなければならない」とし、「法の定めている制裁方法よりも、より狭い範囲の制裁方法があり、これによってもひとしく法目的を達成することができる場合には、法の定めている広い制裁方法は法目的達成の必要最小限度を超えたものとして、違憲となる」との審査基準を示し、然る後に、(b)「非管理者である現業公務員でその職務内容が機械的労務の提供に止まるものが勤務時間外に国の施設を利用することなく、かつ職務を利用し、若しくはその公正を害する意図なしで人事院規則 14-7、6項13号の行為を行う場合」につい

[*10] 青井・前掲注8) 360号は、この点について以下のように述べる。「アメリカでも今日は、『適用するにおいて(as applied to)違憲』コンセプトは、行為の保護という伝統的な理解を含みつつ、法令を本件に適用するにおいて違憲という、法令に着目した意味を含むようになっている」(傍点原文)。
[*11] 典型として、博多駅テレビフィルム事件決定（最大決1969（昭和44）年11月26日刑集23巻11号1490頁）を挙げることができる。ここでは、テレビフィルムの提出命令が審査の対象になっており、その根拠法である刑訴法99条2項（法令）には光が当てられていない。なお、木村草太『憲法の急所〔第2版〕』（羽鳥書店、2017年) 38頁参照。
[*12] 旭川地判1968（昭和43）年3月25日下刑集10巻3号293頁。
[*13] 駒村・前掲注5) 61頁によれば、「類型的一般化は、ありのままの司法事実から枝葉を削ぎ落し、また、他の類似事例の取り込みを視野に入れつつ、事実のエッセンスを抽出するかたちで進行する」もの、とされる。ナマの事実を「一段抽象化したもの」といいかえてもよい。青井・前掲注8) 144頁。
[*14] 土井・前掲注8) 52頁。
[*15] このような審査方法と、「部分無効」を採用したとされる郵便法事件判決（最大判2002（平成14）年9月11日民集56巻7号1439頁）との類似性については、後掲注16) 参照。さらに、市川・前掲注2) 33-36頁参照。

て（本件被告人の当該行為を一般化した行為類型）、「刑事罰を加えることができる旨を法定すること」が、法目的を達成するうえで必要かつ合理的であるかどうかを審査したのである（同判決は、上記（a）基準に照らし、かかる法定部分は「行為に対する制裁としては相当性を欠き、合理的にして必要最小限の域を超えている」と述べている）。

[2] 違憲審査の対象・範囲と「出口」とのずれ

このような適用審査の結果が「適用違憲」判決に結びつくことは論を俟たない。例えば、猿払事件１審判決も、上に述べた評価に従い、(b) のような「所為に刑事罰を加えることをその適用の範囲内に予定している国公法110条1項19号は、このような行為に適用される限度において、行為に対する制裁としては、合理的にして必要最小限の域を超えたものと断ぜざるを得」ず、よって、「本件被告人の所為に、国公法110条1項19号が適用される限度において、同号が憲法21条および31条に違反するもので、これを被告人に適用することができない」と結論したのである。

ただ、ここで注意を喚起しておきたい点が2つある。1つは、適用違憲は——適用審査が「事案限定的な法令審査」であることの当然の帰結ではあるが——法令違憲の一種である、という点である（上記引用文の主語が「法令」になっていることに注意）。猿払事件一審判決も、法令中、(b) のような行為類型に刑事罰を加えている部分を違憲としたものと解される。その意味で、適用違憲は、平成14年の郵便法違憲判決で採用された「部分無効」（意味上の一部違憲）という形式に近い*16。郵便法判決が「適用違憲」を避けたのは、かつて最高裁が、猿払事件上告審*17 において、「これ〔1審判決のような手法〕は、法令が当然に適用を予定している場合の一部につきその適用を違憲と判断するものであって、ひっきょう法令の一部を違憲とするにひとし〔い〕」と、猿払

---

*16 前掲注15）参照。青井・前掲注8）145頁は、部分無効は、「最高裁がどう表現するかにかかわらず、内容的に適用違憲の1つの類型として解することもできる」と指摘している。また、猿払一審の「適用違憲」判決を「部分違憲」判決と捉える見解として、高橋和之『憲法判断の方法』（有斐閣、1995年）222頁、芦部信喜『違憲判断の方法』百選Ⅱ〔第6版〕426頁などがある。無論、適用違憲と部分無効（部分違憲）との類似性は以前から指摘されてきた。永田秀樹「適用違憲」法教125号（1991年）40頁以下等参照。
*17 最大判1974（昭和49）年11月6日刑集28巻9号393頁。

1審型の適用違憲に否定的な見解を示していたからであろう。郵便法判決は、審査方法という点でも猿払1審型の適用審査（事案限定的な法令審査）と近似しており*18、郵便法判決を前提とする限り、「適用違憲」か「部分違憲（無効）」かは単に言葉の問題といってよいように思われる*19。

　もう1つの注意事項は、適用審査の結果が「全面無効」と結びつくこともある、という点である。例えば、立法府が、もし適用審査の結果「違憲」とされた法令部分がなかったならば、すなわち、当該事件から抽出された特定行為類型に法令が適用されないならば、そもそもかかる法令を制定しなかったであろうと推測される場合——「不可分性（inseverability）」が認められる場合——、裁判所としては法令の全体を無効とすべきであろう*20。違憲とされた部分がなければ立法府が法令そのものを作らなかったということは、その違憲部分が当該法令の核心であって、残余部分はいわば周辺的な、余計な規制ということになり、それのみを残存させることは逆に立法府の意思に反することになるからである（他方、立法府の意思を尊重しようという観点からは、「可分性」が認められる限りは適用違憲ないし部分無効にとどまるべき、ということになる*21）。また、適用審査を始めたところ、その過程で法令の「目的」が許容されざるものと判断されれば、裁判所はその法令の全部を違憲無効とすべきであろう。目的の悪性は、法令の全体に浸潤するからである。

　なお、いま述べたように、審査方法は、常に特定の判断形式（出口・結論）と結びつくわけではない。例えば、法令の規定ぶりに憲法上の疑義（"グレイ"な要素）があり、文面上の法令審査（狭義の文面審査）が行われた場合であっても、その結果、①合憲限定解釈が不可能で、その疑義が解消されないために又

---

*18　郵便法事件判決（前掲注15）は、その判旨の中核部分に、「本件における〔郵便〕法68条、73条の合憲性について」との表題を付し、そのなかで本件事案から切り出された当該規定部分を審査している。ただし、「書留」郵便物の免責部分については、「厳密にいえば本件事案の外の問題」であるという、福田・深澤補足意見の指摘がある。
*19　在外国民選挙権訴訟判決（最大判2005〔平成17〕年9月14日民集59巻7号2087頁）や国籍法違憲判決（最大判2008〔平成20〕年6月4日民集62巻6号1367頁）は、事案限定的というより、より一般的・抽象的な「内容上の法令審査」（文面審査）を行ったうえで、（救済場面において）「部分無効」判断を行っている。この点、両判決は、郵便法判決とは異なる性格を有している。
*20　「可分性の法理（severability doctrine）」については、芦部信喜『憲法訴訟の理論』（有斐閣、1973年）172頁以下参照。
*21　不可分性が先行的に、しかも明白に認められる場合には、はじめから規制構造全般が審査の対象となろう（2[1]（ⅰ）参照）。さらに後掲注34）参照。

面上無効（全部無効）となることもあれば、②合憲限定解釈が可能で、法令自体の疑義が解消されるのに（法令自体は"グレイ"からいわば"シロ"に転化するのに）、行政機関が、当該解釈に従わずに処分したために処分違法[*22]となることもある。また、内容上の法令審査を行い、ある規制構造（法令の建て付け）が違憲と評価されたとしても、かかる構造が特定条文の全てではなく、特定条文の一部によって構成されている場合には、（条文の）全部無効ではなく部分無効との判断が行われることになろう。

[3] 問題の再構成

以上述べてきたような用語法に従えば、「適用か、法令か」という標題の問題設定は、厳密には成り立ち得ないことになる。適用審査は法令審査であるし、適用違憲もまた法令違憲といえるからである。そうなると、表題の問題は、以下のような悩みに変換されうる――「具体的・主観的な審査で行くべきか、一般的・客観的な審査で行くべきか[*23]」。

適用審査は、確かに法令審査の一種ではあるが、その「法令審査」は、裁判官の面前にある具体的事件に限定して行われるものであり、実際に行われた訴訟当事者の「行為」に対する憲法的評価と密接に関連したものである[*24]。これに対し、文面審査（文面上の法令審査、内容上の法令審査）は、裁判官の面前にある具体的事件や訴訟当事者を離れ、その訴訟に現れてこない潜在的第三者への萎縮効果等も踏まえつつ、法令を一般的・客観的に審査するという傾向をもつ[*25]。よって、学生が、あるいは裁判所が、憲法研究者が悩んできた問いは、結局、憲法81条により違憲審査権を付与された裁判所が、当該訴訟事件で問題となった法令を、当該事件に厳に限定して具体的・個別的に審査すべきか、それとも、当該事件を超えて一般的・客観的に審査すべきか、という問いへと変換されるのである。

[*22] 本文の②は、芦部流「適用違憲」の第2類型を意味する。芦部・憲法400頁参照。
[*23] より正確には、「具体的・主観的な側面を重視した審査で行くべきか、一般的・客観的な側面を重視した審査で行くべきか」というべきであろう。問題の所在について、市川正人「適用違憲に関する一考察」佐藤幸治ほか編『人権の現代的諸相』（有斐閣、1990年）321頁、同「違憲審査の活性化」岩波講座IV 289頁以下などを参照。
[*24] 青井・前掲注8) 144頁参照。
[*25] 詳細は、山本龍彦「文面上判断、第三者スタンディング、憲法上の権利」慶應義塾大学法学部編『慶應の法律学 公法I』（慶應義塾大学出版会、2008年）361頁以下参照。

もちろん、訴訟当事者の現実の主観的利益が、この選択を容易にすることもある。例えば、暴走族追放条例違反で起訴された暴走族Yが、かかる条例の「適用（as applied）」を問題にしても、救済される見込みはきわめて低い（その司法事実はYにとってあまりに不利である）。この場合、Yとしては、自らが救済されるために、条例の一般的・客観的な審査、とりわけ狭義の文面審査（過度広汎性）を主張して、法令そのものの無効を引っ張り出すしかない。ただ、訴訟当事者として上記選択が容易であることと、裁判所がその選択にどこまで真剣に付き合うか、ということとは違う[*26]。この点で、上述の悩みには、なお意味がある。また、訴訟当事者の現実の主観的利益が、この問いに一義的な解答を与えてくれない場合もある。例えば、薬事法事件[*27]において、Xの主観的利益の救済だけを考えれば、薬事法上の距離制限のXに対する「適用」だけを問題にすればよく、距離制限や許可制そのものまでを問題にする必要はない。いわゆる戸別訪問の禁止[*28]や、公務員の政治活動の禁止でも同様である。このような場合、上述の悩みはさらに深刻なものとなるはずである。

3　問題の背景──「違憲審査」と「憲法上の権利」の性質決定

　これまで行ってきた問題の再構成・再設定によって、かかる問題の背景にあるものはだいぶ明らかになったのではないか。すなわちそれは、付随的違憲審査制のもとにおける「違憲審査」と、「憲法上の権利」の性質決定をめぐる議論である。

[1] 適用審査優先原則
　付随的審査制のもとにおける裁判所の中心的役割が、何よりも面前の具体的事件を解決することにあるとすれば、「裁判所は法令の合憲性につき適用審査

[*26] かかる裁判官の「悩み」は、広島市暴走族追放条例事件判決（最判2007〔平成19〕年9月18日刑集61巻6号601頁）の藤田・田原反対意見と堀籠補足意見との対立のなかにあらわれている。さらに、青井未帆「憲法判断の対象と範囲について（適用違憲・法令違憲）」成城法学79号（2010年）41頁以下、山本・前掲注25）364-365頁参照。
[*27] 最大判1975（昭和50）年4月30日民集29巻4号572頁。
[*28] 木村・前掲注11）36頁参照。

を行うのが原則であり、文面審査は例外」ということになる（適用審査優先原則*29）。また、この考えは、裁判所は具体的な事実状況を得て初めて適切な憲法判断が可能になるという、「アメリカの司法権観念」に由来する伝統的見解に強く依拠している。かかる見解によれば、「裁判所は、法令の現実の適用に焦点を当てることによって初めて、『「十分情報を得た上での判断にとって関連しかつ適切な」資料を伴った「血と肉」のある法的判断に出会う』ことができる」。他方、文面審査のように、「裁判所がいまだなされていない適用を想定して法令の未成熟な解釈を行い、それについて憲法判断を行うならば、現実とは無関係の不毛な結論に帰着することになるかもしれないので、現実の事件において提示された具体的な法的争点を扱うべきである」、ということになる*30。適用審査が原則とされるアメリカでは、「抽象的で、仮定的で、未成熟な憲法判断をもたらす文面審査は、謙虚さ（modesty）という規範を傷つけるものである」とされ、「司法審査は、慎重に（cautiously）、狭く（narrowly）、事案ごとに（one case at a time）行使されるべきである」などと繰り返し指摘されている（特に最近のロバーツ・コートは、適用審査にとりわけ強い選好を示しているとされる*31）。

　確かに、文面上の法令審査（狭義の文面審査）はもちろん、内容上の法令審査も、当該訴訟事件を超えて法令を一般的・客観的に審査するところがあり、その審査が推測的で抽象的なものになる可能性を内在させている。内容上の法令審査の場合、違憲審査は、当該事件と関連はするが（当該事件によって緩やかに限定されるが）、それよりも広い射程をもった規制構造一般を対象にする場合が少なくない*32。例えば、(a) 過当競争が起こり得ないような人口過密地域で、既存の薬局から90メートル離れた場所で薬局の開設許可を申請し、不許可とされた事例（事例③*33）で、距離制限または薬局開設の許可制そのものを審査するような場合である（このとき、当該(a)事件を超えて、(b) 過当競争が起きう

---

*29　市川・前掲注2）24頁。
*30　市川・前掲注2）25頁。
*31　David L. Franklin, *Facial Challenge and the Roberts Court*, 36 HASTINGS CONST. L. Q. 689, 698 (2009).
*32　この点で、違憲主張適格（スタンディング）の問題とも関連するが、本稿では触れない。文面審査と違憲主張適格との関係については、土井・前掲注8）54-55頁参照。
*33　宍戸・前掲注7）304頁の記述を参考にした。

る人口過疎地域で、既存の薬局から2メートルしか離れていない場所での開設許可への適用可能性を含む、許可制一般が審査されている*34）。

　かかる例からも看取されるように、内容上の法令審査では、様々な適用場面を含み込んだ、広汎な規制構造一般が（手段）審査の対象となるので、その審査、とりわけ規制目的との関連性や、狭義の比例性（相当性）にかかわる審査は、宿命的に、観念的・抽象的なものになる。すなわち、その事件によって具体的に切り取られた手段と目的との関連性は厳密に判断できるとしても、その事件以外への適用をも包摂した茫洋たる規制構造一般と目的との関連性の判断は仮定的で抽象的なものにならざるを得ないのである。同様に、実際になされた具体的規制によって「得られる利益」と「失われる利益」は実質的に計算できるとしても、様々な場面への適用可能性を含んだ規制構造一般によって「得られる利益」と「失われる利益」の計算は、やはり推定的で抽象的なものにならざるを得ない（この問題は、内容上の法令審査を行う際に、三段階審査における「制限」の度合いをどう見積もるか、という厄介な問題を含んでいるが、ここでは触れない*35）。この点で、「合理的関連性」テストのような緩やかな審査基準は、内容上の法令審査という一般的・客観的な審査方法と親和的なものであるといえる。実際、最高裁が「合理的関連性」テストを採用した事案を見ると、その審査の対象が、「公務員の政治的中立性を損うおそれのある公務員の政治的行為を禁止すること」とか*36、「戸別訪問の禁止」とか*37、「屋外広告物の表示の場所および方法ならびに屋外広告物を掲出する物件の設置および維持について〔の〕必要な規制*38」のように、抽象化された規制構造一般であったことがわかる。

---

*34　仮に（b）が当該訴訟事件であったならば、規制構造一般を審査するのが通常であろう。（b）は法令の典型的・核心的な適用事例──「法令が当然に予定している場合の一部」──であり、（b）への適用がなければ立法府は規制構造そのものを作らなかったとも推測されるからである（不可分性）。可分性の法理（前掲注20）参照）は、救済場面だけでなく、審査対象・範囲を設定する場面でも暗黙裡にその影響を行使しているように思われる。こう考えると、標題の問いがより深刻になるのは、可分・不可分がはっきりしない場合、あるいは可分性が認められるような場合といえよう（詳細な検討を要するが、最高裁が猿払事件などで規制構造一般を審査対象としてきた背景には、このような「不可分性」判断があったのかもしれない）。
*35　三段階審査につき、松本和彦『基本権保障の憲法理論』（大阪大学出版会、2001年）、小山・作法などを参照。
*36　猿払事件上告審判決（前掲注17）参照。
*37　最判1981（昭和56）年6月15日刑集35巻4号205頁。
*38　最大判1968（昭和43）年12月18日刑集22巻13号1549頁。

このように、文面審査が推測に基づく観念的な憲法判断を惹起することを嫌って、付随的審査制のもとにおける違憲審査を、伝統的な司法権観念を重視しつつ、できる限り事案限定的なそれへと押しとどめようというのが、アメリカにおける適用審査優先原則の背景的な「原理」ということができる。

[2] アメリカにおける「文面審査」再考論

　他方、アメリカにも、違憲審査の憲法保障機能・権限統制機能を重視する立場から、連邦最高裁が、実は様々な憲法法理（constitutional doctrine）や合憲性判定テストの使用を通して、日常的に文面審査にかかわってきたとか[39]、憲法上の権利は「憲法上有効な法（constitutionally valid law）に従って裁定される権利」を含むなどと主張する見解[40]、さらには、憲法上の権利それ自体を、「特定の行為にかかわる権利」——"act-shielding" structure of rights——ではなく、「〔誤った属性や歴史をもった〕ルールに対抗する権利」——rights against rules——と位置づけようと試みる見解[41]も存在する。

　こうした見解からすれば、裁判所は、憲法保障機能・権限統制機能を果たすために、あるいは客観的なるものとして理解される「憲法上の権利」を「保障」するために、より積極的に文面審査に乗り出すべき（少なくとも適用審査優先原則は割り引いて考えるべき）、ということになろう。かかる見解の詳細な検討は他日を期すしかないが、ここでも、アメリカにおける「文面審査」（再考）論の背景に一定の「原理」があることだけは確認できる。

[3] 日本における原理なき「方法」選択

　以上見てきたように、標題の悩みは、「違憲審査」や「憲法上の権利」のアイデンティティそのものにかかわる深遠な問いを含んでいる。しかし、既に多

---

[39] Richard H. Fallon, *Fact and Fiction About Facial Challenge*, 99 CAL. L. REV. 915, 917 (2011); Michael C. Dorf, *Facial Challenges to State and Federal Statues*, 46 STAN. L. REV. 235, 251-83 (1994); Mark E. Isserles, *Overcoming Overbreadth: Facial Challenges and the Valid Rule Requirement*, 48 AM. U. L. REV. 359, 439 (1998). このようなアメリカの議論を検討するものとして、青井・前掲注26) 82-86頁、山本・前掲注25) 383-394頁参照。
[40] Henry P. Monaghan, Overbreadth, 1981 SUP. CT. REV. 1, 3.
[41] Matthew D. Adler, *Rights Against Rules: The Moral Structure of American Constitutional Law*, 97 MICH. L. REV. 1, 3 (1998).

くの論者が指摘しているとおり、「わが国では、判例も学説も、違憲審査の方法として、漠然と文面審査を措定してき〔た〕」（傍点山本）*42。3 [2] に引いた事例*43 を見ても、最高裁は、当該事件の具体的事実状況を捨象して、ぼんやりと素描された規制構造を一般的・抽象的に審査している。文面審査を志向しつつも、そこに、"裁判所は付随的審査制の下においても積極的に憲法保障機能を果たすべきである"といった「原理」や「覚悟」のようなものが見られないのである*44。このような「原理」の欠如は、内容上の法令審査には（少なくとも手続的にみて）積極的に踏み込みつつも、漠然性や過度広汎性といった文面上の法令審査（狭義の文面審査）には——同じ一般的・客観的審査であるにもかかわらず——消極的な、これまでのわが国最高裁のアンビバレントな態度をも説明しうるように思われる。このあたりが、日本の最高裁の行ってきた文面審査が、単なる「法律救済のための文面審査」と揶揄されてきた所以であろう*45。

[4] 対応策

要するに、「具体的審査か、一般的・客観的審査か」という悩みの背景にある問題が憲法上一定の重要性を有するものであるにもかかわらず、判例も学説もかかる「前提問題」に明確な解答を示していない、というのが現状であろう。とすれば、学生が、答案構成上どの審査方法にウエイトをかけるべきか、という標題の問いを前に困惑するのも当然である。とはいえ、学生がそれで開き直ることはできない。そこで、以下、アメリカにおける「文面審査」再考論を牽引したドルフ（Michael C. Dorf）の議論を手掛かりに、この悩みを和らげるための方向性を示してみたい。

ドルフの議論とは、大要、次のようなものである*46。

---

*42　市川・前掲注2) 26頁。さらに、藤井俊夫『憲法訴訟の基礎理論』（成文堂、1981年）60頁、佐藤幸治『憲法訴訟と司法権』（日本評論社、1984年）144-146頁などを参照。なお、前掲注34)も参照されたい。
*43　前掲注36)-38)の各事件を参照。
*44　無論、個々の裁判官については別論である。広島市暴走族追放条例事件判決（最大判2007（平成19)年9月18日刑集61巻6号601頁）における藤田・田原反対意見、郵便法判決（最大判2002（平成14)年9月11日民集56巻7号1439頁）における福田・深澤意見などを参照。
*45　青柳幸一「法令違憲・適用違憲」芦部信喜編『講座憲法訴訟 第3巻』（有斐閣、1987年）31頁。
*46　詳細については、山本・前掲注25) 383-388頁参照。See also Fallon, supra note 39, at 935-40

アメリカでは、確かに「適用審査優先原則」が語られ、その「例外」は、第三者の権利行使に対する萎縮効果や表現空間全体への影響が重要となる表現の自由規制に限られるとされてきた（表現の自由規制における過度広汎性の法理など）。しかし、実際にはそうではなく、連邦最高裁でも、様々な憲法法理の使用などを通して、いわば日常的に――当該事件の具体的事実状況や訴訟当事者の属性を希釈した――「文面審査」を行ってきた[*47]。そのような例として、①表現の自由規制の審査はもちろん、②平等保護条項違反の審査、③「疑わしい区分」テスト、④中絶の自由等のプライバシー権侵害の審査、⑤選挙権侵害の審査、⑥目的審査（purpose test）などが挙げられる。

　そもそも、先述のように「適用審査」が「法令審査」の一種（事案限定的な法令審査）であるとすれば、両者の差異は、理論上は相対的なものである。「具体的な審査か、一般的・客観的な審査か」は、結局のところ、問題となる憲法上の権利・自由の性格を踏まえつつ、裁判所の制度的能力等から、裁判所としてどれだけ実質的で適切な憲法判断が行えるか（そのような判断を行うべきか）どうかに強く依存している（裁判所が憲法訴訟において何を審査対象とすべきか、あるいは法令のいかなる範囲を審査対象とすべきかは、結局のところ、問題となる権利・自由の性格に関する規範的検討と、裁判所の制度的能力等に関する政策的検討によって裁量的に決せられる）[*48]。そうであるならば、ドルフが考えるように、（a）問題となる憲法上の権利・自由の性格と、（b）文面審査を志向する憲法法理ないし合憲性判定テストの存在や、その形成可能性などによって、裁判所として積極的に文面審査に踏み込み、文面上の判断を行うべき場面も出てくるように思われる。

　この点、ドルフが、その制限につき常態的に文面審査が行われてきた権利・自由（上記（a））として、（ⅰ）表現の自由、（ⅱ）平等保護、（ⅲ）プライバシー権、（ⅳ）選挙権を挙げていることは注目に値する。それぞれを概観すると、まず（ⅰ）が、「自己実現」という個人的価値だけでなく、「自己統治」と

[*47] カーミット・ルーズヴェルトⅢ世（大沢秀介訳）『司法積極主義の神話』（慶應義塾大学出版会、2011年）31頁も、「個人は、憲法の意味の上では保護されない行為を、連邦最高裁の法理の下では保護されていると主張することができる」（傍点山本）と述べる。なお、ここでいう「憲法法理」とは、曖昧で論争的な憲法的価値を効果的に実現するために、最高裁が考案する諸テストや諸定式（formulae）を意味する。See Fallon, supra note 39, at 950.
[*48] 詳細について、土井・前掲注8) 56-58頁参照。

いう社会的・客観的価値にも資するもので、萎縮効果等、自由な表現空間そのものに与える一般的な影響をも考慮すべき「権利」であることは多言を要しない。（ⅲ）も、近年、民主主義や反全体主義的価値など、その社会公共的な側面が強調されつつある（いわゆる自己情報コントロール権も同様である）[*49]。（ⅳ）が、民主主義過程と密接に関連していることも、また論を俟たない。このように、問題とされる権利それ自体が民主主義的価値や反全体主義的価値のような社会的・客観的価値を内包している場合には、その制限に対しても——当該訴訟事件や当該訴訟当事者の行為の性質に厳格に囚われない——一般的・客観的審査を行うことが、まずは要請されよう（救済方法＝出口としても一般的なものが望まれる）。

（ⅱ）は、民主主義との関連は直接的ではないかもしれないが、「個人」ではなく「集団」としてのスティグマ化と関連している点で、個人的価値を超える要素を有している。また、そもそも憲法14条が国家を客観的に拘束する「平等原則」としての性格を強く有していることも忘れるべきではないであろう。このように考えると、（ⅱ）についても、当該訴訟事件の事実状況に厳格に拘束されない前記③（この審査は、14条の後段列挙事由に特別の意味を認める学説の立場が継受している）や⑥のような一般的・客観的審査が馴染むように思われる。

もちろん、いかなる審査に軸足を置くべきかは、(a)に関する検討だけでは決まらない。3［1］で述べたように、一般的・客観的審査は、審査が観念的・抽象的になり、不適切な憲法判断、とりわけ不用意な合憲判断を導くといったリスクを抱えている。したがって、(a)の検討によって一般的・客観的審査が規範的に要請される場合でも、そこに踏み切るには、さらに(b)のような制度的・機能的考察を加えることが必要となる。例えば、裁判所による実質的な審査が可能となるような憲法法理や合憲性判定テストが存在するか、あるいはそのような判断枠組みを考案ないし構築できるか、といった検討である。この点、前記③や⑥は、規制手段の政策的妥当性に焦点を当てるものではないために、裁判所による実質的な（法的）判断を可能にするもののように思われる。他方、先述した「合理的関連性」テストなどは、かかる審査に踏み切

[*49] 山本龍彦『プライバシーの権利を考える』（信山社、2017年）31頁以下参照。

ることを決断させるのに十分な理由とはならないであろう。後述するように、公務員の政治活動の規制を「表現の自由」規制と捉え、(a) の観点から一般的・客観的審査を志向するにしても、その審査には「合理的関連性」テストとは異なる法理・テストを用いるべきである（こうした法理が見出せない以上は、適用審査＝事例限定的な法令審査にとどまるべきともいえる）。

　ところで、現状、日本では、内容上の法令審査を裁判所が実質的に行うための法理・テストが（あるいはそれらに関する議論が）不足しているように思われる。この点、前記（iii）にかかわる平成20年の住基ネット訴訟判決[50]が、住基ネットの運用によって実際に情報が濫用・漏洩されるといった「具体的」事件が起こる前に、まさに一般的・客観的に、住基ネットシステムの「構造」を審査したこと、またその際に、「住基ネットにシステム技術上又は法制度上の不備があり、そのために本人確認情報が……第三者に開示又は公表される具体的な危険が生じている」か、というテスト（具体的危険性テスト）を用いたことが注目される[51]。

4　おわりに

　2 [1] では、近年の有力な学説（あるいはそれらが「典型」とみなす猿払事件一審判決）を参考にしつつ、「適用審査」のあり方または適用審査と適用違憲との連関を描写したが、これとは異なる「適用審査」・「適用違憲」の理解もある。【事例】の検討に入る前に、まずこの点を確認し、若干の検討を加えておきたい。

[1] 用語の整理②──「適用違憲」の多義性
（i）　堀越事件2審判決

　本章と異なるイメージで「適用審査」・「適用違憲」を捉えたものとして、平成22年の堀越事件2審判決[52]がある。

---

[50] 最判2008（平成20）年3月6日民集62巻3号665頁。
[51] このテストの問題点等については、山本・前掲注49）14頁。

本判決は、まず、①「本法〔国家公務員法〕、本規則〔人事院規則〕が、『公務員の職種・職務権限』に無関係に、あるいは、『勤務時間の内外』を問わずに、全面的に政治活動を禁止することは、……不必要に広過ぎる面があるのではないかとの疑問」を示しつつも、中央省庁幹部による機関誌配布行為や、集合的・組織的配布行為など、「その行為自体から規制目的が懸念する事態を明らかに具現化する」政治的行為も存在することから、「本法 102 条 1 項並びに本規則 5 項 3 号及び 6 項 7 号、13 号には、……〔目的との〕合理的関連性が認められ、公務員の表現の自由に合理的で必要やむを得ない限度を超える制約を加えるものではないというべき」であって、「それらの規定自体が、憲法 21 条 1 項に違反するものとはいえない」と述べた。

　そのうえで、本判決は、②社会保険庁（当時）に勤務する管理職ではない被告人の「本件各所為は、国家公務員という立場を離れ、職務と全く無関係に個人的に行われたものであるから、これを本件罰則規定の合憲性を基礎付ける前提となる保護法益との関係でみると、行政の中立的運営及びそれに対する国民の信頼という保護法益が損なわれる抽象的危険性を肯定することは常識的にみて全く困難であ〔り〕」、「このような行為まで処罰の対象とすることは、さきの合理的関連性の基準に照らしても、やむを得ない限度にとどまるものとはいえない」とし、「本件各所為に対し、本件罰則規定を適用して被告人に刑事責任を問うことは、保護法益と関わりのない行為について、表現の自由という基本的人権に対し必要やむを得ない限度を超えた制約を加え、これを処罰の対象とするものといわざるを得ないから、憲法 21 条及び 31 条に違反するというべきである」、と結論した。

(ⅱ)　検討

　上に引いた判旨からわかるように、堀越 2 審判決は、①で、まず内容上の法令審査を行い、「法令合憲の結論」を導いたうえで[53]、②で、「適用違憲」の判断を行うものであった。このような審査方法および憲法判断のあり様については、以下のような特徴と問題を指摘できる。

　まず、適用審査は、当該訴訟事件から離れた仮定的な事実状況を見越して推測的・抽象的な憲法判断をしない——不必要で不適切な憲法判断を避ける——というところにその理論的・実践的基礎を有していたはずである（3 [1] 参照）。

---

[52]　東京高判 2010（平成 22）年 3 月 29 日判タ 1340 号 105 頁。

[53]　上田健介「判例批評・堀越事件控訴審判決」近畿大学法科大学院論集 7 号（2011 年）148 頁。「法令合憲の結論」を導いたうえで適用審査・適用違憲を行うことができるか、という理論上の問題につき、肯定的な立場をとるものに、市川正人「適用違憲・再考」立命館法学 374 号（2017 年）135 頁。

そうであるならば、②の適用審査の前に、果たして①のような一般的・客観的な審査を行い、本件「規定自体」に関する憲法判断を行う必要があったのかが、そもそも問題となる。また、適用審査・適用違憲が法令審査・法令違憲の1バージョンであるとすれば、まず法令審査を行い、これを「合憲」と結論した後に、（同じ法令違憲である）適用違憲を導くのは、本来はおかしな話である（ただし、後述のように堀越2審判決は、行為重視型の適用審査を採用することで、この矛盾を回避している）。アメリカの適用審査優先原則からすると、①の審査および判断は異例ともいうべきものであろう。この点、猿払事件1審判決が法令それ自体の合憲・違憲について明示的な判断を行わなかったことが、改めて注目される。

　次に、②の「適用審査」は、本件被告人の行為を一般化し、かかる行為類型を規制対象として予定する「法令」を審査した（2［1］（ii）参照。猿払1審＝法令重視型適用審査）のではなく、「被告人の本件各所為」を直接憲法的評価の対象としている。この点で、「違憲審査の範囲と方法について、『法律そのものを直接憲法的に評価する方法』（「文面上判断」）と『法律により規制されようとしている行為が憲法上保護された行為かどうかを直接評価する方法』（「適用上判断」）とを対比し、後者による違憲判断を『適用上違憲』と呼ぶ考え方があるところ、〔本判決は〕この『適用上違憲』に親和的な論じ方」をしたものといえる（行為重視型適用審査）[*54]。

　このような審査・判断のあり方は、「違憲審査」や「憲法上の権利」の主観的な側面に傾斜し過ぎている点で、議論の余地があるように思われる。確かに、猿払一審型の適用審査においても、被告人の行った具体的行為の評価を含むが、かかる評価――本件行為の良性・悪性――を強調すると、法令の過剰性を（事案限定的であれ）問う、という適用審査の客観的機能が失われる可能性がある。また、堀越2審判決が、行為重視型適用審査を行った結果として、「本件各所為に対し、本件罰則規定を適用して被告人に刑事責任を問うこと」を、「違憲」と結論したことにも注意が必要である（②下線部）。猿払事件1審判決とは異なり、法令の一部（"statute as applied"）ではなく、本件行為に対して罰則規定を

---

*54　上田・前掲注53）153頁。このように、「法令」の過剰性ではなく、「行為」の要保護性に着目するものとして、髙橋・前掲注16）3-5頁参照。

適用すること（"application"）を「違憲」と判断したことによって、一体誰が憲法に違反したのか（who has violated the Constitution?）、すなわち、本法・本規則のような法令を作った「立法者」に非があるのか、本件のような適用を行った「執行者」に非があるのか——憲法的罪人（constitutional culprit）——がきわめて不明瞭になるからである（責任の所在の不明確化*55）。さらに、本判決のような「適用行為違憲」は、猿払事件1審判決のような法令の一部違憲（適用法令違憲）ではなく（2［2］参照）、純粋に事例限定的な違憲判断ということになるため、法的安定性に資せず、萎縮効果を有効に除去できない可能性もある*56。

　なお、堀越2審判決には、②の説示部分より前に、本件の各規定を合憲限定解釈したと思われる部分がある。このことから、本判決は、2［2］で取り上げた〈狭義の文面審査→処分違法〉というスタイルを採ったようにも見える*57。しかし、本判決が行った、「ある程度の危険が認められることを、その成立要件とすべき」という限定解釈は、「解釈結果の明確性」に欠ける点で、合憲限定解釈として不完全といわざるを得ない*58。他方、解釈結果が明確となるように合憲限定解釈を行っていたならば、それはそれで、裁判所による立法行為ではないかとの批判を受けていたであろう。本件事案と合憲限定解釈との相性はそれほど良いものではない。

［2］事例について

　最後に、これまでの検討を踏まえて、【事例】について若干の考察を加えてみたい。

---

*55　See Nicholas Quinn Rosenkranz, The Subject of the Constitution 62 STAN L. REV 1209, 1210 (2010). ローゼンクランツが指摘するように、そもそも適用審査・適用違憲という用語は、「誰が憲法に違反したのか」という重要な問題（Who問題）を曖昧化させるものである。
*56　「適用違憲は、……当該規定を異なる事例に適用した場合に合憲となるのか違憲となるのかが判決の時点では必ずしも明確ではないという難点を有する」との野坂泰司教授の批判は、堀越2審判決のような「適用（行為）違憲」にこそ当てはまる。野坂泰司『憲法基本判例を読み直す』（有斐閣、2011年）11頁参照。
*57　青井未帆「演習憲法」法教361号（2010年）121頁参照。
*58　門田成人「刑罰法規の明確性の理論と『公正な告知』の概念（2・完）」島大法学34巻3号（1990年）89頁、村山健太郎「公安条例の明確性」百選I［第5版］182頁、木村草太「公安条例の明確性」百選I［6版］188頁などを参照。

まず、問題とされる権利・価値の性格から、一般的・客観的な審査が規範的に要請されるのは、事例①（表現の自由）と事例②（平等原則）ということになる（3［4］(a) 参照）。他方、事例③で問題になるのは、萎縮効果をそれほど心配する必要のない経済的自由（職業選択の自由）であり、一般的・客観的審査は規範的には要請されない。

　　ただし、3［1］で検討したように、③が、仮に、過当競争が起きうる人口過疎地域内の、既存薬局から2メートルしか離れていない場所での薬局の開設許可申請が不許可とされた事案であったならば、距離制限そのものが審査されることになろう。かかる事実状況は、法令がその適用を予定する典型的・核心的な事実状況であり、それへの適用が否定されるならば、立法府は距離制限それ自体を設けなかったであろうこと（すなわち「不可分性」）が明白に認められるからである*59。

　次に、一般的・客観的審査に踏み切ったときに、裁判所の実質的な審査を可能にする法理・テストが存在するか、または形成できるかなどが問題となる（制度的・機能的考慮。3［4］(b) 参照）。この点、事例②は、少なくとも学説レベルでは、憲法14条1項の後段列挙事由を重視するカテゴリカルな法理・テストが定着していることから、一般的・客観的な文面審査を素直に選択できる場面といえる*60。これに対し、第三者への萎縮効果を考慮すべき事例①は、規範的には一般的・客観的審査が求められる場面であるが、裁判所の実質的な

---

*59　証券取引法事件（最大判2002〔平成14〕年2月13日民集56巻2号331頁）において、被告は、証券取引法164条1項の立法趣旨を踏まえ、同規定は、内部情報の不当利用または一般投資家の損害発生といった事実のない株式の売付けにまで「適用」される限りで、憲法29条に違反すると主張した。これに対し、本判決は、本件規定は、証券取引法164条8項の場合および「類型的」除外例に該当しない限り、「当該取引においてその者が秘密を不当に利用したか否か、その取引によって一般投資家の利益が現実に損なわれたか否かを問うことなく、当該上場会社等はその利益を提供すべきことを当該役員又は主要株主に対して請求することができるものとした規定である」とし、本件のような売付けもその適用対象として当然に予定しているとして、「法令そのもの」の合憲性審査に及んだ。これも、ある意味で、不可分性を前提とした内容上の法令審査であるといえる。
*60　この点で、東京高判2010（平成22）年3月10日判タ1324号210頁には問題があるといわざるを得ない（同判決は、「Yは養子で、Aの嫡出子ではあるが……、婚姻関係から出生した嫡出子ではないから、本件事案に本件規定〔民法900条4号但書〕を準用しての遺留分を嫡出子の遺留分割合の2分の1にし、Yの取り分を増やすことは、法律婚を尊重することには何ら結びつかない」とし、「本件規定……が法令として違憲・無効であるとはいえないにしても、これを本件事案に適用する限りにおいては、違憲と評価され、効力を有しない」と結論した）。平等の問題である以上、本件では、適用審査・適用違憲に逃げるのではなく、正面から「法令」と向き合うべきであった。

審査を可能にする法理・テストが存在するか否かといった点で、その選択を躊躇せざるを得ない場面でもある。猿払上告審流の「合理的関連性」テストしか頭に浮かばないようであれば、適用審査によって着実に事案を処理するという選択も十分考えられる。もっとも、表現の自由の重要性を強調する立場からは、「過度広汎性ゆえに無効の法理」や「委任立法の限界法理」などの採用が、さらに詳細に検討されよう。

　適用審査を行うのに最も適しているのは、事例③である（もちろん、これは事例①や事例②で適用審査を行うこと、事例③で法令審査を行うことが誤りであるといっているのではない）。

[注記]

　この論稿は、注1で触れたように、東京高裁で2つの適用違憲判決が出され、ロースクールでも「適用か、法令か」という質問をよく受けた時期に執筆したものである。荒削りな内容で、本書に収録すべきか迷ったが、当時の筆者の問題意識を曝け出すことにもそれなりの意味はあるかと思い、最終的にはほぼ原文のまま収録することにした。本章の内容を整理したものとして、拙稿「適用審査と適用違憲」曽我部真裕ほか編『憲法論点教室』（日本評論社、2012年）32頁以下があるので、このテーマに関心のある読者はぜひこちらも参照していただきたい。

　周知のとおり、本稿執筆後、公務員に禁止される「政治的行為」を、公務員の職務遂行の政治的中立性を損なうおそれが「実質的に認められるもの」へと限定し、管理職的地位にない者の特定の政治的行為をそこから外した（本件被告人を無罪とした）堀越事件上告審判決（最判2012〔平成24〕年12月7日刑集66巻12号1337頁）が出された。法令を限定的に解釈することで個別的救済の途をひらくという狙いは理解できるが、本稿の観点からすれば、実質的おそれが認められる政治的行為が何かが不明確で、表現行為に萎縮効果を与えうる点で問題もあろう。この判決の評価については、亀井源太郎ほか「［座談会］憲法と刑事法の交錯」宍戸常寿＝曽我部真裕＝山本龍彦編著『憲法学のゆくえ』（日本評論社、2016年）24頁以下を参照されたい。また、嫡出でない子の相続分規定（民法900条4号ただし書）については、それが「子にとっては自ら選択な

いし修正する余地のない事柄を理由としてその子に不利益を及ぼす」ものであることや、時代状況の変遷などを強調して、これを違憲とする最高裁決定が出された（最大決2013〔平成25〕年9月4日民集67巻6号1320頁）。違憲判断の理由付けには曖昧なところがあるが、当該事件の特殊性（適用事実類型）を重視した適用審査ではなく、正面から法令審査を行った点は評価できる。

part.2　コンテクストを読む　　　　　　　　　　　　　▷13条

京都府学連事件判決というパラダイム
―― 警察による情報収集活動と法律の根拠

1　はじめに

　Part.1では、下級審の裁判例をとおして比較的有名な「判例」を読むというテーマを掲げた。下級審裁判例というレンズをとおすことで、いつも読んでいる「判例」が違って見えたり、それまでの理解がより深まるように思えたからである。Part.2では、やや趣向を変えて、コンテクストから「判例」を読むというテーマ[*1]を掲げる。我々は、この「コンテクスト」に、さしあたり2つの意味を込めている。1つは「時代」あるいは「時代背景」である。我々執筆者よりさらに若い読者諸氏は、「時代」から完全に切り離して「判例」を読んでいる可能性もあるからである。

　もう1つは、「学際」である。「はしがき」でも記したように、「憲法訴訟」なる訴訟類型は、法制度上は存在していない。「憲法訴訟」は、常に、刑事訴訟、民事訴訟、行政訴訟といった他の訴訟形式を間借りして行われているのである。したがって、「憲法判例」と一般に呼ばれている判例の正体は、刑法判例であったり、民法判例であったり、行政判例であったりするわけである。そうなると、「憲法判例」をより正確に読みとくためには、その「家主」の生態をある程度知っておく必要がある。他の法律科目の知識が豊富な学生も、何者かに「憲法判例」とラベリングされた「憲法判例」を、「憲法判例」としてだけ読み、その重要な含意を見逃していることが少なくない。だからこそ、「学際」なのである。

---

*1　テーマの趣旨については、「はしがき」も参照。

　　　　　　　＊　　　　＊　　　　＊

　本章では、刑事訴訟法学の議論を参照しながら、警察による個人の容ぼう等の写真撮影の合憲性が問題となった——より一般化して言えば、警察による情報収集活動の合憲性が問題となった——京都府学連事件最高裁判決[*2]を再読してみたい。後に詳述するように、憲法学は、この判決を、もっぱら憲法13条に関連する事案として（プライバシー権ないし肖像権の侵害事案として）捉え、憲法31条（適正手続・強制処分法定主義）、35条（令状主義）と関連する諸論点を後景化してきたところがある。そして、このことが、警察の情報収集活動等（たとえばNシステムの運用）に "serious" に「法律の根拠」を求めない裁判例[*3]や実務[*4]——さらには学生の憲法答案（？）——を許してきたようにも思われる。本章の狙いは、憲法31条・35条にかかわる問題を中心に京都府学連事件判決を読んできた刑訴法学の議論を参照することで、警察の情報実務に対する憲法的統制について、別様の語り口を提示することにある。

> 憲法31条　何人も、法律の定める手続によらなければ、その生命若しくは自由を奪はれ、又はその他の刑罰を科せられない。
> 憲法35条　何人も、その住居、書類及び所持品について、侵入、捜索及び押収を受けることのない権利は、第33条の場合を除いては、正当な理由に基いて発せられ、且つ捜索する場所及び押収する物を明示する令状がなければ、侵されない。
> 　2　捜索又は押収は、権限を有する司法官憲が発する各別の令状により、これを行ふ。

> 刑事訴訟法197条　捜査については、その目的を達するため必要な取調をすることができる。但し、強制の処分は、この法律に特別の定のある場合でなければ、これをすることができない。

[*2]　最大判1969（昭和44）年12月24日刑集23巻12号1625頁。
[*3]　東京高判2009（平成21）年1月29日判タ1295号193頁。
[*4]　たとえば、警察によるDNA型データベースは、「法律」ではなく「国家公安委員会規則」によって創設・運用されている。詳しくは、山本龍彦『プライバシーの権利を考える』（信山社、2017年）67頁以下参照。

2 京都府学連事件判決と憲法学

　憲法学は、一般に京都府学連事件判決をどのように読んできたか。まずはこれを確認しておきたい。

[1] 京都府学連事件判決
　周知のとおり、本判決は、警察官が犯罪捜査目的で行った個人の容ぼう等の写真撮影の合憲性を争った事案において、憲法13条は「国民の私生活上の自由が、警察権等の国家権力の行使に対しても保護されるべきことを規定している」とし、かかる自由の1つとして、「何人も、その承諾なしに、みだりにその容ぼう・姿態（以下「容ぼう等」という。）を撮影されない自由を有する」と述べながら、「右自由も、国家権力の行使から無制限に保護されるわけでなく、公共の福祉のため必要のある場合には相当の制限を受けることは同条の規定に照らして明らか」とし（その際に、警察法2条1項を参照し、「犯罪を捜査することは、公共の福祉のため警察に与えられた国家作用の一つであり、警察にはこれを遂行すべき責務があるのである」とも述べている）、被撮影者の同意なく、また令状がなくても、「次のような場合には」容ぼう等の撮影が許容されるとした。すなわち、「<u>現に犯罪が行なわれもしくは行なわれたのち間がないと認められる場合であって、しかも証拠保全の必要性および緊急性があり、かつその撮影が一般的に許容される限度をこえない相当の方法をもって行なわれるときである</u>」。

[2] 憲法学における一般的な読解
　刑訴法学に精通した者からみれば、本判決の示した写真撮影許容要件（上記下線部）が、令状発布要件にある程度類似したものであることに気づくかもしれない。「一般令状（general warrant）」による無制約な捜索・押収等を防ぐという趣旨から、捜索・差押令状の発布には、①「正当な理由」（憲法35条1項）、②捜索場所の「明示」（または特定）（憲法35条1項）、③捜索処分を行う「必要〔性〕」（刑訴法218条1項）[*5] が要求されるが[*6]、たとえば上記要件の現行犯性は、①の重要な内容である「犯罪の嫌疑の存在」と関連しているし、証拠保全の必

要性・緊急性は、端的に③と関連しているからである[*7]。刑訴法の著名な体系書においても、本判決の示した要件は「令状主義の精神ともいうべきものを具体化」したもの、と説明されている[*8]。

これに対して、憲法学では、上記要件は違憲審査基準論の一環として、すなわち、裁判所が厳格な違憲審査基準を用いたものとして説明されることが多い。そこでは、憲法35条等の人身の自由規定との関係性は捨象され、かかる要件は、裁判所が、憲法13条の保障するプライバシー権の侵害に対して「厳格な合理性」基準を採用したものと説明されるのである[*9]。たとえば、『憲法判例百選』の第1版から本判決の解説を担当してきた鴨野幸雄教授は、当初(初版以降)、上記要件と違憲審査基準論との関係に一切触れることがなかったが(むしろ、令状主義など人身の自由規定との関係を示唆していた)[*10]、2007年に公刊された第5版では、憲法31条・35条論を削ったうえで、「この基準〔上記要件〕についていえば、眼前の違法行為に対して緊急に証拠保全の必要性がある場合と考えられるので、個人情報の収集目的は正当なものと言うことができ、しかも、プライバシーに対してより制限的でない手段・方法……がとられたと言うことができる」が、「そう考えるとき、……〔本判決は〕その違憲審査にあたり『厳格な合理性』の基準に準じる基準を採用したと考えられ、その点評価しうる」と述べている[*11]。このように、「令状主義の精神」等、本来人身の自由規定に関する諸議論を満載しているはずの上記要件を、違憲審査基準の問題へと還元するような読解は、審査基準論を定着させようと努力してきた憲法学の

[*5] 酒巻匡教授は、憲法35条の「正当な理由」のなかに、処分の「必要性」が含まれているとする。酒巻匡「捜査に対する法的規律の構造(1)」法教283号(2004年)64頁参照。
[*6] たとえば、白取祐司『刑事訴訟法〔第9版〕』(日本評論社、2017年)128-134頁参照。
[*7] 最決1969(昭和44)年3月18日刑集23巻3号153頁〔國學院大映研事件〕は、差押の必要性を判断する要素として、「犯罪の態様、軽重、差押物の証拠としての価値、重要性、差押物が隠滅毀損されるおそれの有無、差押によって受ける被差押者の不利益の程度その他諸般の事情」を挙げている。
[*8] 田宮『刑事訴訟法〔新版〕』(有斐閣、1996年)121頁(以下、「田宮Ⅰ」と表記)。なお、田宮教授は、本判決以前から、写真撮影には「憲法35条に類した要件」を満たすことが必要とし、かかる要件として、①犯罪の嫌疑(デモ行進の場合には「現行犯的な情況」)、②撮影行為の社会的相当性、③証拠保全の高度の必要性を挙げていた。田宮裕『捜査の構造』(有斐閣、1971年)259頁参照。
[*9] 芦部・憲法学Ⅱ387頁は、「警察官による個人の容ぼう等の撮影が許される要件を〔京都府学連事件判決の〕判旨がかなり厳しく限定している点は、『厳格な合理性』基準の考え方に準じるものと評価してよい」と指摘している。さらに、竹中勲「現代行政とプライバシー」ジュリ854号(1986年)47頁等を参照。
[*10] 鴨野幸雄「被疑者の写真撮影と肖像権」百選Ⅰ〔初版〕(1980年)31頁。
[*11] 鴨野幸雄「被疑者の写真撮影と肖像権」百選Ⅰ〔第5版〕43頁。

基本的な態度からみると無理からぬところがあるし、それはそれで重要な意義
をもってきた。しかし、こうした読解によって、憲法学上も重要でありうる論
　　　　　　　　　　　　　　　　・・・・・・・・・・・・・・・・
点を見逃す結果を招いてしまったように思われる。では、その論点とは何か。
これを浮かび上がらせるために、以下、刑訴法学の議論を参照してみたい。

3　京都府学連事件判決と刑訴法学

[1] 新しい強制処分説と京都府学連事件判決

　刑訴法学は、京都府学連事件の主たる争点を、警察による個人の容ぼう等の
写真撮影が「強制処分」に当たるか、というところに見てきた。仮に写真撮影
が「強制処分」に当たるとなれば、強制処分法定主義（憲法31条、刑訴法197
条1項）と令状主義（憲法35条）からくる要請をまともに受けなければならな
くなるからである（本件写真撮影は、法律に根拠づけられたものでも、令状に基づく
ものでもなかったため、これが強制処分ということになれば、強制処分法定主義にも令
状主義にも反し、端的に違憲・違法と評価される）。かくして、刑訴法学においては、
・・・・・・・・・・・・・・・・・・・・・・・・・・・・・・・・
法律の根拠のない、さらには令状のない警察の情報収集活動が正当化されうる
のか、といった観点から、写真撮影の強制処分該当性について「華々しい論
争」*12 が展開されたわけである。本来、この論争の全容を紹介すべきである
が、以下では、論争の一翼を担った重要な見解として、「新しい強制処分説」
のみに触れたい。というのも、京都府学連事件判決が強く依拠したのは、おそ
らくこの「新しい強制処分説」であったように思われるからである。

　新しい強制処分説は、まず、警察による写真撮影を「被撮影者の意思を侵犯
　　　・・・・・・
する強制的な処分」（傍点山本）と位置づけながらも、これを、刑訴法制定時に
立法者が予測しなかった「新しい強制処分」と捉え、刑訴法197条1項のいう
――すなわち法律の根拠を要する――「強制処分」（古典的強制処分）から区別
する。しかし、これも「強制的な処分」である以上は、令状主義の精神に適合
した裁判所の統制を受けなければならないと考えることで、法定主義からの解
　　　　　　　　　　　　　　　　　　　　　　　　　　　　　　　・・
放を正当化するのである*13。要するに同説は、令状主義の精神を汲んだ裁判

---

*12　宍戸・憲法20頁。
*13　田宮Ⅰ・前掲注8) 258-259頁参照。

所の実質的な統制をもって、法律の根拠——国会のお墨付き——を欠く警察の
情報収集活動を正当化するものであった、と言うことができる*14（この点、井
上正仁は、同説を「立法」ではなく「判例による問題解決」を試みる見解として捉えて
いる）*15。

　先にみたように、京都府学連事件判決は、法律の根拠の要否についてはほと
んど触れることがない（ただし責務規範としての警察法2条1項を挙げている）一方
で、令状主義を意識した厳格な要件を自ら定立して、写真撮影に実質的な司法
的統制を及ぼそうとするものであり、この点において、確かに「新しい強制処
分説」との親和性を読みとることができる。本判決の調査官解説は、「新しい
強制処分説」を主張する論攷を明示的に引用して、「捜査の手段としての写真
撮影は、刑訴法の予想しなかったところであるから、これを強制処分であると
か任意捜査であるか云い切ってしまうことなく、憲法の精神を勘案して、適当
な基準を定めるのが相当であろう」*16 と述べるなど、より直截に本判決と同
説との関係に触れている。そうなると、本判決は、裁判所が、事後的にではあ
れ、令状主義の精神を踏まえた実質的な審査を加えさえすれば、警察による当
の情報収集活動がたとえ「強制処分」と解されるものであっても、「法定」主
義の要請（明示の根拠規定）は厳密には求められない*17 と述べた判決として読
むことができるように思われるのである。

[2] 京都府学連事件判決の権限（再）配分論的意義

　このような読解を加えると、本判決には、実は、プライバシー権の位置づけ
や違憲審査基準論には回収できない問題が含まれていたということになる。

　［1］でみた「新しい強制処分説」は、その主唱者が「強制処分法定主義は、
憲法33条や35条の定める、いわゆる令状主義と同程度に重大な原則なのであ
ろうか」*18 とか、「〔強制処分法定主義は〕令状主義の重要性にてらしてとく

---

*14　酒巻・前掲注5）60頁などを参照。
*15　井上正仁「強制捜査と任意捜査の区別」井上正仁ほか編『刑事訴訟法の争点（新・法律学の争点シリーズ6）』
（有斐閣、2013年）54頁。
*16　海老原震一・最判解刑事篇昭和44年度479頁。
*17　この流れは、いわゆる通信傍受を、検証許可状をスライドさせることで（すなわち令状主義の要請には合致させ
ることで）、法律の根拠がないにもかかわらず認めた最決1999（平成11）年12月16日刑集53巻9号1327
頁に顕著にみられる。

に設けられた総則・確認規定である」(傍点山本)*19などと述べていることからも窺い知れるように、本来は「捜査権の行使に対する立法府(国会制定「法律の定める(適正な)手続」)による制禦」を意味し、独自の「民主主義」的意義をもつはずの強制処分法定主義を、「司法的抑制原理」である令状主義と同一視し、その意義を相対化するといったインプリケーションを有する*20。別言すれば、同説は、捜査権統制の権限を、国会から裁判所へとシフトさせる権限(再)配分的な——あるいはきわめて統治論的な——見解であったとみることができるのである。そして、同説と京都府学連事件判決の親近性を踏まえれば、本判決にもまた、こうした権限(再)配分的な契機が含まれていたということになる。おそらく、本判決を人身の自由規定(憲法31条・35条)との関係で読んでいた刑訴法学は、このような本判決の意味――"法律がなくとも、裁判所が何とかしさえすればよい"という方向性――に気がつく環境下にあった。

しかしながら、憲法学は、本判決がもつ、この権限(再)配分論的な意味に敏感に反応することができなかった。もちろんそれは、違憲審査基準論の確立を目論む憲法学が、プライバシー権侵害について厳しめの審査を行った本判決を積極的に評価したことによろう。ただ、その背景には、さらに以下のような理由が存在していたように思われる。1つは、憲法学が、「法律の留保」に対するネガティブなイメージを抱き続けていたことである。戦後憲法学は、各権利は「『法律の範囲内において』保障されたにすぎず〔,〕法律によれば制限が可能なもの」(傍点山本)という明治憲法下の「法律の留保」論を厳格に否定する必要があった(「法律からの」保障の強調)*21。この点で、強制処分「法定」主義に積極的な意義を認めず、裁判所による実質的統制が担保される限りで法律の根拠のない情報収集活動を許容する「新しい強制処分説」ないし京都府学連事件判決に強い違和感を覚えなかった可能性があるのである。

もう1つは、少なくとも本判決当時(1969年)の憲法学が、裁判所による権利保障に強い期待を抱いていたことである。新しい強制処分説は、その主唱者

---

*18 渥美東洋『刑事訴訟を考える』(日本評論社、1988年)7頁参照。
*19 田宮Ⅰ・前掲注8)72頁。
*20 酒巻・前掲注5)59-62頁。さらに、井上・前掲注15)50頁、白取・前掲注6)92-94頁等を参照。
*21 芦部・憲法19-20、77-78頁参照。もちろん「法律の留保」には、「法律によらずして自由を侵害してはならない」というポジティブな側面もある。この点については、宍戸・前掲注12)18頁参照。

京都府学連事件判決というパラダイム 131

である田宮裕教授自らが指摘しているように、違法収集証拠排除原則等を打ち出した——リベラルな——ウォーレン・コート期（Earl Warrenが首席裁判官であった1953年〜1969年のアメリカ連邦最高裁）の「アメリカのように、判例による限界の設定およびその担保方法の創出」（圏点山本）を期待したものであった*22。すなわち、同説は、ウォーレン・コートの「刑事法改革」*23の影響を受け、《裁判所＝判例》による刑事人権規定の拡充を期待したのである（新しい強制処分説は、確かに連邦最高裁に対するポジティブなイメージが維持されていた時代〔1965年〕に生まれている）*24。そして、この時期の憲法学もまた、ウォーレン・コート期のリベラルな諸判決に魅了されていた。こうみると、憲法学が、本判決が憲法13条に基づいて肖像権ないしプライバシー権を（実質的に）認め、その侵害に対して厳格な審査を加えたこと——無論、これは吉事である——に目が眩んで、"捜査権を統制するのは誰か"という、本判決が示した重要論点（権限配分的意義）を見過してしまったとしても無理はないように思われる。しかし、まさにこのことが、防犯カメラやNシステムといった警察による情報収集・保存活動に法律の根拠を"serious"に求めない裁判例や実務を黙認する背景になってきたといっても、決して過言ではなかろう。

[3] 強制処分法定主義・再考論の示唆

　他方、その主たる関心を人身の自由規定に向け、それゆえに違憲審査基準論から自由でありえた刑訴法学は、京都府学連事件判決の含意、さらにはその背景にある新しい強制処分説の権限（再）配分的な意味（国会→裁判所）に敏感でありえた。たとえば、酒巻匡教授は、「〔刑訴〕法197条但書の定める『強制処分法定主義』は、……憲法31条の手続法定主義を受けた規定」であるとし*25、その意義はあくまでも「国民の重要な権利・自由を侵害・制約する『強制の処分』について、その内容と要件と手続があらかじめ一般的に『法律』すなわち国会制定法によって定められていること自体を要請するところにある」とする。

---

*22　田宮裕「捜査における肖像権とその限界」判タ243号（1970年）19頁。
*23　被告人・被疑者の権利保護の徹底を図るものであった。
*24　田宮裕「犯罪捜査と写真撮影」ジュリ323号（1965年）40頁以下参照。
*25　酒巻・前掲注5）283号・61頁。

つまりそれは、「主権者たる国民に直結し国権の最高機関とされている立法府が、捜査権限の行使のみならず司法権をも『法律』によって一般的に制御することを意味する」(圏点山本)という*26。ここから、《裁判所＝判例》による強制処分の(令状主義の精神に則った、厳格な)規制・制御は——憲法35条(令状主義の要請)には違反しないとしても——憲法31条＝刑訴法197条(強制処分法定主義)に違反する、と説明されるのである。井上正仁教授は、こうした議論に加えて、裁判所の能力に着目した機能論的・制度論的な批判を展開している。すなわち、新しい強制処分説が推進しようとする「判例による法形成」は、以下の理由から「好ましいものではない」というのである。①個々の事件の解決を主たる任務とする裁判所が、「新たな強制処分を許容するかどうかというような、基本的な価値選択を伴い、波及性も大きい問題について判断することが適切かは疑問」であるうえ、②「判例による問題解決は、個別的・断片的なものであるので、当の強制処分の要件や手続に関する法の内容が不明確なままにとどまったり、極めて複雑なものとなったりするおそれがある」、との理由である*27。こうして井上教授は、裁判所の能力(の限界)という観点から(も)、法律の根拠を"serious"に求めない——別言すれば、立法による問題解決を過小評価する——新しい強制処分説を批判するのである(なお、酒巻教授も井上教授も、京都府学連事件の写真撮影は強制処分とまでは言えないとの立場から、本判決自体に厳しい批判を浴びせているわけではない)。

　このような機能論的・制度論的な批判は、近年、稲谷龍彦教授によってより一般的・包括的に展開されている。稲谷教授は、京都府学連事件判決や新しい強制処分説に代表される、従来の判例・学説は、「裁判所が、刑事手続上保護されるべき権利・利益についての解釈を通じて捜査機関の行為準則を示すことで、捜査機関統制の中心的役割を担うべきだ」(司法中心主義)と考えてきたが*28、そもそも「裁判所は、刑事手続において保護されるべきプライバシーの具体的内実について的確、妥当に判断し、ひいては捜査機関に明確で統一

---

*26　酒巻匡「強制処分法定主義」法教197号(1997年)30頁。
*27　井上・前掲注15)51頁。
*28　稲谷龍彦「刑事手続におけるプライバシー保護(一)——熟議による適正手続の実現を目指して」法学論叢169巻1号(2011)2頁。本章は、この論文から多くの示唆を得ている(稲谷の論攷は、稲谷龍彦『刑事手続におけるプライバシー保護——熟議による適正手続の実現を目指して』〔弘文堂、2017年〕に所収)。

的・整合的な行為準則を提示するための情報収集・分析能力を備えておらず、またそれを維持できる地位にもない」と指摘する*29。そして、このことの証左として、「バッグの施錠されていないチャックを開披し内部を一べつした」所持品検査を「任意処分」として許容した米子銀行強盗事件判決*30と、宅配便荷物のＸ線検査を「強制処分」として違法とした宅配便Ｘ線検査事件決定*31との非整合性や、京都府学連事件判決が示した前記撮影許容要件のその後の動揺と否定*32などを挙げ、司法中心主義が、むしろ、捜査活動に対するプライバシー保護のあり方を混乱させ、プライバシー保護と捜査の必要性とのバランスを崩してきたと述べるのである。とりわけ、事後に一定期間の保存ないしデータベース化を伴うような情報収集活動については、裁判所は情報管理システムの構築に関する制度的能力を欠くために、司法中心主義はさらに大きく限界づけられるという*33。

　こうして稲谷教授は、捜査機関に対する統制を、司法中心主義から、「大量の情報を収集し、それを基に多様な構成員が時間制限なく議論できるという制度的基盤を有する国会」を中心としたモデルへと移行すべきであると主張する*34。ここでは、裁判所の審査も、捜査機関に対してその行為準則を具体的に提示するといったかたちではなく、国会による法律制定を促すような、あるいは国会の立法活動のインセンティブを高めるようなかたちで行われるべきとされる。その一例として稲谷教授が挙げるのが、警察の情報収集活動等に「法律の根拠」を厳格に求める司法審査のモデルである。というのも、仮に「裁判所が、根拠法の欠缺を理由に所持品検査を一切認めないという立場をとった場合には、明白に不都合な事態が生じるために、国会には根拠法を制定するためのインセンティブが働きうる」からである*35。他方で、同教授の議論によれ

---

*29　稲谷・前掲注28）21頁。
*30　最判1978（昭和53）年6月20日刑集32巻4号670頁。
*31　最決2009（平成21）年9月28日刑集63巻7号868頁。詳しくは、笹倉宏紀「宅配便荷物のエックス線検査と検証許可状の要否」平成21年度重要判例解説208頁以下参照。
*32　最決2008（平成20）年4月15日刑集62巻5号1398頁（警察によるビデオ撮影について、比較衡量論的な審査を行った）。
*33　稲谷・前掲注28）4、23-24頁参照。
*34　稲谷・前掲注28）4-5頁。
*35　稲谷・前掲注28）26頁。法律制定のインセンティブを高める審査手法は、これだけではないであろう。

ば、京都府学連事件判決や米子銀行強盗事件判決のように、「最高裁判所が法解釈、特に憲法解釈の形式で……〔警察による情報収集活動等〕の実施要件を示」すことは、根拠法制定へのインセンティブを奪い、「国会の『無関心』を招」くことになるとして、厳しく批判される[*36]。このような刑訴法学者の、とりわけ――ウォーレン・コートの磁場から自由な――世代の刑訴法学者である稲谷教授の議論は、京都府学連事件判決のパラダイムに重大な変更を迫るものと考えることができよう。

4　おわりに

　以上のような刑訴法学の議論をみると、それが憲法学にとっても無視できないものであることに気づく。そこには、憲法学としても見過ごせない論点、否、憲法学においてこそ検討されるべき論点、すなわち、捜査機関統制に関する立法府と司法府との役割分担論ないし権限配分論、さらには司法審査と民主主義の関係論が含まれているからである。憲法学としても、こうした議論を踏まえて、京都府学連事件判決のパラダイム（国会→裁判所）を批判的に検討する時期に来ているように思われる。稲谷教授が指摘するように、特に情報取得後の情報管理システムの構築について、裁判所の能力が及び得ないとすれば、法律、あるいは法律によって創設される内部的な統制機関（監視機関）の存在が不可欠のようにも解されるからである。

　これが本章のさしあたりの結論であるが、これを Part. 2 の趣旨に引き戻せば、学生は、警察による情報収集活動の憲法問題を考える際に、違憲審査基準の設定や比例原則の適用ばかりに気をとられるのではなく（もちろん、それも重要なのであるが）、果たしてその活動に明示の法律の根拠があるのかを、憲法 31 条の意義に照らしてもっと "serious" に検討すべきだ、ということになろう。強制処分とみられるようなものについては、法律の根拠を厳格に求め、それがない場合には 31 条違反として端的に違憲とすべきであるし、強制処分とまでは言えないものであっても、**3** [3] で紹介した強制処分法定主義・再考論の

[*36] 稲谷・前掲注 28) 26 頁。

趣旨を踏まえて、当該処分の性質に応じて(明示の)法律の制定を強く促すような審査(インセンティブ・アプローチ)を行うべきということになろう(たとえば、一定期間の情報保管を伴う情報収集活動については、収集後の情報の管理・取扱いを規律する法律が存在しないという事実を、当該収集活動の権利侵害度を高める要素として使用し、それに対する審査基準ないし審査密度をアップさせることなどが考えられる)。

[注記]
　本章執筆後に出された最大判平成29年3月15日刑集71巻3号13頁(GPS捜査判決)は、GPS捜査(車両取付け型)を、憲法35条の保障する「私的領域」に、「合理的に推認される個人の意思に反して……侵入する捜査手法」で、「個人の意思を制圧して憲法の保障する重要な法的利益を侵害する」強制処分であるとし、令状を必要とするとした。ただ本判決は、それにとどまらず、GPS捜査について、裁判官による令状請求の審査の限界を指摘し、以下のように述べた。「GPS捜査について、刑訴法197条1項ただし書の『この法律に特別の定のある場合』に当たるとして同法が規定する令状を発付することには疑義がある。GPS捜査が今後も広く用いられ得る有力な捜査手法であるとすれば、その特質に着目して憲法、刑訴法の諸原則に適合する立法的な措置が講じられることが望ましい」(傍点山本)。司法府の制度的能力の限界から、捜査規律を「法定」することの重要性を説く本章の趣旨と、少なくとも部分的には適合する判決であったと評することができる。詳細は、笹倉宏紀＝山本龍彦＝山田哲史＝緑大輔＝稲谷龍彦「強制・任意・プライヴァシー[続]」法律時報90巻1号(2018年)54頁以下参照。

part.2　コンテクストを読む　　　　　　　　　　　　　▷14条

尊属殺重罰規定違憲判決のコンテクスト

1907年　現行刑法が公布される。
1946年　日本国憲法が公布される。
1947年　刑法の一部を改正する法律が公布される（→不敬罪や姦通罪等が削除される）。
1950年　最高裁が刑法205条2項を合憲と判断し、さらに、刑法200条も合憲と判断する。
1960年　法務省刑事局内に設けられた刑法改正準備会が「改正刑法準備草案（未定稿）」を公表する。
1961年　刑法改正準備会が「改正刑法準備草案」を公表する。
1963年　法務大臣から、法制審議会に対し、「刑法に全面的改正を加える必要があるか。あるとすればその要綱を示されたい。」との諮問が発せられる。
1971年　法制審議会刑事法特別部会が「法制審議会刑事法特別部会改正刑法草案」を決定する（翌年公表）。
1973年　最高裁が刑法200条を違憲と判断する。
1974年　法制審議会が、「刑法に全面的改正を加える必要がある。改正の要綱は当審議会の決定した改正刑法草案による。」と法務大臣に答申する。
　　　　最高裁が刑法205条2項を合憲と判断する。
1995年　刑法の口語化を主たる内容とする刑法の一部を改正する法律が公布される（→刑法200条、205条2項、218条2項、220条2項が削除される）。

1 はじめに

1973年4月4日、最高裁は、刑法200条の尊属殺重罰規定は憲法14条1項に違反すると判断した[*1]（以下では、「1973年判決」という。）。この判決は、最高裁が下した初めての法令違憲判決である。本章では、このあまりにも有名な判決の多数意見および少数意見を手がかりとしながら、そのコンテクストを読んでみることにしよう。

2 基本知識

1907年に公布された現行刑法は、尊属に対する犯罪に関し刑を加重する規定として、200条、205条2項、218条2項および220条2項を設けていた（1995年改正前）。

第199条　人ヲ殺シタル者ハ死刑又ハ無期若クハ三年以上ノ懲役ニ処ス

第200条　自己又ハ配偶者ノ直系尊属ヲ殺シタル者ハ死刑又ハ無期懲役ニ処ス

第205条　身体傷害ニ因リ人ヲ死ニ致シタル者ハ二年以上ノ有期懲役ニ処ス

② 自己又ハ配偶者ノ直系尊属ニ対シテ犯シタルトキハ無期又ハ三年以上ノ懲役ニ処ス

第218条　老者、幼者、不具者又ハ病者ヲ保護ス可キ責任アル者之ヲ遺棄シ又ハ其生存ニ必要ナル保護ヲ為ササルトキハ三月以上五年以下ノ懲役ニ処ス

② 自己又ハ配偶者ノ直系尊属ニ対シテ犯シタルトキハ六月以上七年以下ノ懲役ニ処ス

第220条　不法ニ人ヲ逮捕又ハ監禁シタル者ハ三月以上五年以下ノ懲役ニ処ス

[*1] 最大判1973（昭和48）年4月4日刑集27巻3号265頁。本章では、「尊族」という語を「直系尊属」の意味で用いる。

> ② 自己又ハ配偶者ノ直系尊属二対シテ犯シタルトキハ六月以上七年以下ノ懲役二処ス

　1946年の日本国憲法制定後、1947年の刑法の一部を改正する法律により、不敬罪や姦通罪等が削除されたが、尊属に対する犯罪に関し刑を加重する規定は削除されなかった。とはいえ、これらの規定が憲法14条1項に違反しないか、という問題は、日本国憲法施行後比較的早い段階で問題となった。そして、最高裁は、1950年10月11日に、刑法205条2項は憲法14条1項に違反しないと判断し[*2]、同月25日には、刑法200条が憲法14条に違反しないことは、11日に言い渡した「大法廷判決の趣旨に徴して、明らかである」とした[*3]。この時点で、刑法205条2項と刑法200条それぞれが憲法14条1項に違反するとしたのは、15人の裁判官のうち、わずか2人（真野毅裁判官と穂積重遠裁判官）のみであった。なお、最高裁は、刑法200条に関しては、それが「その法定刑として『死刑又ハ無期懲役』のみを規定していることは、厳に失するの憾みがないではない」としつつも、「これとても、犯情の如何によっては、刑法の規定に従って刑を減軽することはできるのであって、いかなる限度にまで減刑を認めるべきかというがごとき、所詮は、立法の当否の問題に帰するもので、これがために同条をもって憲法に違反するものと断ずることはできない」と述べていた。確かに、必要な場合には刑を減軽することはできるが、刑法200条については、刑種として無期懲役を選択し、さらに刑を減軽したとしても（法律上の減軽・酌量減軽）、処断刑の下限は懲役3年6月であり、この場合、刑の執行を猶予することはできなかった（刑法68条、71条、72条、25条を参照）。

3　刑法200条の適用？

> **【事例1】**　夫の死後、Y_1は亡夫の父母らから冷遇されたことを恨みに思い、亡夫の父母らを殺害しようとしたが、未遂におわった。

[*2] 最大判1950（昭和25）年10月11日刑集4巻10号2037頁。
[*3] 最大判1950（昭和25）年10月25日刑集4巻10号2126頁。

【事例2】　Y₂は、A₁A₂夫婦の娘A₃の婚外子として出生したが、世間態を憚ったA₁A₂夫婦は、自分達夫婦の間に1940年に生まれた子として虚偽の届出をした。1941年に、Y₂は、A₃およびA₁、A₂の代諾によりB₁とその妻B₂の事実上の養子となりB₁B₂夫婦に引取られ、1954年にA₁A₂夫婦の代諾によりB₁B₂と養子縁組をした旨届出がなされた。B₁B₂夫婦の養子として育てられたY₂は、B₁B₂夫婦を「お父さん、お母さん」と呼び、1954年頃に自分が養子であることを察知した後も、B₁B₂に孝養をつくしていた。B₂のY₂に対する強い愛情は変わることがなかったが、B₁は短気、粗暴、独善の性格から時にY₂に暴力を振るうこともあった。Y₂は、B₁のひどい仕打ちに憤慨してB₁を殺害した。

【事例3】　Y₃は14歳の時に実父Cから無理矢理姦淫され、さらに夫婦同様の生活を強要され、Y₃はCとの子どもを5人出産（うち2人は早世）した。その後Y₃は、職場で恋人Dに出会い、Dとの結婚を考えるが、Cはそれまでの関係を続けるべく、Y₃を脅迫虐待するようになり、Y₃は懊悩煩悶の極にあったが、いわれのないCの暴言に触発されてY₃はCを殺害した。

【事例1】～【事例3】はいずれも、最高裁が、刑法200条の適用を拒んだ事例である。

[1]【事例1】――1957年判決

　民法728条2項は、夫婦の一方が死亡した場合、生存配偶者が姻族関係を終了させる意思を表示した場合に姻族関係が終了すると定めているが、Y₁は、犯行当時はまだ民法728条2項による姻族関係を終了させる意思表示をしていなかった。この事件では、控訴審判決*4が、「配偶者が死亡した後であってもなお姻族関係の継続する限り、」刑法200条「の適用があるものと解すべきで、配偶者の存否によって取り扱いを異にしなければならない理由を発見しがた

---

*4　高松高判1952（昭和27）年12月23日刑集11巻2号847頁参照。

い」としたのに対し、最高裁は、「刑法200条にいわゆる『……配偶者ノ直系尊属』とは、現に存する配偶者の直系尊属を指すのであって、配偶者が死亡し配偶関係の存在しなくなった後も、なおその直系尊属との関係を認める趣旨でないと解するを相当とする」（傍点中林）として、原判決を破棄して原審に差し戻した*5（以下、「1957年判決」という。）。

[2]【事例2】——1963年判決

　この事件の場合、Y₂はA₁とA₂の実子ではなかった。控訴審判決*6は、A₁とA₂はY₂の親権者ではないので、A₁らがY₂の法定代理人としてY₂に代って承諾したY₂とB₁、B₂との間の「養子縁組はその効力を生ずるに由ないこと」を認めつつも、「15才未満の子の養子縁組に関する法定代理人の代諾は法定代理に基くもので、その代理権の欠缺は一種の無権代理と解するのを相当とするから、養子は満15才に達した後法定代理人でないものが自己のために代諾した養子縁組を有効に追認することができるものと解するのを相当とし、しかもこの追認は明示若しくは黙示を以てすることができ、その意思表示は満15才に達した養子から養親の双方に対してなすべきもので、適法に追認されたときは縁組はこれによって始めから有効となるものと解すべきであ」り、また「民法が追認の制度を設けた所以は本人のみならず相手方の利益をも考慮したものである趣旨に鑑みれば、苟も本人が無権代理人の代理行為により形成された法律状態を認容し自己に享受する如き積極、消極の行為に出でたときは黙示的追認をしたものと解するのが相当である」とした。その上で、Y₂、B₁、B₂の3名「が20年の永きに亘り築き上げた養親子としての家庭生活の基盤、殊に」Y₂が「15才に達して以来6年以上の間」、B₁、B₂夫妻を「真の養親と仰ぎ只管孝養をつくして来た養子としての自覚と態度に徴すれば」、Y₂は無権代理人A₁、A₂が「なした代諾による養子縁組を昭和30年9月満15才に達した後」B₁、B₂「に対し自ら暗黙に追認したものと断ずるのが相当であ」るので、

---

*5　最大判1957（昭和32）年2月20日刑集11巻2号824頁。この事件で、最高裁は、「刑法は民法とその性格、目的を本質的に異にし独自の使命を有するのであるから、民法上姻族関係がなお存するからといって刑法200条の直系尊属の解釈についてまで両法が常に必ず一致しなければならないものではない」と述べている。
*6　福岡高判1961（昭和36）年9月28日高刑集14巻6号444頁。

Y_2 と B_1B_2 両名間の「養子縁組は届出当時に遡ってその効力を生じたものといわねばならない」とした。これに対し、最高裁は、本件記録に徴すると、「養子縁組無効原因の存在することを認識しながら右養子縁組を追認したとするに足りる資料は認められ」ず、また、「被告人と養親との生活事実ないし被告人の養親に対する孝養の事実自体をもって、黙示的追認があったとする等、前示無効な養子縁組を遡及的に有効ならしめる事由と認めることも、もとより失当であるといわなければならない」と判示して、原判決を破棄し、原審に差し戻した[*7]（以下、「1963年判決」という。）。養親に対する孝養の事実はあったが、養子縁組が無効であるという理由で刑法200条の適用を排除したのである。

[3]【事例3】──1973年判決

【事例3】は、1973年判決の事例である。この事件の第1審[*8]は、刑法200条は憲法14条に違反する無効の規定であるとして刑法199条を適用し、さらに、Y_3 の所為は過剰防衛行為であるとして刑を免除した（刑法36条2項参照）。控訴審[*9]は、本件において過剰防衛を認めることはできないとし、また、刑法200条は合憲であるとして刑法200条を適用した上で、所定刑中無期懲役を選択し、Y_3 の所為は心神耗弱の状態における行為であったとして法律上の減軽をし（刑法39条2項、68条2号参照）、さらに酌量減軽もして（刑法66条、68条3号参照）、Y_3 を懲役3年6月に処した。これに対し、最高裁は、刑法200条を違憲と判断して、刑法200条を適用した原判決を破棄し、刑法199条を適用して Y_3 を懲役2年6月に処し、3年間刑の執行を猶予した。

[4] 刑法200条の法定刑の「峻厳」さ

【事例1】と【事例2】が、刑法200条の合憲性には触れていないのに対し、【事例3】は刑法200条を違憲と判断したという違いはあるものの、結論としては、最高裁は、いずれの事例においても、刑法200条の適用を拒否した。1973年判決は、1957年判決と1963年判決を、「情状特に憫諒すべきものが

[*7] 最判1963（昭和38）年12月24日刑集17巻12号2537頁。
[*8] 宇都宮地判1969（昭和44）年5月29日判月1巻5号544頁。
[*9] 東京高判1970（昭和45）年5月12日判時619号93頁。

あったと推測される事案において、合憲性に触れることなく別の理由で同条の適用を排除した事例」であったと説明している。【事例3】は事案の特異さが際立っていたといえるが、【事例1】や【事例2】の各事案にも憫諒すべき情状があったことは確かである。しかし、たとえば【事例1】の1957年判決で、田中耕太郎裁判官らの反対意見は、多数意見のように刑法独自の解釈をするのであれば「特段の理由がなければならないのであるが」、そのような特段の理由はないとした上で、「ただ考えられるところは、尊属殺に対する刑法の法定刑が峻厳にすぎるから、これを解釈によって緩和することも刑法200条の場合に限ってやむを得ないことではないかという主張である」が、「その峻厳に過ぎる点の是正は須らく立法にまつべきであって、民法の定めるところを無視して解釈することは、決して正当ではない」としていた。いずれにせよ、刑法200条の法定刑の峻厳さが際立っていたことは確かである。

4 「改正刑法草案」

1973年判決は、「諸外国の立法例を見るに、……中国古法制のほかローマ古法制などにも親殺し厳罰の思想があったもののごとくであるが、近代にいたってかかる思想はしだいにその影をひそめ、尊属殺重罰の規定を当初から有しない国も少なくな」く、「かつて尊属殺重罰規定を有した諸国においても近時しだいにこれを廃止しまたは緩和しつつあり、また、単に尊属殺のみを重く罰することをせず、卑属、配偶者等の殺害とあわせて近親殺なる加重要件をもつ犯罪類型として規定する方策の講ぜられている例も少なからず見受けられる現状であ」り、「最近発表されたわが国における『改正刑法草案』にも、尊属殺重罰の規定はおかれていない」ことを指摘している。ここでいう「改正刑法草案」については、少し説明が必要であろう。

1956年、法務省は、刑法の全面的な再検討を行うという観点から、同省刑事局内に刑法改正準備会を設けた。刑法改正準備会は1960年に試案（「改正刑法準備草案（未定稿）」）を公表し、さらに、それに対する意見や批判を参考にして、1961年に準備会としての最終案（「改正刑法準備草案」）を公表したのであるが、そこでは、刑法200条等に相当する規定（尊属に対する犯罪に関し刑を加重

する規定）は設けられていなかった。

　1963年、法務大臣の諮問を受けた法制審議会がその調査審議のために設置した刑事法特別部会は、1971年に同部会の案を決定した。これは、翌1972年に「法制審議会刑事法特別部会改正刑法草案」として公表されたが、そこでも刑法200条等に相当する規定は設けられていなかった[*10]。

　このような刑法改正の動きをどのように考えるのか、という点で興味深い指摘を行っていたのが、1973年判決における下田武三裁判官の反対意見である。そこで、まず、多数意見の刑法200条違憲論を確認した上で、下田武三反対意見を見てみることにしよう。

[1] 多数意見

　8人の裁判官から成る多数意見は、まず、憲法14条1項による平等の要請は「事柄の性質に即応した合理的な根拠に基づくものでないかぎり、差別的な取扱いをすることを禁止する趣旨と解すべき」との理解の下、まず、「刑法200条の立法目的は、尊属を卑属またはその配偶者が殺害することをもって一般に高度の社会的道義的非難に値するものとし、かかる所為を通常の殺人の場合より厳重に処罰し、もって特に強くこれを禁圧しようとするにあるものと解される」とした上で、「尊属に対する尊重報恩は、社会生活上の基本的道義というべく、このような自然的情愛ないし普遍的倫理の維持は、刑法上の保護に値するものといわなければならない」とした。その上で、多数意見は、「尊属の殺害は通常の殺人に比して一般に高度の社会的道義的非難を受けて然るべきであるとして、このことをその処罰に反映させても、あながち不合理であるとはいえな」く、「被害者が尊属であることを犯情のひとつとして具体的事件の量刑上重視することは許されるものであるのみならず、さらに進んでこのことを類型化し、法律上、刑の加重要件とする規定を設けても、かかる差別的取扱

[*10] 「尊属殺を規定しないこととしたのは、この種の事犯は、情状において同情すべき場合が少なくないので、一律に加重類型として取り扱うよりも通常の殺人罪の規定によって処理する方が適当であること、被害者が尊属であることを理由に刑を加重することが、直ちに法の下の平等に関する憲法第14条第1項に違反するとはいえないとしても（最大判昭25・10・25集4・10・2126）、尊属に対する場合に限って特に重い刑を定める合理的な根拠があるかどうかについてはなお疑問があること等の理由によるものである」（「法制審議会刑事法特別部会改正刑法草案説明書」法務省刑事局『法制審議会刑事法特別部会　改正刑法草案　附　同説明書』215頁）。

いをもってただちに合理的な根拠を欠くものと断ずることはでき」ないので、憲法14条1項に違反しないとした。しかしながら、多数意見は、「加重の程度が極端であって、前示のごとき立法目的達成の手段として甚だしく均衡を失し、これを正当化しうべき根拠を見出しえないときは、その差別は著しく不合理なものといわなければならず、かかる規定は憲法14条1項に違反して無効であるとしなければならない」と述べた上で、「刑法200条は、尊属殺の法定刑を死刑または無期懲役刑のみに限っている点において、その立法目的達成のため必要な限度を遥かに超え、普通殺に関する刑法199条の法定刑に比し著しく不合理な差別的取扱いをするものと認められ、憲法14条1項に違反して無効であるとしなければなら」ないとしたのである。このように、多数意見が重視したのは、刑法200条の刑の加重の程度が極端であって、立法目的達成の手段として甚だしく均衡を失していたという点である。実際、刑法205条2項（尊属傷害致死罪）の合憲性が問題となった事件では、最高裁は、その法定刑は「立法目的達成のため必要な限度を逸脱しているとは考えられない」として合憲と解している*11。

[2] 下田武三反対意見

1973年判決において、ただ1人刑法200条は憲法14条1項に違反しないとした下田反対意見は、多数意見が、尊属殺に対する法定刑の加重の程度が極端であるか否かを問題にしている点について、それは価値判断にかかるものであり、「かかる価値判断に際しては、国民多数の意見を代表する立法府が、法律

---

*11 最判1974（昭和49）年9月26日刑集28巻6号329頁（以下では、「1974年判決」という。）。ところで、1973年判決は、刑法200条が配偶者の尊属に対する罪を包含している点に、戦前の「家」制度との関係を見ていた。1976年に、最高裁は、配偶者の尊属に対する傷害致死が問題になった事件において、「尊属に対する尊重敬愛は、社会生活上の基本的道義であって、かかる普遍的倫理の維持は刑法上の保護に値する」とし、さらに、「配偶者の一方の他方の直系尊属に対する関係は、血のつながりのある自己の直系尊属に対する関係と同様に、おのずからなる敬慕と親愛の情によって結ばれるべきものであり、このことは人間自然の健全な倫理感情に立脚した道義的秩序であって、個人の尊厳と人格価値の平等を重んずる現憲法下においても、なお、刑法上の自己の直系尊属に対する関係に準じて重視するに値する基盤をもつものと解すべきものなのである」としている（最判1976（昭和51）年2月6日刑集30巻1号1頁）。1973年判決（および1974年判決）では「尊属に対する尊重報恩」とされていた箇所が、ここでは「尊属に対する尊重敬愛」とされているのである（傍点中林）。これは、「配偶者の親などの直系姻族たる尊属を直系血族たる尊属に準じて考えることができた基盤であった家の制度が消滅し、したがって重罰の支柱がはずれたのちにおいてなお配偶者（少なくとも生きている）の親に対する関係の道義的意義の実質を奈辺に求めるか」という問題に対する最高裁の答えである（磯辺衛・最判解刑事篇昭和51年度5頁）。

的観点のみからでなく、国民の道徳・感情、歴史・伝統、風俗・習慣等各般の見地から、多くの資料に基づき十分な討議を経て到達した結論ともいうべき実定法規を尊重することこそ、憲法の根本原則たる三権分立の趣旨にそうものというべく、裁判所がたやすくかかる事項に立ち入ることは、司法の謙抑の原則にもとることとなるおそれがあり、十分慎重な態度をもって処する要があるものとしなければならない」とした。その上で、彼は、1947年に、日本国憲法に適合するように刑法の一部が改正された際に、刑法200条は「ことさらにその改正から除外されたのであって、右は当時立法府が本条をもって憲法に適合するものと判断したことによると認むべきであ」り、「爾来わずかに4半世紀を経過したに過ぎないのであるが、その間多数意見の指摘するとおり、同条のもとにおける量刑上の困難が論議され、さらに同条の違憲論すら公にされ、最近には同条の削除を含む改正刑法草案も発表されるに至ったのは事実であるが（もっとも右草案はいまだ試案の域を出でないものである。）、今日なお同条についての立法上の措置が実現していないことは、立法府が、現時点において、同条の合憲性はもとより、立法政策当否の観点からも、なお同条の存置を是認しているものと解すべきである」とした。さらに、下田反対意見は、いわゆる「改正刑法草案」が公表されていることについても、「立法上の措置がまったく予見されていない時期においてならばともかく、現在のように、法制審議会を中心として、刑法改正案作成の作業が進捗中であり、これに基づき、さして遠からざる将来に、政府原案が作成され、国会提出の運びとなることが予想され、しかもその場合、これを受けた立法府における討議の帰趨は、いまだまったく予見することができない時期において、にわかに裁判所が、立法府の検討に予断を与え、あるいは立法の先取りをなすものとも見られるおそれのある判断を下すことは、はたして司法の謙抑の原則に反することなきやを深く憂えざるをえない」と述べたのである。

5　その後

[1] 社会的影響

　下田反対意見は、刑の加重の程度をいかに定めるかは立法政策の問題である

と述べていたが、多数意見とは理由づけを異にしつつも刑法200条を「違憲」と判断した田中二郎裁判官の意見[*12]もまた、普通殺人とは区別して尊属殺人に関する特別の規定を設けること自体が憲法14条1項に違反しないとするならば、「尊属殺人に対して、どのような刑罰をもって臨むべきかは、むしろ、立法政策の問題だと考える方が筋が通り、説得力を有するのではないかと思う」と述べていた。ただし、田中意見は、「多数意見が尊属殺人について合理的な程度の加重規定を設けることは違憲でないとの判断を示したのは、それを違憲であるとする判断を示すことの社会的影響について深く憂慮したためではないかと想像される」とも述べていた。

この1973年判決が及ぼした社会的影響がいかなるものであったかを判断することは、決して容易なことではない。たとえば、刑法学者の香川達夫は、1973年判決「がでた当時、違憲とする結論にショックを感じたが、多数意見を読むことによって安堵したとする有識者の感想をも身近に聞いているし、さらに旧制高校時代の同窓会誌にみられる先輩弁護士の論調も、類似の感慨を表明したものであった[*13]」ことを紹介していた。他方、別の論者は、「尊属殺人重罰そのものを違憲としなかった配慮も、マスコミの報道ぶりからみて、その当時のテレビなどで、これからは親殺しをしてもいいんだという発言があったように、法律に縁のうすい人々には、その苦心のほどとはちがった趣旨に受け取られ、それほどの効果をあげなかったようにも思われる[*14]」と述べていた。

[2] 刑法改正……？

1973年判決をうけて、法務省は、5月11日に、尊属に対する犯罪の重罰規定の全てを削除する刑法改正要綱を法制審議会に諮問した[*15]。報道によると、同月14日の法制審議会総会では、1973年判決が尊属に対する犯罪を重罰とすることそれ自体を違憲としているわけではないので、刑法200条の刑の下限を

[*12] 田中二郎意見は、「普通殺人と区別して尊属殺人に関する規定を設け、尊属殺人なるがゆえに差別的取扱いを認めること自体が、憲法14条1項に違反するものと解すべきである」とした。
[*13] 香川達夫「尊属殺違憲判決の意味」法教〈第二期〉2号（1973年）213頁。
[*14] S・H・E「刑法の尊属殺人重罰の規定は憲法14条に違反する（下）——最高裁判例を変更」時の法令825号（1973年）60頁。
[*15] 朝日新聞1973年5月12日朝刊2面。

下げるだけの改正にとどめるべきだという意見も出たが、法制審議会で審議している——前述の——「改正刑法草案」がすでに尊属に対する重罰規定を削除しているので、尊属に対する重罰規定を全面削除することが妥当であるとして、「圧倒的多数で」原案が支持されたという[16]。同月18日、内閣は、自民党総務会で承認されることを前提として刑法改正案の国会提出を決定したが[17]、ここに至って、自民党内で反対論が力を増してきた。そこでは、道徳論に基づく反対論が強く唱えられ、また、野党の社会党がすでに同じ内容の改正案を衆議院に提出しているため「『政府が野党と組んで道徳破壊のお先棒をかつぐのはけしからん』との議論」も出ていたが、さらに、改正案が1973年判決の多数意見ではなく少数意見（「意見」）に沿ったものになっていたことも問題視されていた[18]。結局、政府案は提出されず、また、野党提出の法案も審査未了で廃案となった[19]。

6 おわりに

ここで、田中二郎裁判官の言うように、1973年判決は同判決の社会的影響を考えて、刑法200条の目的は合憲であると判断したとしよう。しかしながら、同時に、「改正刑法草案」の動きもあったために、政府内部で用意された改正案は、1973年判決を「拡張」する内容となったのであるが、そのために、「家」をめぐるイデオロギー問題とは別に、「拡張」したことも問題視されてしまったのであろう[20]。そこにはボタンの掛け違いという面があったともいえよう。かくして、最高裁による初めての法令違憲の判断が示されたにもかかわらず、刑法200条は刑法典に残ることになったのである（1973年判決後、尊属殺

---

[16] 朝日新聞1973年5月15日朝刊3面。
[17] 朝日新聞1973年5月18日夕刊2面。
[18] 朝日新聞1973年6月3日朝刊2面。
[19] 鴫谷潤「尊属殺違憲判決その後——国会の対応を中心に」立法と調査101号（1980年）3-4頁。
[20] 「拡張」という表現は、佐々木雅寿による。佐々木は、最高裁の違憲判決を受けた後の国会や政治部門の対応を、国会や政治部門が「最高裁の違憲判決に従い法律の改廃などを行う」「服従型」、「国会や政治部門は、基本的に最高裁の違憲判決に従うが、法改正を行う際、違憲判決の内容を超える範囲の法改正を行う」「拡張型」、「国会が最高裁の違憲判決に全面的に同意できない場合にとりうるものである」「対向型」に分類している（佐々木雅寿『対話的違憲審査の理論』（三省堂、2013年）18-19頁）。

人は、刑法 199 条普通殺人罪で処理されていた。)*21。また、1974 年に法制審議会総会が「改正刑法草案」を決定したものの、それは立法化されずに今日に至っている。尊属に対する犯罪に関する規定がすべて削除されたのは、1995 年の刑法口語化に伴う改正の時である。

---

*21　1973 年判決に対する政治部門の対応についての詳しい分析は佐々木・前掲注 20) 28〜49 頁においてなされている。

part.2　コンテクストを読む　　　　　　　　　▷14条・81条

司法消極主義と司法積極主義

1　はじめに

　最高裁は、1997年の愛媛玉串料事件*1、2002年の郵便法事件*2、2005年の在外国民選挙権訴訟*3、2008年の国籍法事件*4、2010年の空知太神社事件*5、2013年の婚外子法定相続分規定事件*6、2015年の再婚禁止期間違憲訴訟*7の各事件において違憲判断を、また、2011年の衆議院議員選挙「一票の較差」訴訟*8と2012年の参議院議員選挙「一票の較差」訴訟*9においてはいわゆる「違憲状態」の判断を示している。このような状況を踏まえて、最高裁が「活性化」していると評されることがある。このような最高裁の「活性化」について、蟻川恒正は、「活性化と言われていることの射程を厳しく見定めなければならないだろう*10」と指摘している。このような蟻川の指摘は、1930年代後半の合衆国最高裁判所が、「司法消極主義の射程を、司法積極主義との領分を明らかにすることで画定しようとし*11」たことを念頭に置いてなされたもの

---

*1　最大判1997（平成9）年4月2日民集51巻4号1673頁。
*2　最大判2002（平成14）年9月11日民集56巻7号1439頁。
*3　最大判2005（平成17）年9月14日民集59巻7号2087頁。
*4　最大判2008（平成20）年6月4日民集62巻6号1367頁。
*5　最大判2010（平成22）年1月20日民集64巻1号1頁。
*6　最大決2013（平成25）年9月4日民集67巻6号1320頁。
*7　最大判2015（平成27）年12月16日民集69巻8号2427頁。
*8　最大判2011（平成23）年3月23日民集65巻2号755頁。その後も、最大判2013（平成25）年11月20日民集67巻8号1503頁や最大判2015（平成27）年11月25日民集69巻7号2035頁において、最高裁は「違憲状態」の判断を示している。
*9　最大判2012（平成24）年10月17日民集66巻10号3357頁。その後も、最大判2014（平成26）年11月26日民集68巻9号1363頁において、最高裁は「違憲状態」の判断を示している。
*10　土井真一ほか「［座談会］違憲審査制と最高裁の活性化」論ジュリ2号（2012年）176頁［蟻川恒正発言］。
*11　土井ほか・前掲注10）176頁［蟻川発言］。

である。

本章では、「司法消極主義」と「司法積極主義」という概念を手がかりにしながら、違憲審査制について考えてみたい。

2　司法消極主義と司法積極主義

司法消極主義と司法積極主義という概念には、論者によって、異なった意味が与えられることがあるが[*12]、ここでは、この問題に真摯に取り組んできた芦部信喜の整理に拠ることにしよう。芦部は、裁判所が違憲審査権を行使する際に、"政府や議会といった政策決定者の決断は、最大限度の「謙譲と敬意」をもって扱うという立場"のことを「司法消極主義」と解し、"政府や議会の政策に司法が積極的に介入して違憲判決を下すことも辞さない姿勢"、あるいは、"政府や議会に政策形成を促す姿勢"のことを「司法積極主義」と解している[*13]。そして、裁判所が政治部門（政府や議会）の判断を尊重するのか、それとも違憲判断も辞さない姿勢で政治部門の判断を審査するのか、という意味での司法消極主義と司法積極主義の対立が、わかりやすい形で現れたのが——先に蟻川も触れた——1930年代のアメリカ合衆国であった。

[1]　アメリカ合衆国

1932年の大統領選に勝利したフランクリン・D・ローズヴェルトは、大統領に就くと、いわゆるニュー・ディールに着手した。しかしながら、当時の合衆国最高裁は、ニュー・ディールの一環として制定された主要な立法のいくつかについて違憲判断を下した（司法積極主義）。その結果、政治部門（とりわけ大統領府）と司法部門とが抜き差しならない対立関係に陥り、結局、1937年に、合衆国最高裁はそれまでの態度を改めることになった。しかしながら、合衆国最高裁は司法積極主義の余地を完全に放棄したわけではなかったのである。翌

---

*12　「司法積極主義・消極主義は、憲法裁判の実態を分析し、説明するための概念であるから、論者が都合よいと思う意味づけをすればよいのであり、何が正しい意味づけかを問う必要はない」戸松・憲法訴訟416頁（注1）。
*13　芦部信喜『司法のあり方と人権』（東京大学出版会、1983年）94頁、96頁、101頁、110〜111頁を参照。

1938年のCarolene Products判決[*14]において、合衆国最高裁は、司法消極主義を前提にしつつも、同判決の脚注4の中で、司法積極主義の余地を示唆したからである。そして、この脚注4で述べられた準則を契機としてアメリカ合衆国で展開されたものを参照しつつ、日本国憲法の下での理論として構築されたものが、いわゆる二重の基準論である。周知の如く、この二重の基準論を主張した代表的な論者の1人が、芦部信喜である。

[2] 芦部信喜

　芦部は、横田喜三郎第3代最高裁長官等が過度に司法消極主義を説いていたという状況において、「司法審査権をできるだけ自制すべきだという立場をとる消極論は、『極度の慎重』を強調するのあまり、現代国家において違憲審査権に期待されている役割にはほとんど触れず、かえってそれを形骸化するおそれがあるのではないかと疑われるし、反対に、司法の積極性を求める意見は、ともすると司法の自己制限がもつ正常な機能すら否定するかのような一本調子の論旨に傾きすぎるきらいがあるようにみられる[*15]」とした上で、司法消極主義を基底に据えつつも、司法積極主義が妥当する場面を確保しようとしてきたのである[*16]。たとえば、経済的自由を規制する立法の合憲性を審査する場合には裁判所は緩やかな基準でその合憲性を審査し、精神的自由を規制する立法の合憲性を審査する場合には厳格な基準でその合憲性を審査するという二重の基準論もまた、経済的自由の規制立法の場合は司法消極主義、精神的自由の規制立法の場合は司法積極主義という形での2つの主義の使い分けとして捉えられることになる[*17]。芦部は、司法消極主義の射程の画し方を日本の最高裁に示そうとしたのであろう。

[*14] United States v. Carolene Products Co., 304 U.S. 144 (1938). この判決については、松井茂記『二重の基準論』(有斐閣、1994年) 9-39頁を参照。
[*15] 芦部信喜『憲法訴訟の理論』(有斐閣、1973年) 350-351頁。
[*16] 宍戸・憲法62頁。また、中林暁生「人権保障の実質化」南野編『憲法学の世界』(日本評論社、2013年) 158頁も参照。
[*17] 宍戸・憲法62頁、中林・前掲注16) 158頁。

3 サラリーマン税金訴訟

ここで、いわゆるサラリーマン税金訴訟[*18]の最高裁判決[*19]をみてみることにしよう。

[1] 最高裁判決

この事件では、1975年改正前の所得税法が、給与所得者に対し、事業所得者等の他の所得者と比べて著しく不公平な所得税の負担を課していたか否かが問題となったが、ここでは、特に、事業所得等の金額の計算については必要経費の実額控除が認められていたのに対し、給与所得の金額の計算については実額控除が認められず、法定額による概算控除が認められていたにすぎなかったこと——すなわち、必要経費の控除について、事業所得等と給与所得者とで区別的取扱いがなされていたこと——が、憲法14条1項に違反するか否かについて、最高裁が示した判断枠組みを採り上げることにしよう。

本判決は、まず、憲法14条1項による平等の保障は、「憲法の最も基本的な原理の一つであって、課税権の行使を含む国のすべての統治行動に及ぶものである」とした上で、従来の判例に拠りつつ、憲法14条1項の規定は「国民に対し絶対的な平等を保障したものではなく、合理的理由なくして差別することを禁止する趣旨であって、国民各自の事実上の差異に相応して法的取扱いを区別することは、その区別が合理性を有する限り、何ら右規定に違反するものではない」とした。そして、本判決は、「租税は、今日では、国家の財政需要を充足するという本来の機能に加え、所得の再分配、資源の適正配分、景気の調整等の諸機能をも有しており、国民の租税負担を定めるについて、財政・経済・社会政策等の国政全般からの総合的な政策判断を必要とするばかりでなく、課税要件等を定めるについて、極めて専門技術的な判断を必要とすることも明

[*18] 租税法学者の北野弘久は、この事件の原告の業績を評価し、さらに、その後提起されるであろう他のサラリーマン税金訴訟(最判1989〔平成元〕年2月7日判時1312号69頁等)と区別するために、原告の姓を採って、本件訴訟を「大島訴訟」と呼んでいた(北野弘久『サラリーマン税金訴訟——納税者の権利の昂まりのために〔増補版〕』〔税務経理協会、1990年〕120頁(注1))。
[*19] 最大判1985(昭和60)年3月27日民集39巻2号247頁。

らかである」ので、「租税法の定立については、国家財政、社会経済、国民所得、国民生活等の実態についての正確な資料を基礎とする立法府の政策的、技術的な判断にゆだねるほかはなく、裁判所は、基本的にはその裁量的判断を尊重せざるを得ないものというべきである」とした上で、「租税法の分野における所得の性質の違い等を理由とする取扱いの区別は、その立法目的が正当なものであり、かつ、当該立法において具体的に採用された区別の態様が右目的との関連で著しく不合理であることが明らかでない限り、その合理性を否定することができず、これを憲法 14 条 1 項の規定に違反するものということはできないものと解するのが相当である」とした（傍点中林）。

ここで、本判決が緩やかな基準を採用したという点と、本判決が「租税法の分野における所得の性質の違い等を理由とする取扱いの区別」に言及したという点に注目してみよう。

[2] 読み方①

1 つの読み方として、本判決が特に「所得の性質の違い等を理由とする取扱いの区別」に言及したことに意味を見いだそうとする読み方が可能である。このような読み方をする上で参考になるのが、伊藤正己裁判官の補足意見と調査官解説である。

伊藤補足意見は、「法廷意見の説くように、租税法は、特に強い合憲性の推定を受け、基本的には、その定立について立法府の広範な裁量にゆだねられており、裁判所は、立法府の判断を尊重することになる」としつつも、「租税法の分野にあっても、例えば性別のような憲法 14 条 1 項後段所定の事由に基づいて差別が行われるときには、合憲性の推定は排除され、裁判所は厳格な基準によってその差別が合理的であるかどうかを審査すべきであり、平等原則に反すると判断されることが少なくないと考えられる」とした上で、「本件は、右のような事由に基づく差別ではなく、所得の性質の違い等を理由とする取扱いの区別であるから、厳格な基準による審査を必要とする場合でないことは明らかである」と述べていた。この伊藤補足意見を、文字通り、法廷意見を「補足」するものとして理解することで[20]、本判決については、「取扱いの区別が、『所得の違い等』といった経済的ファクターを理由とするものでなく、たとえ

ば人種・信条・性別等を理由とするものである場合には、別のより厳格な基準が将来判例法として形成される可能性が残されている[21]」と解することが可能になるのである。

次に、本判決についての調査官解説を見てみよう。調査官解説は、まず、平等条項違反についての合衆国最高裁の審査基準として、「立法目的が正当であり、立法において用いられた区別が立法目的と合理的に関連する限り、当該立法を合憲と判断する基準」である「『合理的基礎テスト』（rational basis test）」と、「立法目的がやむにやまれぬ（compelling）ほど強度の必要性のあるものであり、手段（区別）がその目的の達成に事実上不可欠なものであることを政府側が立証した場合に限り、当該立法を合憲と判断するもの」である「『厳格審査テスト』（strict scrutiny test）」とがあること[22]等を紹介した上で、「本判決は、『租税法の分野』における『所得の性質の違い等』を理由とする取扱いの区別の合理性の審査につき、前記の合理的基礎テストに類する穏やかな審査基準を採用した[23]」と解したのであるが、その際に、この調査官解説は、「取扱いの区別により侵害される利益が経済的・財産的利益であること、区別の理由が憲法14条1項後段掲記の事由ではないこと、が考慮されたものと考えられる[24]」と述べていた。このような読み方（読み方①）は、憲法14条1項後段列挙事由を違憲審査基準と結びつけようとしてきた学説と親和的である。

[3] 読み方②

読み方①に対しては、たとえば、「本判決において伊藤正己裁判官の補足意見が租税法の分野にあっても14条1項後段の列挙事由に該当する場合には厳格な基準による審査を求めていたところであり、……調査官解説もその考えを示唆していたところであるが、その後の判例ではそうした考えは全く無視されてきたごとくである[25]」という指摘や、憲法14条1項後段列挙事由について

---

[20] 金子宏「判批」判例評論332号（1986年）168頁。
[21] 金子・前掲注20) 167頁。
[22] 泉徳治・最判解民事篇昭和60年度89頁。
[23] 泉・前掲注22) 91頁。
[24] 泉・前掲注22) 91頁。
[25] 佐藤・憲法論214頁（注92）。

の伊藤補足意見には他の裁判官が同調していないことからして、憲法14条1項後段列挙事由についての調査官による解説は「この時点の最高裁の見解をどこまで忠実に説明するものであるかは定かではない[*26]」という指摘が寄せられている。この場合、本判決については、「この頃の判例の一般的傾向、すなわち区別事由にはあまり関心を払わないというあり方のもとで下された判決という性格が強いのではあるまいか」と指摘されることになるし、また、「伊藤正己裁判官が補足意見を付したのも、区別事由への関心が希薄であることに対する危機感に由来するように推測される[*27]」と指摘されることになる。

4 違憲審査権の行使のあり方

　伊藤正己は、最高裁判事に就く前から、違憲審査制のあり方に関心を抱き、二重の基準論、あるいは、憲法14条1項後段列挙事由に着目した議論を展開していた[*28]ので、サラリーマン税金訴訟における伊藤正己補足意見もその文脈に位置づけることができる。むしろ興味深いのは、調査官解説の方であろう。

　サラリーマン税金訴訟における調査官であった泉德治にとって、この事件は、彼が初めて担当した「本格的な憲法訴訟」であった[*29]。泉は、「どういう基準で考えたらいいのか、悩」み、「裁判所が厳格に違憲審査……すべき分野は何かを調べ、考え抜いた[*30]」。そして、泉は、「どういう納税システムがいいのかを決めるのは、裁判所の守備範囲ではない、これに対して、例えば仮に男女で税金差別があったら立ち上がらなければいけない、と思った」[*31]のである（その際に泉が意識していたのが、前述の Carolene Products 判決であった[*32]。）。泉は、民主制の下で、司法裁判所が違憲審査権（憲法81条）を行使する際に果たすべ

[*26]　渡辺康行「平等原則のドグマーティク――判例法理の分析と再構築の可能性」立教法学82号（2011年）12頁。
[*27]　安西文雄「『法の下の平等』に関わる判例理論――区別事由の意義をめぐって」戸松秀典＝野坂泰司編『憲法訴訟の現状分析』（有斐閣、2012年）204頁。
[*28]　伊藤正己『言論・出版の自由――その制約と違憲審査の基準』（岩波書店、1959年）17頁以下、伊藤正己『憲法の研究』（有信堂、1965年）77頁以下等を参照。
[*29]　山口進＝宮地ゆう『最高裁の暗闘――少数意見が時代を切り開く』（朝日新聞出版、2011年）18頁。
[*30]　山口＝宮地・前掲注29）18頁。
[*31]　山口＝宮地・前掲注29）18-19頁。
[*32]　泉德治「司法とは何だろう」近畿大学法科大学院論集創刊号（2005年）74頁。

き役割について考えていたのである。

　泉は、その後、最高裁事務総長、東京高裁長官等を経て、2002年11月から2009年1月まで最高裁判事を務めた。最高裁判事を退官した後、泉は、違憲審査のあり方について、次のように述べている。

> 　国会は、国民全体の福祉を考える。裁判所は、国民一人ひとりの権利を守るのが仕事です。特に①思想や表現など、精神的な自由が制約されていないか②民主主義社会のシステムが滞りなく機能しているのか③多数決原理では守れない、社会的に孤立した少数者の権利が守られているのか──という問題について、最高裁は厳しく審査しなければならないと私は考えます[*33]。

　このような観点から、泉裁判官が執筆した少数意見を2つ採り上げてみよう。
　まず、②のケースに関するものとして、参議院議員の議員定数配分規定の合憲性が問題となった2004年の最高裁判決[*34]における泉裁判官の追加反対意見を挙げることができる。この事件において、最高裁の多数意見は、当該規定を合憲と判断したのに対し、泉裁判官は、他の5名の裁判官と共に、当該規定は違憲であるとする反対意見を述べた。泉裁判官は、その追加反対意見において、まず、「民主主義国家にあっては、司法は、国民の代表たる議会の行った立法の相当性に立ち入って審査すべきではなく、また、違憲判断も慎重であるべきであ」り、「立法が賢明であるか否かは、国民が投票所における投票によって審査すべきことであり、不賢明な立法の是正は、投票と民主政の過程にゆだねるべきである」としつつも、「それは、選挙制度を中心とする民主主義のシステムが正常に機能し、全国民が投票所で正当に意思を表明することができ、その意思が議会に正当に反映される仕組みになっているということが前提となっている」とした。そして、泉裁判官は、「選挙制度が国民の声を議会に届けるシステムとして正当に構築され、議会が国民代表機関として正当に構成されているということが大前提となって、議会には広範な立法裁量権が与えられ、その裁量権行使の是非の審査は投票と民主政の過程にゆだねるということ

[*33]　「(異議あり) 最高裁判事よ、もっとしゃべろう」(聞き手　岩田清隆・中井大助) 朝日新聞2009年8月22日朝刊15面 [泉徳治発言]。
[*34]　最大判2004 (平成16) 年1月14日民集58巻1号56頁。

ができる」とした上で、「選挙制度の構築、特に投票価値についてまで議会が広範な裁量権を有することになっては、議会に対する立法裁量付与の大前提が崩れることになるのである」と述べ、さらに、「民主主義のシステムが正常に機能しているかどうか、国民の意思を正確に議会に届ける流れの中に障害物がないかどうかを審査し、システムの中の障害物を取り除くことは、司法の役割であ」り、「議員定数配分の問題は、司法が憲法理念に照らして厳格に審査することが必要であると考える」と述べていた。

③のケースとして、婚外子の法定相続分を定めた民法900条4号但書前段の規定（当時）（以下、「本件規定」という。）の合憲性が争われた事件[*35]における泉裁判官の反対意見を挙げることができる。泉反対意見は、本件規定は違憲であるとした上で、「本件が提起するような問題は、立法作用によって解決されることが望ましいことはいうまでもない」が、「多数決原理の民主制の過程において、本件のような少数グループは代表を得ることが困難な立場にあり、司法による救済が求められていると考える」と述べていた。

泉は、最高裁判事在任中も、民主制の下における違憲審査制のあり方について考え続けていたのである。

5　おわりに

冒頭に挙げた最高裁判決のうち、泉が関わっていたものは、在外国民選挙権訴訟と国籍法事件である。泉は、これらの事件において多数意見に加わっている[*36]。その泉が「国民の基本的人権を制約する法令が憲法に適合するか否かを判断する審査基準が確立されて」おらず、「その場かぎりでの（アドホックな）審査基準が用いられてい」ることを、最高裁の問題点として指摘している[*37]点は、興味深い。違憲審査権を行使しうる司法が果たすべき役割を考

[*35] 最判2003（平成15）年3月31日家月55巻9号53頁。本件規定は、その後、最高裁により違憲と判断されている（前掲注6）。
[*36] 泉は、在外国民選挙権訴訟については、「民主主義のシステムに関するものです」と述べ、また、国籍法事件については、「私の退官6か月前の判決でしたが、最高裁もやっとここまで来たか、という感銘を胸に退官することができたことを喜んでおります」と述べている（「泉　徳治先生　最高裁判事退官記念講演～テーマ：法律家の役割～」大東ロージャーナル6号（2010年）27頁）。

てきた泉のこのような指摘は、昨今の日本の最高裁の「活性化を評価できるかどうかは、そのような意味での活性化の可能性と、また、そのありうべき限界を、日本の最高裁が自ら法実践の中で提示することができるかどうかに懸かってい」るという*38 蟻川の問題意識と通底しているということができよう。

---

*37 山田隆司『最高裁の違憲判決――「伝家の宝刀」をなぜ抜かないのか』(光文社、2012年) 284頁 [泉徳治発言]。これに対し、千葉勝美裁判官は、「近年の最高裁大法廷の判例においては、基本的人権を規制する規定等の合憲性を審査するに当たっては、多くの場合、それを明示するかどうかは別にして、一定の利益を確保しようとする目的のために制限が必要とされる程度と、制限される自由の内容及び性質、これに加えられる具体的制限の態様及び程度等を具体的に比較衡量するという『利益較量』の判断手法を採ってきており、その際の判断指標として、事案に応じて一定の厳格な基準……ないしはその精神を併せ考慮したものがみられる」とした上で、「基準を定立して自らこれに縛られることなく、柔軟に対拠している」とする(最判2012 (平成24) 年12月7日刑集66巻12号1337頁における千葉補足意見)。
*38 土井ほか・前掲注10) 176頁 [蟻川発言]。

part. 2　コンテクストを読む　　　　　　　　　　　　　▷20条

愛媛玉串料事件におけるコンテクストの多層性

1　はじめに

　判例のコンテクストを読むとき、読むべきコンテクストが1つであるとは限らない。むしろ、複数のコンテクストが、それぞれのコンテクスト毎に独自の拡がりをもちながら、幾重にも重なっていることの方が多いであろう。コンテクストのそれぞれの「拡がり」と、それらの「重なり合い」を確認することで、何かが見えてくるはずである。本章では、政教分離に関する愛媛玉串料事件最高裁判決[*1]を素材として、この作業を行ってみることにしたい。

2　政教分離

[1] 近代立憲主義

　個人の権利・自由を保障するために国家を制限しようとする近代立憲主義は、価値観・世界観の多元性を事実として受け入れざるをえなくなった人々が、相互の価値観・世界観の違いにもかかわらず、社会生活の便宜とコストを公平に分かち合うための社会生活の枠組みとして、近代ヨーロッパで生まれた[*2]。この近代立憲主義は、生活領域を「各自がそれぞれの信奉する価値観・世界観に沿って生きる自由が保障される」私的な領域と、「そうした考え方の違いにかかわらず、社会のすべてのメンバーに共通する利益を発見し、それを実現する方途を冷静に話し合い、決定する」公的領域とに区分する[*3]のであるが、長

[*1]　最大判1997（平成9）年4月2日民集51巻4号1673頁。
[*2]　長谷部恭男『憲法とは何か』（岩波書店、2006年）9-10頁。
[*3]　長谷部・前掲注2）10頁。

長谷部恭男は、「これは、人々に無理を強いる枠組みである*4」という。「自分にとって本当に大切な価値観・世界観であれば、自分や仲間だけではなく、社会全体にそれを押し及ぼそうと考えるのが、むしろ自然であろう*5」としつつも、長谷部は、「特定の価値観・世界観が公共の討議の空間を占拠して、対立する価値の駆逐をはかろうとすれば、そこでの決定は、社会のメンバーに共通する利益を実現するものではありえない」し、「自分が大切にする価値観を守る自由もない社会では、社会全体の利益のために貢献しようという志も育つはずがない*6」ことを指摘した上で、「公的領域と私的領域の切り分けは、個人の自由を保障するためだけではなく、政治のプロセスがその役割を適正に果たしていくためにも、無くてはならないものである*7」という。そして、政教分離規定は、このような公的領域と私的領域との切り分けに関わる規定として位置づけられることになる*8。

[2] 政教分離

蟻川恒正は、「宗教的・文化的多数派」と「宗教的・文化的少数派」という範疇を立てた上で、政教分離の問題を捉えようとする。

法や社会の公の制度には、文化的多数派の価値観や規範意識が公然と、あるいは暗黙に埋め込まれているため、「文化的少数派に属する人たちは……公的空間に入っていくときに、文化的多数派に属する人たちであれば感じる必要のない『差異の負荷』を一方的・偏面的に負わされている*9」ことになる。そして、もし文化的多数派がみずからのアイデンティティを公共空間のなかで主張し貫徹することができるのに対し、文化的少数派の方は、みずからのアイデンティティを公共空間のなかで主張し貫徹することができないとすれば、それは、「差異の負荷」を文化的少数派に対してのみ課しつづけていることを意味する。

---

*4 長谷部・前掲注2) 10頁。
*5 長谷部・前掲注2) 10頁。
*6 長谷部・前掲注2) 11頁。
*7 長谷部・前掲注2) 11頁。
*8 長谷部・前掲注2) 11頁。
*9 蟻川恒正「憲法学に『個人』像は必要か」同『尊厳と身分――憲法的思惟と「日本」という問題』(岩波書店、2016年) 241頁。なお「差異の負荷」は、上野千鶴子「市民権とジェンダー――公私の領域の解体と再編」『生き延びるための思想』(岩波書店、2006年) 39頁に拠るものである。

政教分離を「『近代』の最も優れた叡智のひとつ」と考える[*10]蟻川は、政教分離の突き詰めた意味内容を「文化的多数派が、自己の価値観ないし規範意識を法や社会の公の制度から削ぎ落とすよう努めること[*11]」と把握するが、そのことの要諦は、文化的少数派だけではなく文化的多数派も、「負荷」を負わされることになる、ということである。

[3] 日本国憲法の政教分離規定

ところで、国家と宗教との関係は一様ではないので、国家と宗教との関係については、各国のそれぞれの事情を踏まえつつ各国毎に検討していく必要がある。この点について、1977年の津地鎮祭事件最高裁判決[*12]は、日本国憲法「は、明治維新以降国家と神道とが密接に結びつき……種々の弊害を生じたことにかんがみ、新たに信教の自由を無条件に保障することとし、更にその保障を一層確実なものとするため、政教分離規定を設けるに至ったのである」とした上で、次のように述べていた。

> 元来、わが国においては、キリスト教諸国や回教諸国等と異なり、各種の宗教が多元的、重層的に発達、併存してきているのであって、このような宗教事情のもとで信教の自由を確実に実現するためには、単に信教の自由を無条件に保障するのみでは足りず、国家といかなる宗教との結びつきをも排除するため、政教分離規定を設ける必要性が大であった。これらの諸点にかんがみると、憲法は、政教分離規定を設けるにあたり、国家と宗教との完全な分離を理想とし、国家の非宗教性ないし宗教的中立性を確保しようとしたもの、と解すべきである。

ここで、最高裁が、各種宗教が多元的・重層的に発達・併存している日本において、「政教分離規定を設ける必要性が大であった」と述べているのはなぜであろうか。

たとえば、ある特定の宗教が支配的な地位を占めている国家においては、宗教的少数派に対する圧力が強くなる危険があるので、憲法で政教分離規定を設

[*10] 蟻川・前掲注9）248頁。
[*11] 蟻川・前掲注9）246頁。
[*12] 最大判1977（昭和52）年7月13日民集31巻4号533頁。

ける必要性が高くなるということができるし、また、さまざまな宗教が併存し、かつ、その間に激しい対立・抗争が生じている国家においても、憲法で政教分離規定を設ける必要性は高いということができるであろう[*13]。しかしながら、これらの場合と、各種の宗教が多元的、重層的に発達・併存しているものの、必ずしも宗教間の激しい対立・抗争が生じているとはいえない日本の場合とでは、状況が大きく異なっているといえそうである。それにもかかわらず、日本において政教分離規定を設ける必要性が大であったとされた点について、津地鎮祭事件最高裁判決の調査官解説は、「多重信仰のもとでは、一宗教が他宗教を徹底的に排除するという思想がなく、一種の宗教的寛容が存し、宗教間の対立抗争が激しくないため、信教の自由の保障がそれほど切実な問題として国民に意識されない」とした上で、「このような所では、国家と宗教との結びつきを妨げようとする国民の抑止力はそれほど強くなく、国家と宗教の結びつきが比較的起こり易い」のであり、「このような意味において、宗教の重層的な発達＝多重信仰という構造をもつわが国の宗教事情は、政教分離を必要とする要因の一つとなるものであり、しかもそれは、国家と宗教との完全な分離を要請する要因になるものと考えられる[*14]」と説明していた。

[4] 政教分離訴訟のコンテクスト

日本国憲法の下での政教分離については、まず、それを近代立憲主義あるいは政教分離が近代の欧米において生成してきたというコンテクストに位置づけることは当然必要であるが、同時に、それを日本固有のコンテクストに位置づけることも必要となる。長谷部は、近代立憲主義における「公」と「私」の区分は「人々に無理を強いる枠組み」[*15]であると述べ、蟻川は、「『政教分離』

[*13] 越山安久・最判解民事篇昭和52年度 224-225頁。
[*14] 越山・前掲注13）225頁。愛媛県玉串料事件最高裁判決において、三好達反対意見は、「我が国の社会においては、一般に、特定の宗教に対するこだわりの意識は希薄であり、他に対してむしろ寛容であるといってよ」く、「特定の宗教のみに深い信仰を持つ人々にも、本件のような問題につきある程度の寛容さが求められるところである」と説いたのに対し、尾崎行信意見は――三好反対意見に直接向けているわけではないが――「宗教の雑居性などのために、国民は、宗教につき寛容であるだけでなく、無関心であることが多く、他者が宗教的に違和感を持つことに理解を示さず、その宗教的感情を傷付け、軽視する弊害もある」と説いていた。この2つの少数意見が提起している問題を主題化することが、本章の目的である。
[*15] 長谷部・前掲注2）10頁。

とは、その突き詰めた境位において、ひとつの社会が、自らを育んだ精神的な母胎から自らを引き剥がそうとする営みである*16」と述べているが、このような意味での近代立憲主義・政教分離は、ある種の宗教的寛容が存在している日本において、どのように展開してきたのであろうか。この点を、1980年代に増加していく政教分離訴訟を例に採りながら、考えてみることにしよう。

3 政教分離訴訟

[1] 政教分離訴訟

　1970年代までは政教分離訴訟の数はそれほど多くなかったが、1980年代以降になると、政教分離訴訟の数が増加していく。社会学者の長谷川公一は、とりわけ1980年代以降に政教分離訴訟の数が増加していったことについて考えられる社会的・政治的背景として、①靖国神社問題の動向、②天皇の「代替わり」問題、③80年代をつうじての全般的な保守化傾向の3つを挙げている*17。以下では、紙幅の関係上、これらのうち①と③を取り上げることにする。

[2] 靖国神社問題

　靖国神社問題として、長谷川は、いわゆる靖国神社法案の廃案後、日本遺族会や神社本庁などが、地方議会レベルでの公式参拝推進決議や、あるいは首相、天皇、国賓らによる公式参拝の実現をめざす方向へ方向転換をしたことを挙げている。

　靖国神社の国家管理を目指した靖国神社法案は、1969年6月以降5回議員立法として提出され、特に、5回目の時は衆議院本会議で可決されるところまでいった（いずれも廃案）。この法案*18は、まず目的規定において「靖国神社は、戦没者及び国事に殉じた人々の英霊に対する国民の尊崇の念を表わすため、その遺徳をしのび、これを慰め、その事績をたたえる儀式行事等を行ない、

---

*16　蟻川・前掲注9) 245頁。
*17　長谷川公一「社会運動としての憲法訴訟」法時65巻11号（1993年）58-59頁。
*18　国立国会図書館調査立法考査局『靖国神社問題資料集』(1976年) 145-155頁。ここで採り上げるものは5回目の時のもの（1973年提出）である（同145頁）。

もってその偉業を永遠に伝えることを目的とする」と定め（1条）、「この法律において『靖国神社』という名称を用いたのは、靖国神社の創建の由来にかんがみその名称を踏襲したのであって、靖国神社を宗教団体とする趣旨のものと解釈してはならない」という解釈規定を設け（2条）、さらに、「靖国神社は、特定の教義をもち、信者の教化育成をする等宗教的活動をしてはならない」と定めていた（5条）。

ところで、1974年に衆議院本会議で可決される直前に、衆議院法制局は、自由民主党に「靖国神社法案の合憲性」という文書を提出している[*19]。そこでは、「新法人の活動として、信者（崇敬者）の教化、その他布教活動的なものが放棄されるべきことは、当然であ」り、「おみくじの頒布のごときも廃止されるべきであろう」、「祝詞の奏上は、例えば英霊に対する感謝の言葉という観念に変えられるべきであり、特にその文言の内容において神々に対する言上の意味を持つものは、これを端的に殉国者の英霊に対する素朴な言葉に変えられるべきである」、「拝礼の形式は、二拝二拍手一拝に拘泥せず、自由とすべきである」等々の見解が示され、さらに、これらの見解「の根幹をなすものは、殉国者の英霊に対する尊崇の儀式が、公的参加者の信教の如何を問わず何らの心情的抵抗を感ずることなく参列し得るようにすべきである、という考え方である」と記されていた。

靖国神社法案が成立しなかった要因は様々あるが、この文書が有したことの意味は小さくなかったとされる。この文書により、「靖国神社法が成立すると神社の祭祀の伝統がほとんど改変を迫られることが判明」したからである[*20]。「これ以降、靖国国家護持の最大の障害は、憲法であるとの認識から、憲法そのものの改正を求める運動へ、また、憲法違反となる可能性の少ない行為を積み重ね、それを日常化し、よって国民の意識を変革してゆくことで、解釈の面から憲法を変えてゆくという、硬軟両方の戦略が採られることにな[*21]」った。

[*19] 靖国神社問題特別委員会編『曲がりかどの靖国法案　強行採決から表敬法案まで』（日本基督教団出版局、1975年）48-53頁。この文書が国立国会図書館調査立法考査局・前掲注18）171-175頁に登載される際に、衆議院法制局から「本資料は自民党内部の討議の参考資料として作成されたものであり、討議の結果によっては補正の余地があるものであることを考慮して作成されたものである旨を付記されたい」との申入れがあったそうである（同176頁）。
[*20] 国立国会図書館調査立法考査局・前掲注18）17頁。
[*21] 齋藤憲司「戦後の靖国神社問題の推移」ジュリ848号（1985年）86頁。

そうした中で、前述のように、いくつかの地方議会で公式参拝要請の決議がなされ[*22]、さらに、1977年には三木武夫首相が「私人」として靖国神社に参拝したのである[*23]。

1980年11月17日の政府の統一見解では、首相その他の国務大臣が国務大臣としての資格で靖国神社に参拝することについては、「政府としては違憲とも合憲とも断定していないが、このような参拝が違憲ではないかとの疑いをなお否定できない」ことから、「政府としては、従来から事柄の性質上慎重な立場をとり、国務大臣としての資格で靖国神社に参拝することは差し控えることを一貫した方針としてきたところである[*24]」とされていた。しかしながら、1985年8月9日、官房長官の諮問機関として設置された「閣僚の靖国神社参拝問題に関する懇談会」(いわゆる「靖国懇」)が提出した報告書(「閣僚の靖国神社参拝問題に関する懇談会報告書[*25]」)は、靖国神社公式参拝が憲法20条3項の禁止する「宗教的活動」にあたるか否かについて、合憲論から違憲論までさまざま意見が懇談会のなかで出されたことに触れつつも[*26]、「しかし、憲法との関係をどう考えるかについては、最高裁判決を基本として考えることとし、その結果として、最高裁判決に言う目的及び効果の面で種々配慮することにより、政教分離原則に抵触しない何らかの方式による公式参拝の途があり得ると考えるものである」とし、さらに、「政府は、この際、大方の国民感情や遺族の心情をくみ、政教分離原則に関する憲法の規定の趣旨に反することなく、また、国民の多数により支持され、受け入れられる何らかの形で、内閣総理大臣その他の国務大臣の靖国神社への公式参拝を実施する方途を検討すべきであると考える」とした。そして、政府は、この報告書をうけて、「内閣総理大臣その他の国務大臣が国務大臣としての資格で、戦没者に対する追悼を目的として、靖国神社の本殿又は社頭において一礼する方式で参拝することは」憲法20条3

[*22] 争点の1つであった岩手県議会の決議を——傍論においてではあるが——違憲と判断したのが、岩手靖国訴訟控訴審判決(仙台高判1991〔平成3〕年1月10日行集42巻1号1頁)である。
[*23] これは、「参拝が『公式』なものか、『私的』なものか、という論点を創出することになった」(春山明哲「靖国神社とはなにか——資料研究の視座からの序論」レファレンス666号〔2006年〕69頁)。
[*24] 「政府統一見解〔国務大臣の靖国神社参拝について〕」ジュリ848号(1985年)115頁。
[*25] ジュリ848号(1985年)110頁以下。
[*26] この経緯については、特に芦部信喜「靖国懇と私の立場」同『宗教・人権・憲法学』(有斐閣、1999年)95頁以下を参照。

項「に違反する疑いはないとの判断に至ったので、このような参拝は、差し控える必要がないという結論を得て」、その限りで1980年11月17日の政府の統一見解を変更した[*27]。

ところで、靖国懇の報告書は、公式参拝を実施する際には、その方式等についても十分検討するべきであるとしていたため、政府がその具体的な方式を検討することになった。その結果、参拝する閣僚は本殿に昇殿するものの、「おはらい、玉ぐし奉呈、二礼二拍手一礼」などの神式の儀式は省いて一礼する方式で「公式参拝」が行われることになり、また、(「玉串料」ではないものの)参拝の際に献花する花輪の実費が公金から支出されることになった[*28]。実は、政府は、当初は、昇殿はせずに社頭参拝ですませ、また、靖国神社に対する公金支出もしない、という方式を考えていたが、「『神式の正式参拝でなければ、心がこもらない』『公金支出は従来、公私の区別の基準とみられてきただけに、少額でもかまわないから公費を』という推進派の力に押され、『昇殿』『公費支出』を認めた形[*29]」になったとされている（1985年8月15日、中曽根康弘首相と海外出張中の2人を除く閣僚の計19人が靖国神社に「公式」参拝した[*30]）。

「靖国神社法案」の問題、あるいは靖国神社「公式」参拝の問題は、いずれも、政教分離原則との緊張関係のもとで展開してきたのであり、その際には、参拝の仕方など相当に具体的なレヴェルにおいてまで、政教分離原則との関係が問題とされていたのである。そのような緊張をはらみながら問題が展開していたことの持つ意味を軽視するべきではないであろう。

[3] 80年代の保守化傾向

長谷川は、国際的に見ても80年代は政治的な保守主義のムードが広がったが、日本でも自民党の得票率の復調と社会党の得票率の低落化、中曽根政権の長期化、地方公共団体の首長選挙における与野党の相乗り化等がすすんだこと、さらに、70年代前半と比べて住民運動・市民運動も盛り上がらなくなってき

[*27] 「昭和五十五年十一月十七日の政府統一見解の変更に関する政府の見解」ジュリ848号（1985年）115頁。
[*28] 朝日新聞1985年8月14日夕刊1面。「神式の玉ぐし料の公費支出だと、憲法上、問題になりかねない」とされたからである（同）。
[*29] 朝日新聞1985年8月15日朝刊2面。
[*30] 朝日新聞1985年8月16日朝刊1面。

たことを挙げた上で、「これらは、政治的・宗教的少数者にとって、政治的に有効な異議申立て機会が見出しがたくなっていたことを意味し」、「その結果注目されることになったのが裁判という異議申立ての機会であ[31]」ったと指摘している。

[4] 社会問題開示型訴訟としての政教分離訴訟

長谷川は、公害訴訟などの「現代型訴訟」の中心的意義を「社会運動セクターが『社会的な問題提起、問題開示の場として』裁判制度を利用することにある」とした上で、それを「社会問題開示型訴訟」と規定する。愛媛玉串料事件などの政教分離訴訟も、このような社会問題開示型訴訟の一例に位置づけられることになる[32]。

4 判例

[1] 愛媛玉串料事件最高裁判決

愛媛玉串料事件とは、愛媛県知事等が靖国神社の挙行した例大祭等、県護国神社の挙行した慰霊大祭に玉串料等を公金から支出したことに対して住民訴訟が提起された事件のことをいう。この事件において、最高裁は、県が玉串料等を靖国神社または護国神社に奉納したことは憲法20条3項の禁止する「宗教的活動」に該当すると判断した[33]。その際に用いられたのが、いわゆる「目的効果基準」[34]であるが、この目的効果基準は、1977年の津地鎮祭事件最高裁判決において最高裁が示したものである。

津地鎮祭事件とは、津市体育館の建設現場において、津市の主催により、4名の神職主宰のもとに神式に則った起工式（地鎮祭）が挙行されたことが問題となった事件のことをいう。この事件において、最高裁は、憲法20条3項に

---

[31] 長谷川・前掲注17) 59頁。
[32] 長谷川・前掲注17) 60頁。
[33] この事件では、愛媛県知事が靖国神社や県護国神社に参拝したわけではない。
[34] 判例における「目的効果基準」の位置づけについては、空知太神社事件最高裁判決（最大判2010（平成22）年1月20日民集64巻1号1頁における藤田宙靖補足意見および同判決の調査官解説（清野正彦「判解」最判解民事篇平成22年度（上）38-44頁）を参照。

よって禁止される「宗教的活動」とは、「およそ国及びその機関の活動で宗教とのかかわり合いをもつすべての行為を指すものではなく、そのかかわり合いが……相当とされる限度を超えるものに限られるというべきであって、当該行為の目的が宗教的意義をもち、その効果が宗教に対する援助、助長、促進又は圧迫、干渉等になるような行為をいうものと解すべきである」とし、さらに、「ある行為が右にいう宗教的活動に該当するかどうかを検討するにあたっては、当該行為の主宰者が宗教家であるかどうか、その順序作法（式次第）が宗教の定める方式に則ったものであるかどうかなど、当該行為の外形的側面のみにとらわれることなく、当該行為の行われる場所、当該行為に対する一般人の宗教的評価、当該行為者が当該行為を行うについての意図、目的及び宗教的意識の有無、程度、当該行為の一般人に与える効果、影響等、諸般の事情を考慮し、社会通念に従って、客観的に判断しなければならない」としたのである。

　津地鎮祭事件最高裁判決以降、愛媛玉串料事件最高裁判決が下されるまでの間、目的効果基準を用いた違憲判決を最高裁が出さなかったため、愛媛玉串料事件最高裁判決が目的効果基準を用いつつ違憲判断を示したことが注目されることになった。

[2] 判例の比較

　芦部信喜は、目的効果基準が実質的な意味をもった判例として、津地鎮祭事件最高裁判決、毎年忠魂碑前で箕面地区戦没者遺族会主催のもと神式、仏式隔年交替で行われていた慰霊祭に教育長が参列したこと等が問題となった箕面忠魂碑事件最高裁判決[35] および愛媛玉串料事件最高裁判決を挙げた上で、それらを、①政教分離違反として争われた行為に関係した公の機関、②宗教的行事の主催者、③政教分離違反として争われた行為の行われた場所、④政教分離違反として争われた行為の性質、⑤公金支出の有無の5項目に即して比較した[36]。そうすると、①については3つの事件に大差はないこと、②については、津地鎮祭事件が非宗教団体である津市、箕面忠魂碑事件が非宗教団体とされた遺族会であるのに対し、愛媛玉串料事件では宗教団体であるところの靖国

---

[35]　最判1993（平成5）年2月16日民集47巻3号1687頁。
[36]　芦部信喜「愛媛玉串料訴訟最高裁大法廷判決管見」同『宗教・人権・憲法学』(有斐閣、1999年) 111-112頁。

神社であること、③については、津地鎮祭事件が市体育館建設予定地、箕面忠魂碑事件が記念碑（非宗教的施設）とされた忠魂碑前であるのに対し、愛媛玉串料事件では宗教施設であるところの靖国神社であること、④については、津地鎮祭事件および箕面忠魂碑事件では慣習化した社会的儀礼であるとされたのに対し、愛媛玉串料事件では、例大祭、御霊祭への玉串料、献灯料の奉納であったこと、⑤については、いずれの事件においても公金が支出されているものの愛媛玉串料事件においてのみ「正真正銘の宗教団体」に支出されたということがわかるのである*37。そして、愛媛玉串料事件の訴訟が提起された当時、正式に玉串料を靖国神社に奉納していたのは7県だけだったことなどを指摘した上で、芦部は、愛媛玉串料事件「の場合がずば抜けて宗教性が強」く、津地鎮祭事件の合憲判決を前提としても愛媛玉串料事件で違憲判決が下される可能性は高かったとしたのである*38。

5　おわりに

　愛媛玉串料事件最高裁判決を読む際に、まず求められることは、「違憲」という結論と具体的事案との関係を、「判例」の流れの中で理解することであろう。しかし、なぜこの訴訟（「社会問題開示型訴訟」〔長谷川〕）が提起されたのか、ということを考えると、1980年代以降の政治の保守化の進行と無関係ではなかったことがわかるし、また、「靖国神社」が問題となった、という点を考えると、そもそも靖国神社とは何なのかを考えざるをえなくなるであろう。そして、靖国神社をめぐる問題を考える上で避けて通ることができないのは、「靖国神社法」制定の動きがあったという事実である。さらにその過程を辿っていくと、日本国憲法の政教分離規定の下で靖国神社法を制定しようとすると、靖国神社がある種の神社らしさを失う可能性があったことが見えてくるのである。

---

*37　芦部・前掲注34) 111頁。
*38　芦部・前掲注34) 112頁。津地鎮祭事件最高裁判決の調査官解説は、「いわば限界的事例ともみられるいわゆる地鎮祭がとり上げられたため、多数意見は宗教的活動にあたらないとしたものと考えられるが、そうでないような事柄についてはそれほど容易に合憲とされるようなことにはならないと思われる」と指摘していた（越山・前掲注13) 237頁）。愛媛玉串料事件最高裁判決の調査官解説も、この指摘に注目している（大橋寛明・最判解民事篇平成9年度（中）581頁〔注9〕）。

これは、政教分離が文化的多数者に対しても「差異の負荷」を課そうとするものであること（蟻川）、あるいは、近代立憲主義が多くの人々に「無理」を強いるものであること（長谷部）のリアルな形での現れということができるかもしれない。そして、その先には、各種の宗教が多元的・重層的に発達し、併存しているという「日本」において、日本国憲法が政教分離原則を採用したことの「意味」が見えてくるはずである。

part. 2　コンテクストを読む　　　　　　　　　　　　　　▷21 条

原発と言論
―― 「政府言論」を考える

1　はじめに

　原子力発電所の設置・運営は、法律に基づいている*1。一般意思と言わないまでも、法律は、我々の民主的な意思のあらわれである。そうであるならば、我々が、法律を媒介項とした〈我々の＝原発〉を批判することは、憲法上そう簡単ではない。法律によって我々自身が authorize した原発を批判する資格を、我々は持たない。
　本来、こう、冷淡に主張できるかもしれない。しかし、問題は、日本の原発史に、「本来」という言葉が当て嵌まる状況が存在せず、上記等式が成り立ちにくいところにある。すなわち、原発を巡る、あるいは原発の安全性・必要性を巡る言論空間ないし「思想市場（marketplace of ideas）」が、政府や電力会社によって歪められてきたこと、これによって、原発関連法律への我々の同意が――やや荒っぽい言葉を使えば――偽造（falsified）されてきたことに、原発の憲法問題の本質があるように思われるのである。このように見れば、我々が、〈我々の≠原発〉を批判する資格を持つのは当然である。
　周知のとおり、憲法は、自由闊達な言論空間ないし思想市場を保障し、民主的プロセスを適正に維持することを1つの重要任務とする。そうすると、思想市場が歪曲された――そして、それがあの未曾有の事故と結び付いた――原発史は、憲法を学習する上で極めて重要なテキストといえよう。さらに日本では、この「歪み」が、主として、政府が「検閲者（censor）」として反（脱）原発的言説を規制することではなく、「言論者（speaker）」として原発推進的言説を積

---

*1　原子力三法（原子力基本法、原子力委員会設置法、総理府設置法の一部を改正する法律）のほか、核原料物質開発促進法、日本原子力研究所法、原子燃料公社法など。

極的に発話することによって生じたのだとすれば、その歴史は、近年憲法学において主題化されつつある「政府言論（government speech）」*2 の統制を学ぶ上でも重要であるように思われる。本章は、「政府言論」という問題が生じるコンテクストとして、原発史を、あるいはそこに現れる裁判例を読むことを目的とする。

2 言論史としての原発史

[1] マスメディアと原発

　元々、被爆国・日本が、原子力の軍事利用開発の「スピンオフ（派生物）」に過ぎない原子力発電*3 の推進に適した地であったとは考えられない。原子力開発草創期の日本人の心には、なおヒロシマ・ナガサキの記憶が鮮明に残っていたはずである。この、原発開発・推進にとって凡そ困難と思われる土壌を耕したのは、マスメディアであった。烏谷昌幸によれば、第5福竜丸事件（1954年3月）を含めると実に3度の放射線被害を受けた日本で原発開発を進めるには、原子力の「平和利用を軍事利用から切り離すための論理を人々に繰り返し教え込む」必要があり（傍点山本）、マスメディアが、ある種の啓蒙機関としてその教化を引き受けたとされる*4。

　特に、原発に魅了され、またCIAを通じて——冷戦期の戦略として、友好国に対する原子力関連技術の提供を進めていた——アメリカと接していた正力松太郎*5 率いる読売新聞社は、原発導入期に当たる1950年代中頃から後半にかけて、「すさまじいばかりの原子力平和利用キャンペーン」を展開したという*6。たとえば、55年2月に行われた衆議院議員選挙の前後には、連日、紙

---

*2　蟻川恒正「政府と言論」ジュリ1244号（2003年）91頁以下、横大道聡『現代国家における表現の自由』（弘文堂、2013年）219頁以下、金澤誠「政府の言論と人権理論（1）」北大法学論集60巻5号（2010年）1頁以下等を参照。マクルーハンの言葉を拝借すれば、本章は、「彼〔ら〕の業績を説明するための脚注」に過ぎない。M・マクルーハン（森常治訳）『グーテンベルクの銀河系』（みすず書房、1986年）79頁。
*3　吉岡斉の言葉として、烏谷昌幸「戦後日本の原子力に関する社会的認識」大石裕編『戦後日本のメディアと市民意識』（ミネルヴァ書房、2012年）187頁。
*4　烏谷・前掲注3）190頁参照。
*5　有馬哲夫『原発・正力・CIA』（新潮社、2008年）、佐野眞一『津波と原発』（講談社、2011年）等参照。
*6　佐野・前掲注5）143頁。

面の一面に、「広島に原子炉　建設費　2250万ドル　米下院で緊急提案」、「原子力マーシャル・プランとは　無限の電力供給」、「米国内を洗う原子力革命の波　資本家も発電に本腰」などという見出しを付した記事を載せた。また、同社は、同年5月に、アメリカから原子力平和利用使節団を招聘し、「原子力平和利用大講演会」（日比谷公会堂）を開催したほか、同年11月から12月には、アメリカのUSIS（U.S. Information Service）*7 との共催で、「原子力平和利用博覧会」（日比谷公園）を実施し、連日その模様を詳細に報道している。この博覧会は、観客30万人以上を動員する「大規模なメディア・イベント」となった*8。読売グループに属する日本テレビもまた、同時期に、原子力平和利用キャンペーン番組と称しうる番組を数多く放送している。『原子力の平和利用』（報道部製作。55年2月）、SF映画『原子力未来戦』（ニューユニバーサル社製作。同年3月）、中継「新春座談会　原子力を語る」（56年1月）、中継「原子力講演会」（57年3月）、中継「日米原子力産業合同会議」（同年5月）、中継「原子力第1号実験炉完成祝賀会」（同年9月）、『わが友原子力』（ディズニー・プロ製作。58年1月）などである。

　このようなキャンペーンが、マスメディアの純粋で公正なジャーナリズム精神に由来したものであったならば、これにより、「原子力平和利用にとって極めて好意的な雰囲気」*9 が醸成され、原子力三法の成立（55年12月）やその執行に道が付けられたとしても、憲法上殊更に問題視することはない。それはなお、民主主義の正規的回路と解しうるものである。しかし、ここで憲法上注意を要するのは、このキャンペーンを主導した正力松太郎の身分である。周知のとおり、正力は、55年2月に衆議院議員に当選した後、同年11月に国務大臣、56年1月に原子委員会初代委員長、同年5月に科学技術庁長官に就任している。このことを考慮するならば、正力主導のキャンペーン（の少なくとも一部）は、政府による原発推進プロパガンダと区別し難くなる。ここに、政府が、「報道」の名を借りて自ら言論市場に参入し、「マスメディア」の口を通して自

---

*7　広報宣伝政策を担当するUSIA（The United States Information Agency）の海外下部組織であった。
*8　烏谷・前掲注3）195頁。「大博覧会」では、亀や金魚を、コバルト60を放射した水槽で泳がせるといった「実験」なども行われたようである。
*9　烏谷・前掲注3）197頁。

らの政策・見解を語り、広報し、国民を原発推進の方向へと誘導した可能性を見て取ることができるのである。

　70年代、80年代は、世界各地で原発の安全性を疑問視する専門家が登場し、原発反対論が一定の科学的説得力をもって社会に拡散していった時代である。また、実際、原子力船「むつ」の放射線漏れ事故（74年9月）、スリーマイル島原発事故（79年3月）、チェルノブイリ原発事故（86年4月）等の深刻な原発事故が起きた時代でもあった。無論、マスメディアにおいても反（脱）原発的言説が散見されるようになる（NHK『NHK特集　調査報告・チェルノブイリ原発事故』、青森放送『核まいね』、北海道放送『核と過疎』、等々）。テレビが、原子力のコントロールに抗った「反逆」の時代である[*10]。しかし、こうした緊迫した言論状況が、90年代に引き継がれることはなかった。そこにはやはり、言論者としての政府の姿がある。自ら思想市場に立ち入り、その圧倒的潜勢力をもって反（脱）原発的言説をかき消そうとする政府の姿である。たとえば科学技術庁は、74年、電気事業連合会に原子力広報専門委員会を発足するよう働きかけ、電力業界による原発宣伝攻勢を促しただけでなく、自らも巨額の予算を投じて、テレビ番組等の大口スポンサーとなっていった[*11]。通産省もまた、チェルノブイリ事故後の88年5月、資源エネルギー庁長官を本部長とする「原子力広報推進本部」を設置し、原発の安全性・必要性を訴える広告等を新聞各紙に掲載するなどした[*12]。さらに、山口俊明によれば、この時期の通産省・科学技術庁・東京電力は、広報活動の一環として、「記者クラブ、論説・解説委員クラブ、科学部長会などを対象にしきりに懇談会を催した」とされる[*13]。こうした政府・電力会社の圧倒的で組織的な広報活動によって、思想市場は原発安全論・必要論で溢れ、我々がその対抗言論に接し、原発について真剣に思考する機会は減らされていったように思われる。

　この点、瀬戸内海放送が、放送基準の定める公正原則違反を理由に、「原発バイバイ」というテロップの入った自然食品会社のテレビCMの放映を拒否

[*10]　七沢潔「テレビと原子力」世界2008年8月号227頁。
[*11]　田原総一郎『原子力戦争』（筑摩書房、2011年）33頁参照。
[*12]　山口俊明「原発PR大作戦」世界1988年9月号230頁、烏谷・前掲注3）220-221頁参照。
[*13]　山口・前掲注12）231頁。

（放映契約解除）した事件で、原告側が、「電力会社がスポンサーとなっているコマーシャルにおいて、原発の安全性を謳うものを多く放送しているにもかかわらず、原発反対派の意見は放送しよう」としない民間放送事業者の態度を糾弾した上、公正原則に反するのはむしろ本件放映拒否の方であるとか、本件放映拒否の真の理由は「多額のコマーシャル料を支払う電力会社に配慮したためである」と述べていたことが、情報流通の「歪み」を考える上で示唆的である（一審、二審ともに原告側の主張を斥け、契約解除の有効性を認めた。なお、本件放映拒否が起きたのは90年である）[*14]。

　90年代の言論状況下で、このような言論の量的攻勢以上に問題なのは、政府のステルス的言論であろう。渡辺武達によれば、93年「3月27日付読売新聞と産経新聞の朝刊、同31日付の毎日新聞朝刊は、資源エネルギー庁の依頼で広告代金（総計5500万円）を受け取る替わりにプルトニウムの安全性をアピールする座談会を……おこない、それを広告提供者名を隠して1ページ大の一般解説記事の形で掲載した」という[*15]。これら「解説」記事の見出しを見ると、「原子燃料　再利用の時代」、「プルトニウム専門家座談会」（読売新聞）、「環境守り、経済成長と調和を」、「プルトニウム適切管理は可能」（産経新聞）、「21世紀へエネルギーは」「座談会　原子力行政を問う」（毎日新聞）といった文字が躍っている。後述のように、このような——政府名を伏しての——ステルス的言論は、聴衆を惑わせ（メッセージが中立的なものであると誤認させ）、思想市場をより大きく歪曲させうるために、憲法上特に注意すべき言論であると言えよう。

　2000年代以降も、地球環境問題の深刻化を背景とした政府の〈原発＝エコ〉論によって、原発を巡る思想市場は一定の歪みを維持し続けてきたように思われる。そして、3.11を迎える[*16]。

[*14] 高松地判1993（平成5）年2月16日判時1490号118頁、高松高判1993（平成5）年12月10日判夕875号164頁。
[*15] 渡辺武達「テレビCF『原発バイバイ』放送中止の批判的検討」評論・社会科学48号（1994年）64頁。
[*16] 3.11以降も、このような「歪み」が完全に解消されたとは言い難い。いわゆる九州電力「やらせメール」事件等参照（朝日新聞2011年10月1日38面等）。

[2] 教科書検定

　蟻川恒正が夙に指摘するように、教科書検定は、政府が私人（教科書執筆者）の言論を「検閲者」として統制する場であるだけでなく、「言論者」として——検定意見などを通じ——自らの言論を思想市場に流通させる場でもある[*17]。本章の問題関心に従い、言論史として原発史を読むと、そこには、検定制度を通して、"原発は安全であり必要である"とのメッセージを生徒に向け大量かつ組織的に送信し続けてきた政府の姿が見えてくる。実は、80年代の検定処分の合憲性を争った第3次家永教科書訴訟でも、この点は意識されていた。本件は、直接には歴史教科書の検定処分を問題にするものであったが、原告・家永三郎は、「教科書検定制度の変遷」の中で、文部省が、80年前後に始まる保守派の「偏向教科書キャンペーンに便乗する形で」「検定を強化」し、他の重要問題と並んで、「原子力発電所と安全問題」についても意見を付すに至った点を問題視していたのである[*18]。では、ここで、歴史学者・家永をも不安にさせた、「原発」に関する政府の言論作出的行為とはいかなるものであったのか。

　毎日新聞社教育取材班によれば、80年4月末頃、スリーマイル島事故後に一段と高まった反原発運動への対応に苦慮していた科技庁の原子力担当者が、文部省教科書検定課を訪れ、原発に関する教科書の記述を調査し、「原発反対運動に力が入りすぎているきらいがある」との感想を抱いたという。その後、科技庁は、同課に対し「原子力発電所に関する記述は、原発がきわめて危険なものだという印象を生徒や教師、父母たちに与え、核アレルギーを起こしかねない内容になっている。善処して欲しい」との申し入れを行い、これを受けた同課が、80年7月から8月にかけて、「参考意見」として、上記申し入れの内容を複数の教科書会社に伝えたとされる。この結果、中学社会科教科書（81年度使用）中にあった、「……装置の技術や安全性に疑問がだされている。また、放射性廃棄物の処理や温排水など、むずかしい問題がある」（東京書籍）、「原子力発電には、<u>放射線もれの危険という問題があり</u>、発電所建設予定地では、<u>どこでも住民の強い反対運動がおきている</u>」（日本書籍）といった記述は、それぞ

[*17] 蟻川恒正「思想の自由」講座憲法学Ⅲ 120頁参照。
[*18] 東京地判1989（平成元）年10月3日判タ709号63頁参照。

れ、「……装置の技術や安全性に疑問もだされている。また、放射性廃棄物の処理や温排水などにも問題がある」、「原子力発電には、放射線に対する不安があり、発電所建設予定地では、住民の反対運動がおきている」という表現に書き換えられたという。これは、検定の正規プロセスを経た修正ではないが、家永が憂慮した1つの事態と言うことができよう[19]。

その後も、検定を通じて政府が「発話」することは少なくなかった。たとえば、チェルノブイリ事故後の93年度検定では、「チェルノブイリ原子力発電所の事故は、放射能汚染の恐ろしさを人々にあらためて認識させた」という記述（高校『政治経済』）について、「原子力発電の長所と短所の両面に配慮して記述すべき」との検定意見を付し、「さまざまな問題をもつことも否定できない」という、ややトーンダウンした記述を引き出している[20]。さらに、自然エネルギーの台頭が目立ち始めた2004年、2005年には、次頁の表のような検定が行われた（表に掲げたのはその一部）[21]。

もちろん、教科書が生徒に与える影響は、実際に教壇に立つ現場教師の存在によって希釈される。しかし、学校教育法34条1項の定める検定教科書使用義務が、少なくとも、生徒に検定教科書に触れることを強制している以上、検定教科書の記述と生徒の精神形成は無関係ではありえない。そうなると、原発に関する上述（および次頁の表）のような記述が、生徒の心の中に、原発に対する肯定的な、あるいは楽観的なイメージを作り上げてきた可能性を否定できない。無論、こうしたイメージは、潜在記憶として固化し、反（脱）原発的言説に対する正当な評価を妨げるものとなりうる。以上のように見れば、教科書検定を通じてボディブローのように繰り出されてきた政府の言論が、原発を巡る思想市場の歪曲に果たしてきた役割は小さくはなかったと言えよう。

教科書検定とは異なるが、文科省と経産省は、94年以降、原子力や放射線に関する子どもたちの理解と認識を深めることを目的に、「原子力ポスターコンクール」を実施してきた。両省は、このコンクールの下、全国の小中学校などを通じて「原子力発電や放射線に関する」作品を募集し、「優秀」な作品を

---

[19] 毎日新聞社教育取材班著『教科書戦争』（三一書房、1981年）25-26、30、56-57頁参照。
[20] 中日新聞2011年10月22日27面（「教科書検定も安全神話"圧力"」）参照。
[21] 大藤原瑠璃子「原発安全神話を強制する文科省の教科書検定」週刊金曜日847号（2011年）20-21頁参照。

出版社	申請時の記述	検定意見	修正後の記述
○東京書籍『公民』	「ヨーロッパでは、風力発電に力を入れる国が増えています。また、国民投票で原発の全廃を決めた国もあり、『脱原発』の動きが大きくなっています」	「自然エネルギーが抱える課題に比べ、実用化の動きを特別に強調しすぎている」	「〔原発の〕代替エネルギーには、出力が不安定であったり、開発や実用化に費用がかかるといった課題があります」
○教育出版『公民』	①「原子力発電には、いったん事故をおこすと、広い範囲にわたって深刻な被害をもたらす危険性があります」。②「ヨーロッパやアメリカを中心に、積極的に〔自然エネルギーの〕開発がすすめられています」	「原子力発電の問題点および自然エネルギーの有望さのみを特別に強調しすぎている」	①「原子力発電には、安全性や使用済み核燃料(放射性廃棄物)の処理に慎重な対応が必要とされています」。②「〔自然エネルギーについては〕開発に関わる費用や電力の安定性などに課題もあります」」
○東京書籍『現代社会』	「原子炉の解体、放射性廃棄物の管理費用は膨大なもので、これを算入すると、発電コストは、他のものと比べてかなり高いものとなる」	「原子力発電のコストについて記述が断定的に過ぎ、誤読するおそれのある表現である」	「将来、原子炉の解体や放射性廃棄物の管理に多大な費用がかかる」

表彰してきた(個人だけでなく学校を対象とする賞もあった。審査員として元原子力委員長も名を連ねる)[*22]。これも、上述の検定制度と類似した市場歪曲効果を有してきたように思われるため、ここに紹介しておく。

3 「政府言論」と、その統制

[1]「政府言論」の両義性

　以上の記述により歪められた(?)「政府言論」のイメージを矯正しておこう。確かに、圧倒的な経済力・組織力を持つ政府の言論は、「情報の流通に大きな歪みをもたらし、国民の『思想・良心』を一定の方向に誘導する危険を孕

[*22] 経済産業省ホームページ参照。

んでいる」*23 が、他方でそれは、民主主義にとって必要不可欠なものであるからである。「政府が自らの政策理念に立った実績と提案を示して国民に支持を訴え、これに応じて、国民が支持の与奪を決定する、という民主主義の正規的回路の運行そのものが、特定の viewpoint に立脚した政府の表現活動の存在を前提するのでなければ成り立たないのである」*24。さらに、政府言論への一方的批判は、「知る権利」の名の下で政府が「語る」ことを積極的に要請してきたこれまでの憲法解釈論とも鋭く矛盾する。そこでは、「説明責任（accountability）」の原理によって政府の言論を強く正当化し、促してきたはずである。

　実は、アメリカにおいて「政府言論」は、その肯定的側面を強調する形で、むしろ政府の側によって積極的に主張されている。連邦最高裁は、1991 年の Rust v. Sullivan 判決*25 以降、ある政府の表現活動が「政府言論」とみなされるならば、表現の自由条項によって通常政府に課される「観点中立（viewpoint neutrality）」要請を免れうる——すなわち、その活動が「政府言論」との認定を得れば、政府は自らの観点を前面に押し出すことが許容される——という、いわゆる「政府言論の法理」を構築してきたからである。同法理は、これを「選挙民に対する説明責任」として正当化した 2000 年の Board of Regents of Univ. Wisconsin System v. Southworth 判決*26 を経て、最近の Pleasant Grove City v. Summum 判決*27 でも是認されている。同判決は、公立公園内における市のモニュメント設置行為を、公衆に対して特定のメッセージを伝える「政府言論」とみなすことで、観点に基づきある団体からのモニュメント（十戒のモニュメント）寄贈を受け入れつつ、他団体からの寄贈を拒否した市の「差別」的決定を憲法上許容したのである*28。このように、アメリカにおいて

---

*23)　佐藤・憲法論 221-222 頁。
*24)　蟻川・前掲注 2) 93 頁。
*25)　500 U.S. 173 (1991). 同判決は以下のよう述べている。「政府は、憲法に反することなく、自身が公益に資すると考える特定の活動を奨励するプログラムへ選択的に助成を行い、それと同時に同じ問題を別の観点から扱う他のプログラムに助成しないことが許される。そうすることで、政府は観点に基づく差別を行ってはいない。……当該助成を観点に基づく許されない差別であると判示することは、ほとんどの政府の活動を憲法上疑わしいものにしてしまう」。Id. at 193-194.
*26)　529 U.S. 217 (2000).
*27)　555 U.S. 460 (2009).
*28)　公立公園は、通常「伝統的パブリック・フォーラム」と位置付けられる。したがって、仮に本件で、市のモニュメント設置行為が「政府言論」と認定されていなければ、市は観点中立要請を正面から受けていたことになろう。

「政府言論」は、その使用に当たり否定的ニュアンスが込められることの多い日本とは異なり、ある政府行為を憲法上肯定ないし救出する文脈で用いられているのである。

[2] 合理的観察者基準

　もちろん、アメリカでも、観点に基づく政府の表現活動がすべて「政府言論」として保護されてきたわけではない。アメリカにおいても、政府による思想市場への参入が、国民に対する説明や説得ではなく、教化や感化に結び付く危険、市場において異説をかき消す危険に一定の注意が払われているのである。

　このことは、まず、裁判所による比較的慎重な「政府言論」該当性判断にあらわれる。未だその判断方法は確立していないとも言われるが、上述のSummum判決は、合理的観察者から見て、その表現ないしメッセージが政府によって発せられたものと理解されるかによって「政府言論」該当性を判断する「合理的観察者基準（reasonable observer standard）」を用いたとされる[*29]（同判決は、「政府言論」該当性を認めるに当たり、合理的観察者が、モニュメントのメッセージを、土地所有者＝政府のメッセージとして理解しうる点を重視していた[*30]）。この基準は、学界においても広く支持されているようである[*31]。確かに、合理的観察者によってある表現が政府からのメッセージであると理解される限りで、国民はそのメッセージの当否を政治過程においてチェックし、批判することが可能となる（市場における量的過剰性（excesses）も政治過程においてチェックされる）[*32]。他方、「発言主体が政府であることが市民＝聴衆に認識されない」表現は、「民主的な自己統治過程によるチェックが働かない」[*33]。この点で、後者の表現に「政府言論」たる資格を与えない同基準には、一定の合理性が認め

---

*29) *Recent Case*, 125 HARV. L. REV. 1868, 1872-1873（2012）. 横大道聡「モニュメント建立と政府言論」ジュリ1403号（2010年）166頁も、Summum判決は「実質的に『合理的観察者テスト』を採用したものとして捉えることが可能である」と指摘する。
*30) *Summum*, 555 U.S. at 471.
*31) *See, e.g.*, Randel P. Bezanson & William G. Buss, *The Many Face of Government Speech*, 86 IOWA L. REV. 1377, 1510（2001）.
*32) Joseph Blocher, *Viewpoint Neutrality and Government Speech*, 52 B.C.L. REV. 695, 717-718（2011）.
*33) 横大道・前掲注2）275頁。

られよう。また、学説の中には、より具体的に、「政府言論」該当性の要件に「顕名性」——政府が積極的に自らの名を明かすこと——を求めるものもあり、注目される。この見解によれば、私人の影に隠れて行なわれる政府のステルス的言論は、「市民が、政府がどのような立場に立っているのかを知り、そして必要であるならば、選挙の際にその見解を拒絶すること」が困難となるため、やはり「政府言論」該当性を欠くものとされる[*34]（2［1］との関係は後述する）。

　ところで、連邦議会は、1951年以来、歳出配分法において、連邦議会によって承認されていない宣伝またはプロパガンダのための支出を禁ずる規定を置いているが[*35]、司法省の法律顧問局（Office of Legal Counsel）は、この禁止の背後にある「最大の懸念は、政策問題に関する公衆の意見を操作し、コントロールするために連邦資金を使用すること」と、「第三者を秘密裡に徴用することで〔政府が公衆の〕意見を作り上げる（mold）こと」にあるとする意見を公表している[*36]。ステルス的言論を特に問題視する後者は、上述した裁判所の合理的観察者基準や顕名性テストとその関心を同じくしているように思われる。

［3］学説の努力

　これまで見てきた合理的観察者基準は、発話主体——「政府」の言論であること——の理解可能性に照準して「政府言論」の範疇を限定するものであった。他方、学説の中には、メッセージ内容——政府の「言論」であること——の理解可能性に照準して、さらに「政府言論」を限定しようとする見解も少なくない。たとえばビザンソン（Randall P. Bezanson）は、政府の仕事は「情報と思想によって達成される自己統治過程を促進すること」、「自由な民主的社会という理念を特徴付ける対話と交流の形式をモデル化すること」（傍点山本）にあるがゆえに、政府の表現活動は「力ではなく理性に、宣言ではなく説明に、感情ではなく認識（cognition）」に依拠したものでなければならないとする。政府の発

[*34] Abner S. Greene, *Government of the Good*, 53 VAND. L. REV. 1, 52 (2000). さらに、横大道　前掲注2）272-273頁参照。

[*35] *See* Jodie Morse, *Managing the News*, 81 N.Y.U.L. REV. 843, 852-53 (2006); Randall P. Bezanson, *The Manner of Government Speech*, 87 DENV. U.L. 809, 817 (2010).

[*36] DOJ OLC OPINION, *available at* http://www.justice.gov/olc/opfinal.htm.

話は、目的的で認識的で理性的でなければならず、聴衆がそのメッセージ内容を合理的に理解しうるものでなければならない、というのである。そして彼は、専ら聴衆の感覚的・身体的・情緒的反応に訴えるような「美学的（aesthetic）」表現は、表現の自由という憲法上の権利を保障されている個人には認められても、「説明責任」という観点からその発話を許容されているに過ぎない政府には認められず（「美学」的表現によっては「説明」されない）、それゆえ、保護すべき「政府言論」には包含されない、とするのである。ビザンソンによれば、たとえば前記 Summum 事件の「モニュメント」は、宣言的で、美学的であって、「政府言論」には当たらない*37。もちろん、この議論は、ある表現が「認識」的か「美学」的かを区別することに伴う困難性など、なお検討すべき課題を多く含んでいるが（ただしビザンソン自身は、「猥褻」性判断が可能であるのと同様、「美学」性判断も可能であるという）、思想市場における政府活動の限界を考える上で示唆に富むもののように思われる*38。

　また、学説においては、「専門家の職責」論から政府の表現活動を限界付けようとする見解も有力に主張されている。この見解によれば、専門家は、雇用関係の中にあって、なお専門的規範に従った独立の判断を行うことを許容され、要求される存在であるから、政府は、「専門家に対しては、その職責を妨げない限度で〔自らの言論プログラムの遂行について〕協力を求めることができるに止まる」とされる*39。ただ、こうした議論にも、当該プログラムが「政府言論」であることを前提とするアプローチと、そうでないアプローチとがある。前者の場合、当該プログラムは「政府言論」として保護されるが、その実施において専門家の職責遂行までは侵害できないとする議論として理解される（この場合、専門家の憲法21条または23条に基づく権利の侵害が主題化される）。他方、後者の場合、専門家を組み込んだプログラムは、合理的観察者にとって政府のメッセージであるとは理解され難い――むしろ専門家のメッセージであると誤

---

*37)　See Bezanson, supra note 35, at 813-817.
*38)　"aesthetic" speech と "symbolic" speech との関係には、おそらく興味深い論点が含まれている。後者について、蟻川恒正『憲法的思惟――アメリカ憲法における「自然」と「知識」』（岩波書店、2016 年）32-40 頁参照。人の潜在認知過程に働きかける「言論」の問題性については、下條信輔『サブリミナル・インパクト』（筑摩書房、2008 年）203-237 頁参照。
*39)　蟻川恒正「政府の言論の法理」駒村圭吾＝鈴木秀美編著『表現の自由　I――状況へ』（尚学社、2011 年）443 頁参照。

信してしまう——ために、あるいは、そのプログラムが「囚われの聴衆」に向けられたものであるために、そもそも純粋な「政府言論」に該当せず、それゆえに専門家の職責を尊重して中立性要請を満たさなければならないとする議論として理解される。

[4] 原発史・再読

　これまでの記述から窺い知れるように、アメリカの「政府言論の法理」は、その新しさから、未だ不安定的な要素を多く含んでいる。しかし、政府の表現活動は、「政府言論」に当たらない限り憲法上の観点中立要請に服すること、政府は、「説明責任」を理由にあらゆる表現活動を許されるのではなく、「説明責任」を理由にしているからこそ、その活動に一定の限界が引かれるべきことについては、大方の合意を得つつあるように思われる。

　こうした観点から 2 の原発史を振り返ると、そこに登場する政府活動の多くが、憲法上疑義あるものに見えてくる。たとえば、政府がその身を隠しつつ多額の広告費を出して行った・ス・テ・ル・ス・的言論（93 年 3 月 27 日読売新聞など）は、合理的観察者によってそれが政府によるものとは判別され難いために、説明責任の実現に資する「政府」言論として、観点中立要請を免除されなかったはずである。また、55 年 11 月から 12 月にかけて行われた「大博覧会」も、それが感覚や情動に訴える美学的・宣言的な側面を持っていたがゆえに、仮に政府名が明かされていたとしても、これを政府「言論」と捉えることに一定の困難はあったろう。「政府言論の法理」を知る我々が、これらを、憲法 21 条の客観法的側面（観点中立要請）に違反する違憲な政府行為であると考えることは不可能でないように思われる。無論、慎重な検討を要するが、このような客観法違反——統治問題——を裁判所で争うための状況（事件性）を欠く場面が実際に多く存在しうる点を踏まえれば、上述のようなステルス的ないし美学的言論を、人の認知過程に不当に干渉し、意思形成過程を歪めるものとして、すなわち、思想・良心の自由（憲法 19 条）を侵害しうるものとして捉えておくことも許されてよいように思われる（主観的権利侵害としての構成）[*40]。

　先述のように、教科書検定を、専門家の協力を得て行われる政府の言論プログラムと捉えれば、検定の過程において、政府は専門家（教科用図書検定調査審

議会)の職責を妨げてはならないはずである。もちろん、その断定にはさらなる事実の収集と分析が必要であるが、この点で、先に見た原発関連の検定処分が、果たして専門家らの独立の判断に基づいてなされたのか、実際に、政府(具体的には、文科省職員である教科書調査官等)による実質的な干渉から自由になされたのか、疑問がないではない(これらは検定処分の判断過程を精査することによって明らかとなる)。

4 おわりに

　言論史としての原発史は、憲法学にとって反省の歴史でもある。もし憲法学が、健全な言論空間や思想の自由市場の維持・管理に一定の責任を有しているとするならば、かかる空間・市場の歪みを憲法論として主題化しきれなかった、上記原発史は、憲法学にとって回避し得ない反省材料となりうるのである。いま、「政府言論」という視座を手にした憲法学に求められることは、政府の言論史として、改めて原発史を精査することであろう。

　憲法学習者にも、ぜひこのような読解にチャレンジしてほしい。確かに、日本において「政府言論の法理」は未だ発展途上中の法理であり、答案や論証の中に積極的に取り込むにはなお躊躇を覚えるところがあるかもしれない。しかし、政府も思想市場のoutsiderではなくinsiderとして、そこでの情報流通に重要な影響を与えうるという視座は、これまで学んできた表現の自由関連事案をより広い視角から捉え、その問題の本質を正確に捉える上でも有用であろう。

[注記]

　本章の内容に興味を持たれた読者は、山本龍彦「続・原発と言論——政府による『言論』の統制について」大沢秀介編『フラット化社会における自由と安全』(尚学社、2014年) 51頁以下をお読みいただきたい。

---

*40)　佐藤・前掲注23)は、思想・良心の自由の一内容として、「特定の『思想・良心』を組織的に宣伝・教化されない自由」を含める。ステルス的言論など、政府の特定の表現活動を、かかる自由の制限と捉える余地はあるように思われる。さらに、高橋・憲法188-189頁も参照。

part.2　コンテクストを読む　　　　　　　　　　▷21条・98条

1952年4月28日の21条論

1　はじめに

　1952年4月28日午後10時30分（日本時間）に、いわゆるサンフランシスコ平和条約（「日本国との平和条約」。以下では、「平和条約」という。）が発効し、日本は――沖縄などを除いて、ではあるが――独立を回復した。この平和条約が発効したことの意味が問題とされたのが、1953年7月22日の「政令325号事件」最高裁判決[1]である。この政令325号事件最高裁判決において、平和条約が発効したことの意味と憲法21条との関係に焦点を合わせた井上登裁判官ほか4人の「意見」を読むことが、本章の第1の目的である。

　ところで、1952年4月28日は、いわゆる「皇居前広場事件」の1審判決（東京地裁判決）[2]が言い渡された日でもある。この皇居前広場事件東京地裁判決において示された集会の自由論の意義を考えることが、本章の第2の目的である。

2　政令325号事件

[1]　占領と自由

　1945年9月29日、天皇とマッカーサーとの会見記事を載せた新聞の発売を日本政府が禁止したが、連合国最高司令部検閲官は各新聞社に頒布して差支えない旨を通告し、さらに、連合国最高司令官は「新聞並に言論の自由に対する新たなる措置」と題する指令を発した[3]。このことをうけて、作家の高見順は、

---

[1]　最大判1953（昭和28）年7月22日刑集7巻7号1562頁。
[2]　東京地判1952（昭和27）年4月28日行集3巻3号634頁。

日記に、次のように記していた。

>　これでもう何でも自由に書けるのである！　これでもう何でも自由に出版できるのである！
>　生れて初めての自由！
>　自国の政府により当然国民に与えられるべきであった自由が与えられずに、自国を占領した他国の軍隊によって初めて自由が与えられるとは、──かえりみて羞恥の感なきを得ない。日本を愛する者として、日本のために恥かしい。戦に負け、占領軍が入ってきたので、自由が束縛されたというのなら分るが、逆に自由を保障されたのである。なんという恥かしいことだろう。自国の政府が自国民の自由を、──ほとんどあらゆる自由を剥奪していて、そうして占領軍の通達があるまで、その剥奪を解こうとしなかったとは、なんという恥かしいことだろう[*4]。

その彼は、10月2日に東洋経済新報がGHQから押収されたこと[*5]をうけて、日記に次のように記した。

>　これでいくらか先日の「恥かしさ」が帳消しの感あり。アメリカが我々に与えてくれた「言論の自由」は、アメリカに対しては通用しないということもわかった[*6]。

そこには、日本政府が、「日本国政府ハ日本国国民ノ間ニ於ケル民主主義的傾向ノ復活強化ニ対スル一切ノ障礙ヲ除去スベシ言論、宗教及思想ノ自由並ニ基本的人権ノ尊重ハ確立セラルベシ」（10項）等と定めていたポツダム宣言を、「降伏ノ時ヨリ　天皇及日本国政府ノ国家統治ノ権限ハ降伏条項ノ実施ノ為其ノ必要ト認ムル措置ヲ執ル連合国最高司令官ノ制限ノ下ニ置カルルモノトス」

[*3]　朝日新聞1945年9月30日1面。
[*4]　高見順『敗戦日記』（文藝春秋新社、1959年）331頁（9月30日の条）。高見順の『敗戦日記』については、樋口陽一『「日本国憲法」まっとうに議論するために〔改訂新版〕』（みすず書房、2015年）34-35頁を参照。
[*5]　「連合軍司令部は現在市中に出てゐる東洋経済新報9月29日号を即時全部没収するやう命令した。これは同誌に匿名で掲載されてゐる米軍占領に対する日本人の反響に関する記事が占領軍の利害に反するとの理由に基く処置である、同誌は爾令全論説を日英両文にて検閲に提出するやう命ぜられた」（朝日新聞1945年10月3日2面）。
[*6]　高見・前掲注4）333頁（10月3日の条）。

1952年4月28日の21条論　187

としたいわゆる「バーンズ回答*7」を踏まえて、受諾したことの意味――すなわち、占領体制の下で、日本の民主化と基本的人権の尊重の確立が図られることになった、ということの意味――が示されているといえる。

[2]「政令325号」

政令325号事件で問題となった「政令325号」とは、いわゆる「ポツダム命令」（いわゆる「ポツダム緊急勅令*8 に基づいて定められた命令）の1つとして、1950年10月31日に公布された「占領目的阻害行為処罰令」のことを指す。政令325号は、「連合国最高司令官の日本国政府に対する指令の趣旨に反する行為、その指令を施行するために連合国占領軍の軍、軍団又は師団の各司令官の発する命令の趣旨に反する行為及びその指令を履行するために日本国政府の発する法令に違反する行為」を「占領目的に有害な行為」と定義した上で（1条）、その「占領目的に有害な行為」をした者に対する罰則を定めていた（2条）。この政令325号の最大の特徴は、犯罪構成要件の実質的内容を政令325号自身が何ら定めておらず、その実質的内容は連合国最高司令官の指令等によって充足されるという構造になっていた、という点に存している。政令325号事件で問題となった指令とは、日本共産党の機関誌『アカハタ』およびその後継紙ならびに同類紙の発行停止を趣旨とする1950年6月26日付および同年7月18日付の「内閣総理大臣宛連合国最高司令官書簡」である。

---

*7　ポツダム宣言とバーンズ回答は、外務省特別資料部編『日本占領及び管理重要文書集　第1巻　基本編』（東洋経済新報社、1949年）10頁、16頁に拠る。
*8　旧憲法8条1項（「天皇ハ公共ノ安全ヲ保持シ又ハ其災厄ヲ避クル為緊急ノ必要ニ由リ帝国議会閉会ノ場合ニ於テ法律ニ代ルヘキ勅令ヲ発ス」）による勅令を、一般に、緊急勅令という（これは、「法律」との関係に着目すると、「法律に代わる規定を設けることができ、法律と同等の形式的効力をもつ命令」〔代行命令〕であるが、日本国憲法の下ではこのような代行命令は認められていない〔清宮・憲法Ⅰ428頁〕）。1945年9月20日に、「政府ハ『ポツダム』宣言ノ受諾ニ伴ヒ連合国最高司令官ノ為ス要求ニ係ル事項ヲ実施スル為特ニ必要アル場合ニ於テハ命令ヲ以テ所要ノ定ヲ為シ及必要ナル罰則ヲ設クルコトヲ得」と定めた勅令（緊急勅令）が公布されたが、この緊急勅令のことを、一般に、ポツダム緊急勅令という。ポツダム緊急勅令の合憲性について、最高裁は、「連合国の管理下にあっては、日本国の統治権限は一般には憲法によって行われているが、連合国最高司令官が降伏条件を実施するため適当と認める措置をとる関係においては、その権力によって制限を受ける法律状態におかれているのと言わねばならぬ」、「すなわち、連合国最高司令官は、降伏条項を実施するためには、日本国憲法にかかわりなく法律上全く自由に自ら適当と認める措置をとり、日本官庁の職員に対する指令を発してこれを遵守せしめることを得るのである」とした上で、ポツダム緊急勅令は「連合国最高司令官の為す要求に係る事項を実施する必要上制定されたものであるから、日本国憲法にかかわりなく憲法外において法的効力を有するものと認めなければならない」としていた（最大判1953〔昭和28年〕年4月8日刑集7巻4号775頁）。

[3] 平和条約の発効とポツダム命令

　平和条約発効後のポツダム命令の効力については、1952年4月11日に公布された「ポツダム宣言の受諾に伴い発する命令に関する件の廃止に関する法律」（以下、「法律81号」という。）が、まず、ポツダム緊急勅令を廃止し（1項）、さらに、ポツダム命令については、「別に法律で廃止又は存続に関する措置がなされない場合」には、この法律施行の日（平和条約発効の日）から「起算して180日に限り、法律としての効力を有するものとする」とした（2項）。政令325号は、同年5月7日に公布・施行された「ポツダム宣言の受諾に伴い発する命令に関する件に基く法務府関係諸命令の措置に関する法律」（以下、「法律137号」という。）により廃止されたが（2条6号）、同法は同時に、「この法律の施行前にした行為に対する罰則の適用については、なお従前の例による」（3条1項）とも定めていた。

　政令325号事件の被告人は、1951年1月に、『平和のこえ』を、それが（連合国最高司令官の指令により発行を停止されていた）『アカハタ』の後継紙であることを知りながら発行したとして、政令325号違反として起訴され、1951年6月25日に1審*9において懲役1年6月の有罪に処せられた。控訴審は、1952年4月28日*10に、原判決を維持する判決を言い渡した。そして、この日の午後10時半に、平和条約が発効したのである。

[4] 日本政府と政令325号

　ところで、1952年4月28日には、恩赦法に基づき、大赦令も公布された。この大赦令は、政令325号2条の罪を犯した者も赦免したが（1条23号）、その例外も定めており（1条23号但書）、その中には、「連合国最高司令官覚書『言論及び新聞の自由に関する件』」（1945年9月10日付）、「日本の新聞のよるべき規則に関する件」（1945年9月19日付）、あるいは——政令325号事件で問題となった——1950年6月26日付および同年7月18日付の「内閣総理大臣宛連合国最高司令官書簡」の趣旨に反する行為からなる罪も含まれていた。

　当時、最高裁調査官であった谷口正孝は、この大赦令1条23号但書で挙げ

---

*9　盛岡地判1951（昭和26）年6月25日刑集7巻7号1616頁参照。
*10　仙台高判1952（昭和27）年4月28日刑集7巻7号1618頁参照。

られた覚書の内容は「連合国軍隊による日本占領という屈辱的事実関係の上に占領軍の威厳と安全を守り、占領政策の遂行を容易ならしめるだけのものか、或いは言論の自由等に重大な制限を加え憲法違反の疑いが非常に濃いものであって、唯わずかに連合国最高司令官の有する超憲法的権力によって、その実効性を保障され、わが国の憲法を頂点とするそれ以下の体系とはその妥当性の基盤を異にするものであった」とした上で、「政治情勢の変遷による恩赦を目的としたこんどの恩赦令が真に講和恩赦の名に価するものである限り、これらの占領目的阻害行為はすべて一律に赦免されて然るべきであった」にもかかわらず、「これについて重大な制限を設けたことは、むしろ恩赦権の濫用といわざるを得ない」と主張していた*11。

そもそも、政令325号に関しては、連合国最高司令官と日本政府との間で、利害が一致する部分があった。このことは、1952年5月1日に『アカハタ』が復刊されたことについて、当時の『朝日新聞』が、「アカハタの復刊は占領下に連合軍の〝権威〟を背景として来た政府の治安政策が、独立によってこの支えを失ったスキに乗じて行われたもので、政府としてはこのことをかねて予想もしていたし、そのためにこそ大橋前法務総裁以来いろ〳〵治安立法の制定をあせって来た」が、「独立前後の政治情勢は基本的人権に関係の深い治安立法の出現を、たやすく許さなかったため、このような治安法規の空白が出てしまったわけである*12」(傍点中林)と解説していたことからも窺うことができよう。

[5] 政令325号事件最高裁判決

政令325号事件において、最高裁は原判決および第1審判決を破棄し、被告人を免訴とした。原判決後に刑が廃止されたときにあたるとされたのであるが、このような結論は、理由づけの全く異なる2つの「意見」——真野毅裁判官ほか6人の「意見」と井上登裁判官ほか4人の「意見」——によって支えられていた。

まず、真野裁判官らの「意見」は、政令325号の罰則は「その本質において

---

*11 谷口正孝「講和恩赦令の盲点」ジュリ16号(1952年)2-3頁。
*12 朝日新聞1952年5月1日朝刊1面。

全く最高司令官の占領目的達成のための手段たるに過ぎないものであるから、占領状態の継続ないし最高司令官の存続を前提としてのみ、その存在の価値と意義を有するに過ぎないものと言うべきであ」り、「別の言葉でいえば、この罰則は、その本質上占領状態の終了従って最高司令官そのものの解消と共に、当然その効力を失うべきものであると言わなければならない」とした。ここでは、ポツダム命令一般が平和条約発効と共に失効したと考えられているのではない。「一般にポツダム命令は……法律81号により平和条約発効と同時に原則として『法律としての効力を有する』と定められたのであるから、いやしくもその内容が憲法の規定に違反していない限り、平和条約発効後においても効力を持続すると見るべきであるが、政令325号の罰則は、他の一般ポツダム命令のごとくその命令自体において犯罪行為の実質的内容を具体的に特定したものではなく……単に最高司令官の指令違反を犯罪とし処罰するのであるから、その本質上平和条約の発効と同時に当然失効する」とされたのである。真野裁判官らの「意見」は、政令325号の構造を占領体制ゆえのものと捉え、その構造そのものを問題視したのである。

　井上裁判官らの「意見」は、まず、政令325号は「たといその内容をなす指令に憲法違反の部分を含んでいても、占領期間中は憲法にかかわらず全面的に有効であったことを認めなければならない」が、「占領終了によって日本が独立を回復し、憲法がその効力を完全に発揮するに至った後においては、憲法違反の法規の存在を容認することはできないから、これを有効な国法として存続させることができるかどうかはこの観点から厳正な検討をしなければならない」とした上で、まず、「政令第325号の内容となっている指令といっても、単に連合国又は占領軍の利益のためにのみ発せられたものばかりではなく、わが国の秩序を維持し公共の福祉を増進するために発せられたものも存在」し、「このような内容をもつ指令は、連合国最高司令官から発せられたというだけの理由で、これを内容とする政令第325号がわが国の有効な国法となり得ないとはいえ」ず、「指令の内容において合憲なるものは平和条約発効後においても、その指令のかぎりにおいて」わが国が政令325号を国法として存続させることは自由であり、政令325号も法律81号により「その内容とする指令が合憲なるかぎり」、「有効なわが国法として存続することになった」とした。

そこで、井上裁判官らの「意見」は、当該指令の内容の実質的な検討に移る。井上裁判官らの意見は、まず、「検閲とは公表されようとする言論に対して、官憲がこれを事前に審査しその容認するもののみの公表を許すことである」とした上で、この事件で問題となった指令は、「アカハタ及びその同類紙又は後継紙について、これを掲載されようとする記事が国家の秩序を紊り又は社会の福祉を害するというような理由の有る無しを問わず、予じめ全面的にその発行を禁止するものであり通常の検閲制度にもまさって言論の自由を奪うのであるから、憲法 21 条に違反するものであることは明らかであって、右政令第 325 号もまたこの指令に対する違反を罰するかぎりにおいて憲法に違反するといわなければなら」ず、「占領中は政令第 325 号により右指令の趣旨に違反した行為として処罰されなければならなかったとしても、占領終了し日本国憲法が完全にその効力を発揮することになった後においては、裁判所は憲法違反の法規の効力を容認することはできないから、右政令第 325 号は前記指令を適用するかぎりにおいて、わが国のこれに関する立法の如何にかかわらず（すなわち法律第 81 号によっても）平和条約発効と同時にその効力を存続せしめることができないものと断じなければならない」としたのである。

[6] 憲法 21 条論

　真野裁判官らの「意見」と、井上裁判官らの「意見」との違いは、政令 325 号そのものを問題とするのか、それとも政令 325 号の内容となっている個別の指令を問題とするのか、という違いである[*13]。そして、井上裁判官らの「意見」は、政令 325 号の内容を補充する指令のうち、表現の自由を制限していた指令を、憲法 21 条の問題として議論の俎上に載せようとしたのである（この判決後も、たとえば、1945 年 9 月 10 日付連合国最高司令官の「言論及ビ新聞ノ自由」と題する覚書のうち、公式に発表されない連合国軍隊の動静を論議することを禁止し処罰する部分が問題となった事件[*14] では、4 人の裁判官〔井上登裁判官、栗山茂裁判官、河村又助裁判官および小林俊三裁判官〕のうち、井上登裁判官ら 3 人が、当該部分を憲

[*13]　真野裁判官らの「意見」は憲法の条文を挙げていないが、条文を挙げるとすれば、31 条であろう（伊達秋雄「政令 325 号に関する最高裁判所の違憲判決──その問題点の解説と私見」ジュリ 40 号〔1952 年〕13 頁）。
[*14]　最大判 1953（昭和 28）年 12 月 16 日刑集 7 巻 13 号 2457 頁。

法21条違反と判断し*15、また、同じ覚書のうち連合国に対する虚偽または破壊的批評および風説を論議することを禁止処罰する部分が問題となった事件*16においては、4人の裁判官に新たに岩松三郎裁判官が加わった5人の「意見」が、当該部分を憲法21条違反と判断している）。

　政令325号事件は、あくまでも占領中の事件に関するものである。したがって、井上裁判官らのアプローチは、何よりも、占領下における表現活動への規制の問題点を浮き彫りにするという意味をもっていたが、それは同時に独立回復後の憲法21条の存在感を明確にするという意味ももっていたはずである。そして、法律137号により名実ともに廃止されたとはいえ、政令325号が、とりわけ治安政策の側面において当時の日本政府と微妙な関係にあったことに照らすならば、井上裁判官らの「意見」が有した意味は、決して小さくないといえるであろう。

3　皇居前広場事件

[1]　皇居前広場事件東京地裁判決

　皇居前広場事件とは、ここでは、厚生大臣が行った、1952年5月1日の中央メーデー開催を目的とした皇居外苑（皇居前広場）の使用不許可処分の取消しを求めて、主催者である日本労働組合総評議会（総評）が訴えを提起した事件のことを指している。この訴えは、1952年4月4日に、東京地裁に提起された。この事件を担当した判事の1人である入山実は、「少なくとも第1審は、5月1日前にすませなければならないとは思ったが、これまでの訴訟のやり方から、その確信はもてなかった」ことを述懐した上で、当事者の準備がよかったことを——法務府の協力に対しては、最終弁論の際に原告代理人から敬意が表されたことを紹介しつつ——指摘している*17。その結果として、判決は、使用予定日前の4月28日に言い渡されたのである。とはいえ、厚生省側が控

---

*15　栗山裁判官は、憲法21条には違反しないと考えたが、この事件で問題となったビラは覚書の禁止に該当しないので被告人を無罪とするべきであるとしている。
*16　最大判1955（昭和30）年4月27日刑集9巻5号947頁。
*17　入山実「皇居外苑使用不許可処分取消判決について」判夕19号（1952年）52頁。

訴し、結局、総評側は皇居前広場での中央メーデーを開催することはできなかった。

　この東京地裁判決において、特に興味深い点は、同判決が、「皇居外苑がその沿革と場所柄にふさわしい落ちつきと静けさを常に保っていることは、国民の強く希望するところであることもちろんであるが、一面皇居外苑が、首都の中心に在る国民広場として、常時国民の共同使用に公開されているという、その本質にかんがみるときは……国民的行事たる意義をもつ中央メーデーのために、5月1日の限られた時間内、これを使用させるということもまた、国民感情の容認するところであるといわなければならない」と述べている点である。

　皇居前広場における集会というのは、今日ではイメージしにくいかもしれないが、少なくともこの判決が言い渡された当時、皇居前広場における集会というのは決して珍しいものではなかったのである[*18]。実際、判決でも指摘されていたが、1946年から1950年までは毎年5月1日に「メーデー」が皇居前広場で行われていたのである。この東京地裁判決は、何よりも、かかる文脈において読まれる必要がある。

[2] パブリック・フォーラム論？

　いわゆるパブリック・フォーラム論を踏まえてこの東京地裁判決を読むと、当時においてこの判決がどのように位置づけられるべきであったかがわかる。

　パブリック・フォーラム論とは、表現活動を行う場所あるいは集会する場所に係る議論である。兼子一は、「憲法21条の集会や表現の自由の保障は……国家権力の干渉によって侵害されることに対する保障に止まり、国家に対して特別の利益や便宜の供与を要求する根拠となるものではな」く、「公安条例である種の集会を一般的に禁止し、公安委員会の許可によって個別的に解除する場合などの許可申請は──その前提となる一般的禁止が憲法上許されるか否かが既に問題ではあるが──禁止の解除即ち国家的干渉の排除を求める点で、集会の自由に基くといえるが、本件で問題となっている公園の特別使用は……個人が本来有する権利の回復ではなくして、私有地の使用を求める場合と同様に管

---

*18　原武史『皇居前広場』（光文社、2003年）126-195頁を参照。1946年5月「のメーデー以降、占領軍と左翼勢力がこの広場を利用した機会はおびただしい数に上る」（同142頁）。

理者の承諾によって供与される特別の利益に過ぎないから、集会等の自由とは全く無関係なものである*19」と述べて、皇居前広場事件東京地裁判決を批判していた。そこにあるのは、所有者としての政府を私的所有者と同様に捉える発想である*20。確かに、表現の自由や集会の自由は、他人の財産を利用して表現活動を行ったり集会することまでを権利の内容として当然に主張しうるわけではない。それはまた、所有者は自らの財産において他人の表現活動を容認する義務はない*21 ということも意味することになる。そして、アメリカ合衆国において、パブリック・フォーラム論は、このような発想、すなわち所有者としての政府を私的所有者と同様に捉える発想を否定するところから出発したのである。

皇居前広場事件は、東京地裁判決に対し厚生省側が控訴し、そのまま使用予定日の5月1日が経過した。控訴審*22 および最高裁*23 はいずれも、5月1日が経過したことにより訴えの利益が失われたとした。このうち、最高裁判決は、傍論において、実質的な判断を示したのであるが、それは、東京地裁判決と異なるものであった。

最高裁調査官でもあった河原畯一郎は、その著書の中で東京地裁判決と最高裁判決とを比較し、「皇居外苑の本質その他について意見の相違点はあるが、何れも、許可または不許可の当否は集会の自由に於ける公益と、それによる皇居外苑の観光的価値の一時的損傷との比重にあることを容認して」おり、「地方裁判所は、集会の自由に於ける公益が優先するとしたに反し、最高裁判所は、観光的価値の一時的損傷を以って集会の自由に於ける公益よりも重大であるとしたものである」とした上で、「皇居外苑は、従来より集会に使用されたものであり、且集会に適する場所であ」り、「集会の自由は、観光的価値が一時的損傷を受けるとの理由により制限するには、あまりにも貴重な権利である」と述べて、彼自身は東京地裁判決への賛意を示していた*24。その際に、彼がパ

---

*19 兼子一「判比」季刊労働法5号（1952年）105頁。
*20 この点も含めて、集会の自由とそれに必要な場所との関係については、佐藤幸治編著『憲法Ⅱ 基本的人権』（成文堂、1988年）242-246頁［阪本昌成］、阪本昌成『憲法理論Ⅲ』（成文堂、1995年）156-162頁を参照。
*21 佐藤・憲法論285頁を参照。
*22 東京高判1952（昭和27）年11月15日行集3巻11号2366頁。
*23 最大判1953（昭和28）年12月23日民集7巻13号1561頁。
*24 河原畯一郎『言論及び出版の自由』（有斐閣、1954年）187頁。

ブリック・フォーラム論を形成しつつあった合衆国最高裁の判例を踏まえていたことは興味深い。

いわゆるパブリック・フォーラム論において、公園は道路と共にパブリック・フォーラムの典型例に分類される（これらは伝統的パブリック・フォーラムとも呼ばれる）が、このことの意義は、道路や公園が、表現活動や集会のみを行う場所として設けられてきたわけではない、ということと併せて確認しておく必要がある。すなわち、「道路・広場・公園等は、伝統的に、交通や憩いの場というだけでなく、人々が自由に交流し表現する場としても認められてきた[*25]」（傍点中林）という点にこそ（伝統的）パブリック・フォーラムの本質はあるということができるからである[*26]。皇居前広場の観光的価値と集会の自由の価値とを衡量しつつ、後者の方が優るとした東京地裁判決は、かかる文脈において理解されるべきであろう[*27]。

[*25] 高橋・憲法240頁。
[*26] 中林暁生「伝統的パブリック・フォーラム」法学73巻6号（2010年）188頁以下、中林暁生「表現する場を提供する国家」ジュリ1422号（2011年）94頁以下、中林暁生「パブリック・フォーラム」駒村圭吾＝鈴木秀美編著『表現の自由 Ⅰ——状況へ』（尚学社、2011年）197頁以下を参照。
[*27] 当時「人民広場」とも呼ばれていた皇居前広場において、中央メーデーを実施することができなかったことが1つの原因となって、1952年5月1日、皇居前広場でデモ隊と警官隊とが衝突したメーデー事件が起きた（小田中聰樹「メーデー事件」ジュリ900号〔1988年〕74頁以下を参照）。ここでは、2人のコメントを紹介しておこう。
事件で起訴された被告人の1人（控訴審による無罪判決が確定）は、次のように述べている（岡本光雄『メーデー事件』〔白石書店1977年〕22頁）。
「……もしこの年のメーデーにときの吉田政府が人民広場の使用を許可していたらメーデー事件は起きなかった。また1952年5月1日という時期が『講和条約』発効後ではなく、依然としてアメリカ軍の占領支配下にあったとすれば、メーデー事件は起きなかったであろう。
　前者の場合には『人民広場への抗議デモ』という必要がまったくないからであり、後者の場合には米占領軍の圧制下でこれだけの抗議デモを組織することは恐らくできなかったであろうからである。」
当時東京地裁判事であった千種達夫（皇居前広場事件は担当していない）は、東京地裁判決は「あくまでも総評が整然たる秩序と節度とを保って、メーデーを行うであろうとの全幅な信頼のもとに為されている」ので「今後もしメーデーがこの信頼を裏切る方法で行われたならば、この判決の立つ前提を失う訳であ」り、「この判決を名判決とするかどうかは、今後のメーデーのありかたいかんによってきまる」とした上で（千種達夫「メーデーと皇居外苑の使用」ジュリ11号（1952年）20頁）、さらに、次のように述べている（同20頁）。
「この判決後数日。5月1日のメーデーののち皇居外苑は流血の一大不祥事を起した。総評が裁判所の信頼に違わず、その不祥事件に加わらなかったことは、総評のためにも、労働運動のためにも喜ばしいことであった。しかし附随的にこうした不祥事が起ったことは、見様によっては、将来メーデーに皇居外苑を使用させることについての危惧ともなろうし、逆に使用が許されていたならば、という理由にもされている。」

4　おわりに

「そもそも憲法 21 条の規定する集会、結社および言論、出版その他一切の表現の自由が、侵すことのできない永久の権利すなわち基本的人権に属し、その完全なる保障が民主政治の基本原則の一つであること、とくにこれが民主主義を全体主義から区別する最も重要な一特徴をなすことは、他言を要しない[*28]」。そうであるからこそ、それぞれの時代状況の中で、いかなる 21 条論を構築するかが、重要な意味を持つことになる。今回採り上げた 21 条論は、いずれも、最高裁の多数意見となったわけではない。しかしながら、当時の日本に、そのような 21 条論を構築した法律家がいたということの意義は、決して小さくはないであろう。

[*28]　最大判 1960（昭和 35）年 7 月 20 日刑集 14 巻 9 号 1243 頁。

part. 2　コンテクストを読む　　　　　　　　　　　　　▷22条

偽の「公共の福祉」？
―― 経済的自由規制と政治過程

1　はじめに

　薬局の距離制限を職業の自由に反し、無効とした薬事法判決[*1]を聖典（？）として、経済的自由（とりわけ憲法22条）関連事案を、ドイツ流三段階審査（保護範囲→制限→正当化）[*2]の格好の適用事案と捉える学生が増えてきている。もちろん本章は、このような傾向を否定するものではない（かくいう筆者も、法科大学院の講義では三段階審査の視点を踏まえて、同判決の解説を行っている）。しかし、三段階審査の機械的当てはめだけで、経済的自由関連事案に適切な解答が与えられるわけではない。それには、政治過程に対する想像力が不可欠である。

　経済的自由規制立法が成立する政治過程を考えてみてほしい。それは、多くの場合、新たなビジネスモデルを引っ提げて業界に乗り込もうとする新参者と、それによって旧モデルが失効し、既得利益を失うかもしれない古参者との――生活水準をかけた――闘争の過程である。そこでは、うまく組織化し、国会議員に対してオイシイ餌（組織票や政治資金、等々）を有効にちらつかせた方が、勝者となる。後述のように、薬事法判決が違憲とした薬局距離制限（昭和38年）は、まさに、スーパー形式等の販売形態をとる「新参者」の医薬品販売業進出を抑え込もうとする既存薬局（薬剤師集団）の「力」によって成立したものと言われている[*3]。本来、立法者は、社会全体の利益、すなわち「公共の福祉」のために立法を行うのであり、法律は、それが「一般性（generality）」を

[*1]　最大判1975（昭和50）年4月30日民集29巻4号572頁。
[*2]　松本和彦『基本権保障の憲法理論』（大阪大学出版会、2001年）、小山・作法等参照。
[*3]　奥平康弘『憲法裁判の可能性』（岩波書店、1995年）121-124頁、長谷部恭男『比較不能な価値の迷路』（東京大学出版会、2000年）108-109頁、安念潤司「国家vs市場」ジュリ1334号（2007年）86頁等参照。

帯びた公益と結び付いているがゆえに「法律」たりうる。しかし、上述のような政治過程を前提とすると、経済的自由規制立法は*4、ある特定業界の特殊利益のみを考慮した、部分的 (partial) で恣意的なものとなり、被規制者の主観的権利の侵害以前に、そもそも一般性や公共性が要求される「法律」としての資格を欠く可能性が高い。このような政治過程を想定すると、経済的自由関連事案は、その焦点を、"立法者が、この利益渦巻く政治過程のさ中にあって、なお一般性を志向し、公共の福祉を実現すべく誠実な努力を行ったか"に当てることによって、よりうまく攻略されるように思われる。たとえば、薬事法の距離制限に、業界団体と議員間の癒着の臭いを嗅ぎ取ることができれば、かかる制限が「国民の生命及び健康に対する危険の防止」という偽装された公共目的（消極的、警察的目的）と関連しないことを、予め見通すことができよう。距離制限の真の目的が、専ら業界団体の既得利益の保護にあるとすれば、この制限が表面上掲げられた偽の公共目的と関連しないのは当然だからである。

　本章は、アメリカの憲法史を素材に、経済的自由関連事案に対するこのようなアプローチが、実は伝統的なものであることを確認した上で、経済的自由規制立法に対する違憲審査のあり方について簡単な検討を加えてみたい。そこから、憲法学習者にとって有益な視点を抽出することが、本章の目的である。

2　「ロックナー修正主義」の教訓

[1]「通説」

　反面教師として、わが国における経済的自由規制立法の違憲審査のあり方にも重大な影響を与えてきたのが、アメリカ連邦最高裁判所による Lochner v. New York 判決（1905年）*5 である。製パン業従事者と公衆の健康を守るという目的の下、製パン業従事者の労働時間を1日10時間、週60時間までに制限したニューヨーク州法を、憲法の保障する「契約の自由」を制約するものとして厳格審査に付し、違憲としたロックナー判決は、自由放任主義的な経済理論（レッセフェール）に固執して、市場介入的な立法、弱者保護的な立法を立て続けに違憲としてき

---

*4　実際には、経済的自由規制立法に限られないが、本章ではその射程を絞ることにする。
*5　198 U.S. 45 (1905).

た──したがって、後にF・ルーズベルト大統領が「大恐慌」克服のために繰り出したニューディール政策をも覆すようになった──当時の"保守"連邦最高裁の象徴的判決とされ、わが国においても長く悪しき判例の1つに数えられてきたのである。わが国の憲法訴訟論が、社会経済立法に裁判所が積極的に介入したロックナー期の諸判決を反面教師として、裁判所は表現の自由を含む精神的自由規制立法には厳格な審査を行うべきだが、経済的自由規制立法には緩やかな審査を行うべきとする、アメリカ流「二重の基準」論を基本的に支持してきたことは周知のとおりである[*6]。

無論、アメリカでも、ロックナー期を批判ないし無視すべきというのが、主流派憲法学の流儀であり、通説でもあった[*7]。しかし、近年、こうした通説の固定的評価を疑い、ロックナー判決ないしロックナー期の意義を再検討しようとする「ロックナー修正主義（Lochner revisionism）」が有力化してきている[*8]。これは、ロックナー期に対するアメリカの通説を土台に（少なくとも参考にして）、経済的自由規制に対する違憲審査基準を作り上げてきた、わが国憲法学にとっても無視できない動きである[*9]。しかも、修正主義のなかには、1で示したアプローチ、すなわち、経済的自由規制立法の違憲審査において、当該立法の「一般性」や「公共の福祉」適合性に着目するアプローチを、ロックナー期の一貫した姿勢と捉え、その重要性を示唆する見解もあり、注目される。そこで、以下では、修正主義の代表的論者であるギルマン（Howard Gillman）とバーンスタイン（David E. Bernstein）の議論を簡単に見てみることにしたい。

[*6] 二重の基準論については、松井茂記『二重の基準論』（有斐閣、1994年）、内野正幸『憲法解釈の論理と体系』（日本評論社、1991年）216-228頁等参照。

[*7] See e.g., David A. Strauss, Why Was Lochner Wrong?, 70 U. CHI. L. REV. 373, 373 (2003)（「もしあなたが、現代においてアメリカ憲法の主流派に属したいならば、ロックナー判決を拒絶しなければならない」）。

[*8] See e.g., HOWARD GILLMAN, THE CONSTITUTION BESIEGED: THE RISE AND DEMISE OF LOCHNER ERA POLICE POWERS JURISPRUDENCE (1993); Barry Cushman, Some Varieties and Vicissitudes of Lochnerism, 85 B. U. L. REV. 881 (2005); DAVID E. BERNSTEIN, REHABILITATING LOCHNER (2011).

[*9] 詳細については、清水潤「ロックナー期憲法判例における『残余としての自由』」一橋法学10巻1号（2011年）183頁以下、同「コモン・ロー、憲法、自由──19世紀後期アメリカ法理論とLochner判決──（1）～（8・完）」中央ロー・ジャーナル14巻1号～15巻4号（2017年～2019年）、中川律「合衆国の公教育における政府権限の限界」憲法理論研究会編『憲法学の最先端』（敬文堂、2009年）117頁以下等参照。先行業績として、常本照樹「『経済・社会立法』と司法審査（1）」北大法学論集35巻1・2号（1984年）1頁以下、同「ニュー・ディールと最高裁」アメリカ法1997-1号（1997年）23頁以下参照。

[2] ギルマンの議論——反クラス立法

　ギルマンは、ロックナー期（ロックナー判決前後の1880年から1937年までを指すことが多い）の諸判決は、自由放任主義という経済理論を司法の場で強力に推進したものというより、「クラス立法（class legislation）」を否定する——連邦憲法起草時以来の——法的伝統を忠実に実現しようとしたものであったと述べる。ここで言うクラス立法とは、「人民一般のためというより、特定の利益集団の利得のために制定された〔立法〕[*10]」とか、「それが特定の利益集団に利得を与えるがゆえに、または、Bに与えるためにAから取り上げるものであるがゆえに、公共性を志向したもの（public-regarding）とはみなされない立法[*11]」などと定義される[*12]。

　上述のように、ギルマンによれば、このような反クラス立法的思考は連邦憲法起草時の反党派主義まで遡ることができるとされる。起草者たちは、1780年代に、社会の特定クラスのみを利する債務者救済法など、専ら「私的」な利益を促進するために各州議会が成立させた「部分法（partial law）」を無効とすべく、政府は経済的に競合する社会集団間またはクラス間の争いに中立的であるべきことを強調したというのである。そして、こうした考えは、A・ジャクソン大統領（1829～37年在任）の時代における州のポリス・パワー[*13]の限界法理に引き継がれたという。ギルマンによれば、ジャクソン時代に、政府は、機械工よりも農業経営者、それらよりも製造業者というように、あるクラスを他のクラスよりも優遇すべきではないと固く信じられ（平等への衝動）、法の「一般的性質（general character）」が重要視された。そこから、諸州の裁判所も、州立法府が有するポリス・パワーの限界画定に際して、「ただコミュニティの一部の利益を推進するような、不平等な、部分的な、クラス的な、または特別な立法の非正統性」を強調し、法律が一般的福祉への寄与という観点から正当

[*10] Jamal Greene, *The Anticanon*, 125 HARV. L. REV. 379, 420（2011）.
[*11] ギルマンの議論を引用して、David Bernstein, *Lochner Era Revisionism, Revised*, 92 GEO. L. J. 1, 12-13（2003）.
[*12] ギルマンの議論を丁寧に紹介したものとして、C. Ian Anderson, *Courts and Constitution*, 92 MICH. L. REV. 1438（1994）; Gary D. Rowe, *Lochner Rivisionism Revisted*, 24 LAW & SOC. INQ. 221（1999）.
[*13] ポリス・パワーとは、「州が州民の健康（health）、安全（safety）、道徳（morals）その他一般の福祉（general welfare）を保護・向上させるために各種の立法を制定・執行する権限」を意味する。田中英夫編集代表『英米法辞典』（東京大学出版会、1991年）646頁。

化されることを要求し始めたとされる*14。確かに、当時の著名な法律家も、財産上の諸権利が「一般的福祉（general welfare）」の実現に必要な一般的規制に服すること、「政府の有するポリス・パワーの範囲が、公共の福祉を保護し、向上させる政府の義務の範囲と一致する」ことを指摘していた*15。

　ギルマンは、以上のように、「私的利益〔集団〕の特定の福祉（*particular welfare*）」と鋭く対比される「公共の福祉」論*16が、19世紀後半に、合衆国憲法修正14条（いわゆるデュー・プロセス条項を含む）の制定（1868年）を通じて連邦最高裁に持ち込まれ、ロックナー期のデュー・プロセス理論の礎を築いたとする。周知のとおり、アメリカでも憲法上「契約の自由」は明文で保障されておらず、「いかなる州も、人から法のデュー・プロセスによらずして生命、自由もしくは財産を剥奪してはならない*17」とするデュー・プロセス条項中の「自由」として保障されると考えられているが、ここで言う「デュー・プロセス」は、州裁においてポリス・パワーの限界画定の規準とされた法の一般性や公共性と同種のものとして解釈されたというのである*18。すなわち、「デュー・プロセス」とは、恣意的でないことを意味し、この非恣意性は、党派的でないこと、個別的でないことを意味したとされる。実際、当時のデュー・プロセス研究者も、「法の一般性と平等性」こそが「デュー・プロセスの基本的要求」であると述べていたし*19、1884年の連邦最高裁判決も、デュー・プロセス条項の趣旨を、「没収法や、……ある者の財産を別の者に直接移転させる法、その他、立法の形式による、これらと同様の特殊的・部分的・恣意的な権限行使を排除しようとするもの」と捉え、恣意的な立法は、"法は一般であるべき"という同条項の基本的要求に矛盾するものであると述べていた*20。

---

*14　GILLMAN, *supra* note 8, at 48-49.
*15　THOMAS M. COOLEY, A TREATISE ON THE CONSTITUTIONAL LIMITATIONS WHICH REST UPON THE LEGISLATIVE POWER OF THE STATES OF THE AMERICAN UNION 1224, 1226 (8th ed. 1927).
*16　*See* Vandine's Case, 23 Mass. (6 Pick) 187 (1828); Bank of the State v. Cooper, 10 Tenn. (2 Yre.) 529 (1831).
*17　訳は、松井茂記『アメリカ憲法入門〔第8版〕』（有斐閣、2018年）460頁参照。
*18　この点については、さらに、Nathan S. Chapman & Michael W. McConnell, *Due Process as Separation Powers*, 121 YALE L. J. 1672 (2012).
*19　HANNIS TAYLOR, DUE PROCESS OF LAW AND THE EQUAL PROTECTION OF THE LAW 307 (1917).
*20　*See* Hurtado v. California, 110 U.S. 516, 535-536 (1884).

かくして、ギルマンの議論の帰結は次のようになる。ロックナー期の最高裁が経済的自由関連事案において何よりも重視し、擁護しようとしたのは、自由放任主義や「契約の自由」ではなく、法の一般性や公共性であった、と。ギルマンによれば、当のロックナー判決も、ニューヨーク州法が、労働時間規制によって特別の保護を与える１つのクラスとして製パン業従事者を選び出したこと（かかる規制の恩恵が、製パン業従事者のみに及ぶこと）、州がこの特別扱いを正当化する十分な理由を提示していなかったこと[*21]が、同法を違憲とした最大の要因になっていたと説明されるのである[*22]。

[3] バーンスタインの議論──ロックナー判決の真相？

　バーンスタインは、ギルマンと異なり、ロックナー判決が「契約の自由」を正面から承認したことを強調し、同時期の最高裁が、通常思われている以上に、現代の基本的権利論や厳格審査論の発展に重要な影響を与えたことを指摘するが[*23]、ここでは、彼が、ギルマンとは別の角度から、ロックナー判決とクラス立法との関係を描き出している点に注目したい。先に軽く触れたように、一般にロックナー判決は、社会経済的弱者としての労働者保護立法を、社会経済的強者としての大規模製パン業者（資本家）の利益を保護する方向で無効化した判決として知られている。しかし、バーンスタインは、こうした見方は誤っているとする。そもそも製パン業従事者の労働時間を制限するニューヨーク州法は、同従事者や公衆の健康保持を目的としていただけではなく、実際には、移民を多く雇用する、組合未加入の小規模製パン業者を業界から追放し、既に組合に加入している大規模業者とその被用者等の利益を保護する目的をも有していたから（後者こそが真の目的ともされる）、この州法を違憲無効としたロックナー判決は、むしろ「特殊利益立法（special interest legislation）」を否定して、社会経済的弱者としての小規模業者や移民労働者を保護した判決として位置づ

[*21] ロックナー期においても、十分な理由さえあれば、特定クラスに特別の保護を与える立法も許容されていた。See e.g., Holden v. Hardy, 169 U.S. 366（1898）（炭鉱労働者の労働時間制限を合憲とした）。
[*22] GILLMAN, supra note 8, at 174-177; see also Cushman, supra note 8, at 930-932; WILLIAM E. NELSON, THE FOURTEENTH AMENDMENT 199 (1988).
[*23] David E. Bernstein, The Conservative Origins of Strict Scrutiny, 19 GEO. MASON. L. REV. 861 (2012).

けられるというのである*24。

　バーンスタインによれば、ロックナー事件の実態はこうである。1890 年代半ばには近代的な設備の導入をある程度済ませていた大規模製パン業者は、この頃には既に、その労働環境や労働条件を大幅に改善させており、従事者がそこで長時間働くことは滅多になかった。他方、小規模業者は、賃料が安く、パン焼きオーブンの重量にも耐えられるテナント地下に設備を置くことも少なくなく——彼らは「地下パン屋（the cellar bakeries）」とも呼ばれた——、従事者をこうした地下施設で 1 日 10 時間以上働かせることも多かった。また、前者においてはドイツ系移民が多く雇われ、その組合加入率・組織率は高かったのに対し、「昔ながらの小さなパン屋」においては、イタリア系・フランス系・ユダヤ系移民が多く雇われ、組合加入率・組織率は極端に低かった。そうなると、「1 日 10 時間」という労働時間規制は、このように長い労働時間を確保することで何とかやっていけている小規模業者の経営に打撃を与え、組合未加入の移民労働者を製パン市場から追いやることになる。すなわち、労働時間規制は、大規模事業者および労働組合（組合加入労働者）にとって大きな利益になるものだったのである。バーンスタインによれば、実際、ニューヨーク州法の成立に尽力したのは、「製パン・製菓子業労働者国際組合」のリーダーである——そしてドイツ系移民でもある——ヴァイスマン（Henry Weismann）であった*25。

　もちろん、バーンスタインの議論が有する説得力は、詳細な歴史的検証を通じて慎重に査定されなければならない。ただ、ロックナー判決直後に公刊された Nation 誌が、ニューヨーク州法の労働時間制限を「組合の専制（union tyranny）」と呼んで批判する一方、「ロックナー判決の主たる効果は、……公衆の健康を維持するふりをして、組合主義者が非組合主義者の競争力を制限し、……ある種の独占を確立するために用いようとした誤魔化しを止めさせること

---

*24　See BERNSTEIN, supra note 8, at 23. さらにグリーンは、政治的少数派の利益を保護したという点で、ロックナー判決は、United States v. Carolene Products Co., 304 U.S. 144 (1938) の「脚注 4 (footnote four)」にも合致している可能性があると指摘している。See Greene, supra note 10, at 420. 「脚注 4」については、松井・前掲注 6) 9-75 頁参照。
*25　See Bernstein, supra note 11, at 23-24; Bernstein, supra note 8, at 23-27. ロックナー事件の背景については、木南敦「ロックナー判決における自律と自立」民商 146 巻 1 号 (2012 年) 1-21 頁が詳しい。

にある」（圏点山本）*26 と述べ、同判決を熱心に擁護していたことは無視できない。そうなると、バーンスタインが指摘するように、ロックナー判決多数意見に参加した「裁判官のうち１人かそれ以上は、当該立法が、製パン業者のすべてを組合の労働基準に従うことを強制することによって、不当にも労働市場を独占しようとした製パン業組合に対する甘い飴であるという信念に突き動かされていた」可能性はある*27。言いかえれば、ロックナー判決とは、ニューヨーク州法の制定をめぐる「政治過程」をよく知っていた裁判官が、法の一般性、公共性を維持するという観点から、かかる立法の合憲性を厳格に審査した判決であったとも評価しうるのである。実際、ロックナー判決が、その結論的部分において、「我々は、……多くの法が、公衆の健康または福祉を保護するためのポリス・パワーとして主張されるものの下で可決したにもかかわらず、現実には、これと異なる動機から可決されているという事実に目をつぶることはできない」（傍点山本）*28 と述べていたことが注目される。

3　経済的自由規制と政治過程

[1] 修正主義の示唆

「公共の福祉」とは、無論、多義的なものである。しかし、これまで見てきたようなアメリカの議論が教えてくれるのは、少なくともそれは、特定の誰かの利益のみを考慮した部分的で特殊的な利益ではない、ということであろう*29。これは、ある意味で当たり前のことかもしれない。「全国民を代表する」立法者が、憲法上付与された立法権限を、特定の誰かのためだけに行使することなどありえないように思われるからである。しかし、アメリカの議論も示唆するように、とりわけ「生活」と密着する経済的自由規制立法については、その想定はひっくり返る。経済的自由規制立法によって自らの暮らし向きや生

---

*26　Editorial, *A Check to Union Tyranny*, The Nation, May 4, 1905, 347.
*27　David E. Bernstein, *Lochner's Legacy's Legacy*, 82 TEX. L. REV. 1, 50（2003）.
*28　*Lochner*, 198 U.S. at 64.
*29　西村裕一「人権なき人権条項論」木村草太＝西村裕一『憲法学再入門』（有斐閣、2014年）112頁以下参照。「公共の福祉」に関する最近の議論をコンパクトにまとめたものとして、曽我部真裕「公共の福祉論、超法規的制約事由」法セ641号（2008年）18頁以下がある。アメリカのポリス・パワー（「福祉」権能）論については、田中英夫『デュー・プロセス』（東京大学出版会、1987年）等を参照されたい。

活水準が変わるであろう者は、組織化し、政治過程に猛烈な圧力をかける一方、再選を望む議員は、この圧力に屈し、あるいは自らそれを誘引し、彼らのためだけに立法する*30。こうして、そもそも公共性や一般性を志向しない、部分的で特殊的な立法が当たり前のように生まれるのである。2で見たロックナー修正主義の議論が教えるのは、経済的自由規制立法に対する連邦最高裁の伝統的な違憲審査が、自由放任主義といった経済理論や「契約の自由」論というよりも、実は、このような「当たり前」の認識によって生み出されていたかもしれない、ということである。では、わが国の最高裁はどうであろうか。

以下、憲法22条に関する有名判例を概観してみたい。

[2] 消極目的規制——薬事法判決

1でも紹介したように、薬事法判決は、昭和38年の薬事法改正により導入された薬局の距離制限（適正配置規制）を、憲法22条に反し無効とした、わが国では数少ない法令違憲判決の1つである。

周知のように、この判決が違憲判断を導いたポイントは、距離制限という規制手段が、「国民の生命及び健康」の保護という消極目的と有意に関連しないというところにあった。すなわち、本判決は、厳格な合理性の基準を用いて、立法事実を比較的詳細に吟味し、①距離制限と不良医薬品供給の危険防止との間に因果関係が認められないこと（目的—手段との不適合性）、②不良医薬品供給の危険防止は、距離制限よりも緩やかな手段によって達成されうること（手段の過剰性）を突きとめ、前記目的と距離制限とのそぐわなさを強調したわけである（②の過剰性も、当該手段と規制目的との不適合性を示す追加的資料となりうる）。しかし、先にも触れたように、仮に本件距離制限の真の動機が、国民の生命・健康の保護ではなく、専ら既存薬局の利益*31の保護にあるとすれば、距離制限が「国民の生命及び健康保護」とそぐわないのは当然である。こうして見ると、本件において最高裁は、表面上掲げられた公共目的（消極目的）を

---

*30　本章では、このような議論の背景にある「民主主義」論には触れない。なお、ロバート・A・ダール（内山秀夫訳）『民主主義理論の基礎』（未来社、1970年）、大沢秀介『アメリカの政治と憲法』（芦書房、1992年）、長谷部恭男「政治取引のバザールと司法審査」法時67巻4号（1995年）62頁以下等を参照。

*31　安念・前掲注3）86頁。

疑わしいものと捉えたために、比較的厳密な審査基準を導入し、手段が上記目
的と関連しないこと、すなわち、この手段が実際には他の隠れた目的と関連し
ていることを暴き出したようにも思われる[*32]（本判決の調査官解説は、本件法改
正が日本薬剤師会会長であり、参議院議員でもあった高野一夫によって推進されたこと、
本件法改正の審議が「極めて短時間、行われたのみ」であったことに直接言及してい
る[*33]。このことからも、本件を担当した裁判官が、薬局距離制限をめぐる「政治過程」
を知っていたことが窺える)。つまり、この有名判決は、薬事法改正による距離
制限が純粋に特殊的で個別的であって、一般性・公共性を有していないがゆえ
に、これを無効とした——その意味で、ロックナー判決と一定の類似性を持っ
た——判決のようにも思われるのである。

[3] 積極目的規制——小売市場判決

　次に、積極目的規制に関する最高裁判決を見ることにするが、その前に、
「積極目的規制」とは何かについて簡単な説明を加えておきたい。一般に、積
極目的規制は、「福祉国家の理念に基づいて、経済の調和のとれた発展を確保
し、とくに社会的・経済的弱者を保護するためになされる規制であり、社会・
経済政策の一環としてとられる規制[*34]」と説明されるが、注意を要するのは、
それが純粋なクラス立法ないし業界保護立法ではない、ということである。確
かに積極目的規制が、経済的に劣位するような特定クラスを利することも少な
くないが、それは、生存権の保障といった一般的な国家目的の実現や、市場の
歪みの是正ないし除去といった一般的な公益の実現を試みようとする結果に過
ぎない[*35]。最高裁自身が述べるように、それは、ある特定クラスに対して
「独占的利益を付するためのもので〔は〕ない」のである[*36]。その意味で、積

[*32] 長谷部・前掲注3) 109頁。
[*33] 富澤達・最判解民事篇昭和50年度205頁。さらに富澤は、「〔本件法改正は〕殆ど実質審議なしに成立したので、審議の過程において明らかにすべき点は殆ど明らかにされなかった憾みがある」という横田陽吉のコメントを引用している。同上、213頁 (注1)。
[*34] 芦部・憲法234頁。
[*35] See West Coast Hotel Co. v. Parrish, 300 U.S. 379 (1937). 一般に、このパリッシュ判決は、ロックナー期に終わりを告げた判決として知られるが、実際に同判決がもたらしたのは、公共性概念の拡張と、裁判所一議会間の権限配分上の変化に過ぎないように思われる。
[*36] 最大判1972 (昭和47) 年11月22日刑集26巻9号586頁。

偽の「公共の福祉」?　　207

極目的規制は、特殊的・個別的なクラス立法とみなされるリスクを抱えた公共的立法と言うことができよう。

このような積極目的規制を扱ったリーディング・ケースとされるのが、昭和47年の小売市場判決[*37]である。これもまた周知のように、本判決は、①「経済的基盤の弱い小売商の事業活動の機会を適正に確保し、かつ、小売商の正常な秩序を阻害する要因を除去」し、②「過当競争によって招来されるであろう小売商の共倒れから小売商を保護する」という積極目的（①が本来的な目的であり、ここに公共性が宿る。②は、①の結果として、クラス立法的リスクを引き受ける部分である）[*38]に出た小売商の距離制限を、「明白の原則」と呼ばれる極めて緩やかな審査基準によって合憲としたものである。この判決を本章の問題関心に引き付けて読めば、本判決が緩やかな審査で満足したのは、上述のような積極目的を堂々と掲げている本件の立法目的に偽りはなく、目的と手段とが当然にマッチすると考えたからであるように思われる。先述のように、積極目的規制は、クラス立法的な要素を含み、そのように見られるリスクを抱えている。したがって、積極目的を法案提出時に正面から掲げることは、"それは党派的で恣意的な特殊立法なのではないか"という反論を覚悟すること、言いかえれば、討議コストを提案者自ら引き受けることを意味する。そこで裁判所としては、積極目的が正面から掲げられていることをもって、当該立法の公共性・一般性が、国会の場において既に「厳格審査」されていると考えることができるのである（前記②目的しか有しない純粋なクラス立法は、この「審査」により国会の場でスクリーニングされることになろう）。だからこそ本判決は、裁判所においては緩やかな審査で足りるものと解したようにも思われる（この点で、裁判所における「明白の原則」は、「無審査」と同じではない。その「緩やかさ」は、国会での「厳格」審査を前提にしているからである）。このように考えると、積極目的規制に関する判例もまた、法の一般性や公共性に対する憲法的コミットメントと関連した判決として読むことができる。

[*37] 前掲注36)参照。
[*38] たばこ小売販売業事件判決（最判1993（平成5）年6月25日判時1475号59頁）では、たばこ小売人に多い零細経営者や身体障害者等の生存権保障が①目的とされ、小売人の経営保護が②目的とされている。

[4] まとめ——偽の「公共の福祉」を見破れ！

　最後に、以上のような考察から憲法学習者が学び取ることのできる知見を簡単にまとめておきたい。

　第1は、経済的自由関連事案に適切な結論を与える最終的な決め手は権限論証にある、ということである。ステップとしての権利論証（保護範囲論や制限論）の重要性を否定するつもりはないが、経済的自由規制に対する違憲審査の実質的ポイントは、立法者が、特定の誰かの利益だけを見ているのではなく、本当に一般性・公共性を志向しているのか、本当に「公共の福祉」を実現しようと努めているのかを、法令の目的—手段審査（とりわけ手段審査）を通じて検証するところにある。

　第2は、いま述べたこととも関連するが、「手段審査」の一義的な意味は、当該規制手段の政策的妥当性をチェックするという点にはない、ということである。既に多くの論者が指摘しているように[39]、経済的自由規制に対する手段審査の一義的な意味は、当該規制の真の動機を燻り出すこと、すなわち、表面上掲げられている「公共」目的が本物か偽物かを識別するところにある。そうであるからこそ、立法裁量を前提とした裁量審査の枠内でも、裁判所は比較的厳密な手段審査をなしうるのである（ここでの手段審査の目的は、立法者の採用した手段が政策的に妥当かどうかを判断代置的に審査することにはない。それは、いわゆる目的違反・動機違反を審査するための「手段」として行われる）[40]。

　第3は、上述の手段審査の程度ないし厳格度は、やはり規制目的によって左右される、ということである[41]。本章の叙述からすれば、立法者が掲げた「公共」目的が疑わしい場合には手段審査を強める、ということになるが、この疑わしさを判定する指標として、やはり規制目的の参照は有用であるように

---

[39] 長谷部・前掲注3）107-111頁、阪口正二郎「人権論Ⅱ・違憲審査基準の二つの機能」辻村みよ子＝長谷部恭男編『憲法理論の再創造』（日本評論社、2011年）161頁以下、西村裕一「『審査基準論』を超えて」木村草太＝西村裕一『憲法学再入門』（有斐閣、2014年）124頁以下等参照。
[40] 目的違反・動機違反が裁量権の逸脱・濫用に当たることについて、たとえば、櫻井敬子＝橋本博之『行政法〔第5版〕』（弘文堂、2016年）116頁参照。
[41] 規制目的二分論については、松本哲司「経済的自由権を規制する立法の合憲性審査基準（二）」民商113巻6号（1996年）851-868頁以下、巻美矢紀「経済活動規制の判例法再考」ジュリ1356号（2008年）33頁等参照。ところで、違憲審査において立法過程の特質を考慮する本章のような議論は、裁判所や立法府の制度的能力に着目する従来の目的二分論と同様、各国家機関の特性を重視したものである（機能論）。

思われるのである。一見誰もが納得してしまう消極目的——国民の健康、安全！——が、特殊利益を覆い隠し、荒々しい政治過程をすばやく潜り抜けるファストパスとして使われる可能性が高いことを踏まえれば、消極目的規制について裁判所の審査基準を高めておくことには理由がある。他方、討議コストが高くつく積極目的規制については、その荒々しい政治過程において既に厳しい「審査」を受けてきたことが推定されるがゆえに、裁判所として審査基準を緩めることに理由があることになる。

4　おわりに

　法律学の論証は、ある程度形式的でなければならない。これは憲法の論証でも同様である。しかし、このことは、思考それ自体が形式的であることを要求しない。むしろ、文章として書けることに限界があるからこそ、思考は広く解き放たれていなければならない。本章は、三段階審査論や違憲審査基準論による論証形式の変更を求めるものではない。ただ、このような「形式」を使いこなし、妥当な結論を導くには、政治過程に対する若干の想像力と、憲法史に関する若干の知識——要するに、裏を読む能力？——が必要である、ということを示したかっただけである。とはいえ、憲法学習者の間に「形式」信仰のようなものが蔓延っている実状においては、このようなささやかな指摘にもそれなりの意味があるよう思われる。

　もし、本章の内容に関心を持たれた方がいれば、ぜひ「憲法上の権利」とはそもそも何なのかについても考えてみてほしい。本章の論述は、おそらく、「〔憲法学では〕抽象的レベルでは人権について語られているが、具体的レベルになると人権はどこかに行っている」という指摘[*42]と一定程度共鳴するところがあるからである。お気づきのように、本章は、憲法22条を主題化しておきながら、「職業の自由」（権利）についてはほとんど触れていない。「経済的自由」という名目の下で語られているのは、立法者の権限行使のあり様なのである。さて、権利問題とは、どこまで統治問題なのだろうか。

[*42] 櫻井智章「基本権論の思考構造（一）」法學論叢155巻3号（2004年）109頁。

コラム……積極目的規制

　長谷部恭男は、消極目的規制を比較的厳しい基準で審査することで本当の規制目的（たとえば既存業者の保護）をあぶり出そうとすることに、規制目的二分論の意義を見出した[*1]。山本の議論は、悪名高い（！）ロックナー判決の見直しを迫るアメリカ憲法学の議論をフォローすることで、このような規制目的二分論の意義をさらに補強しながら、読者を「統治」の問題へと誘っていく。

　ところで、過当競争→一部業者の経営が不安定になる→施設の欠陥等により不良医薬品が供給される危険が生じる→そのような危険を防止するために適正配置規制を設ける、というのが、薬局の適正配置規制（いわゆる距離制限）を導入する際に主に説かれた論法であった。この論法は、公衆浴場法に適正配置規制を導入する際に用いられたものとほぼ同じであるが、最高裁は、1955 年に、当該適正配置規制の規定を合憲と判断していた[*2]。薬剤師会会長でもあった高野一夫参議院議員は、その最高裁判決を手本にして、薬事法にも適正配置規制を導入しようとしたのである[*3]。

　1948 年の公衆浴場法と 1960 年の薬事法（現在の医薬品、医療機器等の品質、有効性及び安全性の確保等に関する法律）は、いずれも内閣提出法律案として国会に提出され、成立したものである。それぞれ、その後の法改正（1950 年の公衆浴場法改正・1963 年の薬事法改正）により適正配置規制の規定が設けられることになったのであるが、この法改正はいずれも「議員立法」によってなされた。

　公衆浴場法に適正配置規制を導入する法改正が議員立法となったのは、当時の法務府法制意見局（現在の内閣法制局）が、適正配置規制には違憲の疑いがあるという理由で内閣提出に難色を示したからであるといわれている[*4]。そうであるだけに、最高裁による判断が注目されることになったのであるが、最高裁は――すでに述べたように――公衆浴場法における適正配置規制の規定を合憲と判断したのである。

　1962 年、高野議員は薬事法への適正配置規制導入を検討するために参議院法制局および厚生省との意見交換を行ったが、当時の参議院法制局は（さらにいうと衆議院法制局および内閣法制局も）いかなる業種であれ適正配置は違憲であるという見解を採っていたので、意見の一致をみるのが容易でなかったという[*5]。ようやく、意見の一致をみて、法律案として参議院に提出されたが、それ以降は、ほとんど実質的な審議がなされることなく法改正が成立した。これに対し、最高裁は、1975 年に、薬事法における適正配置規制の規定を違憲と判断したのである（薬事法判決）[*6]。

　ところで、公衆浴場法の適正配置規制について興味深い見解を示していたのが、小嶋和司である。小嶋は、公衆浴場業の場合、「その料金の低廉なことも公衆衛生上不可欠で、その故に料金決定にかんする許可制を必要とするという意味でも公共的な業

種であ」り、「しかも、営業の性質上付近住民しか日常利用せぬという意味で企業の弾力性は極度に乏しく、その施設の衛生水準はつよく要求され、建設費が巨額であるにかかわらず、他業への転用可能性はない」ことを指摘した上で、「このような業種については、公営を建前とせぬ以上、業者に健全な経営を保障する以外に、その遂行を確保する道はな」く、「距離制限が、このような経営確保のために不可欠であるならば、事業の公共性と企業の特殊事情を厳格な要件として、その『公共の福祉』実現策としての合理性をみとめることは不可能ではない」としたのである*7。これは、公衆浴場法における適正配置規制を、積極目的規制、すなわち山本のいう「特殊的・個別的なクラス立法とみなされるリスクを抱えた公共的立法」（傍点原文）と捉えることが十分可能であったことを示唆している。

　1989年に、最高裁は、公衆浴場法の適正配置規制を「積極的、社会経済政策的な規制目的に出た立法」と捉えた上で、適正配置規制の規定を合憲と判断している*8。この判決の調査官解説は、1955年の最高裁判決も公衆浴場の公共性に言及していたことを踏まえた上で、1955年の「合憲判決も判示している公衆浴場の公共性に基づく特許企業的性格付けによって積極規制として当時も合憲となしえたものであり、その後公衆浴場の激減現象のもとで公衆浴場の確保という積極目的が前面に出て合憲性の根拠が一層強化されたのである」（傍点中林）と説明している*9。

　もし、公衆浴場法における適正配置規制が（公衆浴場の特性に即した）積極目的規制として成立し、最高裁もそのようなものとして合憲判断を下していたら、高野議員は、その合憲判決を手本にしたであろうか。そして、もし手本にしたとしても、彼は、説得力をもつ議論を展開することができたであろうか*10。　　　　　　　［中林暁生］

*1　長谷部恭男『比較不能な価値の迷路——リベラル・デモクラシーの憲法理論』（東京大学出版会、2000年）108-109頁。
*2　最大判1955（昭和30）年1月26日刑集9巻1号89頁。
*3　高野一夫『薬事法制』（近代医学社、1966年）251〜253頁。
*4　YAM「公衆浴場の配置規制は憲法違反か——最高裁の判決から」時の法令162号（1955年）29頁等。原田國男「判解」最判解刑事篇平成元年度4頁も参照。
*5　高野・前掲注3）248頁。内閣法制局、衆議院法制局および参議院法制局が法律の立案過程において行っている憲法適合性審査については、大石眞『統治機構の憲法構想』（法律文化社、2016年）302〜307頁を参照。
*6　最大判1975（昭和50）年4月30日民集29巻4号572頁。
*7　小嶋和司『小嶋和司憲法論集 三 憲法解釈の諸問題』（木鐸社、1989年）61-62頁。併せて、小嶋和司『憲法学講話』（有斐閣、1982年）169頁以下も参照。
*8　最判1989（平成元）年1月20日刑集43巻1号1頁。
*9　原田・前掲注4）14頁。
*10　今村茂和は、薬事法の改正に際し「経済政策立法としての旗印を掲げなかった」のはそれが「一層説得力を欠く議論であったからに違いない」としている（今村茂和『人権叢説』〔有斐閣、1980年〕179頁）。原田・前掲注4）13-14頁も参照。

part.2 コンテクストを読む　　　　　　　　　　　▷25条

「生存権」の財政統制機能
―― 生活最低限度保障における「財政事情」の位置

1　はじめに

　法科大学院制度が開始されて以降、憲法学でよく聞かれるようになった言葉として、「判例内在的な批判」というものがある。実務で憲法を活かすということを考えれば、およそ判例の思考にはない観点から、判例を外在的に批判するだけでなく、判例の思考枠組みにまず一旦乗って、裁判所が汲み取りやすい批判を展開することも重要であると考えられるようになったのである。しかし、こうした妥協的な視点は、ときに小さな憲法論として批判の対象となる。たしかにそれは、「理論」のない、つまらない憲法論であると考えることができる。ただ、重箱の隅をつつくような判例内在的批判が、終局的に大きな憲法論につながる可能性もゼロではないであろう。本章は、憲法25条の生存権に関する判例を、「財政」ないし予算編成プロセスの統制という観点から読むことをとおして、その可能性を示してみたい[*1]。

2　憲法25条の性格と裁量の根拠

　憲法25条1項は、「すべて国民は、健康で文化的な最低限度の生活を営む権利を有する」と規定しており、一般にこの権利を「生存権」と呼ぶ（ただし条文上は「生活を営む権利」であり、判例も「生活権」という言葉を用いている[*2]）。判

[*1]　本章は、笠木映里ほか「[座談会] 憲法と社会保障法――対話の新たな地平」宍戸常寿＝曽我部真裕＝山本龍彦編著『憲法学のゆくえ』（日本評論社、2016年）428頁以下から多くの示唆を得た。
[*2]　「生活への権利」として議論を展開するものに、尾形健「「生活への権利」はいかなる意味で権利か」長谷部恭男編『人権の射程』（法律文化社、2010年）243頁以下。

例は、1948（昭和23）年の食糧管理法事件判決[*3]以降、この規定は、個々の国民に対して直接に、具体的・現実的な生存権を保障したものではなく、「積極主義の政治として、すべての国民が健康で文化的な最低限度の生活を営み得るよう国政を運営すべきことを国家の責務として宣言したものである」と考えてきた。こうした考え方は、生存権のリーディング・ケースとされる1982（昭和57）年の堀木訴訟判決[*4]でも受け継がれている。同判決は、食糧管理法事件判決を明示的に引用し、憲法25条の性格に関する一般論を展開したうえで、さらに、「憲法25条の規定は、国権の作用に対し、一定の目的を設定しその実現のための積極的な発動を期待するという性質のものである」と述べているのである。

　ここでは、憲法25条が、国民に対して具体的な権利を保障したものではないこと、また、国家の責務を定めたものであるとしても、その責務は「概括的」[*5]なものにとどまることが強調されている。こうした判例の思考枠組みに対しては、何が「健康で文化的な最低限度の生活」であるかを裁判所が確定することは不可能ではなく、25条1項はその言葉どおり「権利」を具体的に保障していると解する説（言葉どおりの意味における具体的権利説）[*6]や、国家の責務は概括的なものではなく具体的なものといえるので、立法府が憲法上必要な社会保障制度を創設しないなど、国家がその具体的な責務ないし義務を果たさない場合には、裁判所が立法不作為の違憲を宣言することは可能であると解する説（具体的権利説）[*7]などが長年にわたり疑問を呈示してきたが、それらが判例の外在的な批判であり、判例の一貫的な思考枠組みと根源的に矛盾するために、判例の受け容れるところとはならなかった（もちろん、そうだからといって、こうした学説の意義が否定されるわけではない）。

　こうした現状を踏まえると、ひとまず判例の思考枠組みに乗って、判例内在的な批判を加えるのも1つの道筋であるように思われる。この点で注目される

[*3] 最大判1948（昭和23）年9月29日刑集2巻10号1235頁。
[*4] 最大判1982（昭和57）年7月7日民集36巻7号1235頁。
[*5] 食糧管理法事件判決・前掲注2）は、「国家は、国民一般に対して概略的にかかる責務を負担しこれを国政上の任務としたのであるけれども、個々の国民に対して具体的、現実的にかかる義務を有するのではない」（傍点山本）と述べる。
[*6] 棟居快行「生存権の具体的権利性」『憲法学再論』（信山社、2001年）348頁以下。
[*7] 大須賀明「憲法上の不作為」早稲田法学44巻1・2号（1969年）180-181頁。

のは、先述した堀木訴訟判決が提示した立法裁量論である。リーディング・ケースとも位置づけられる同判決は、上述した25条の性格論の後に、「憲法25条の規定の趣旨にこたえて具体的にどのような立法措置を講ずるかの選択決定は、立法府の広い裁量にゆだねられており、それが著しく合理性を欠き明らかに裁量の逸脱・濫用と見ざるをえないような場合を除き、裁判所が審査判断するのに適しない事柄であるといわなければならない」(傍点山本)と述べている。そして、その裁量の根拠として、①同規定にいう「健康で文化的な最低限度の生活」は、きわめて抽象的・相対的な概念であり、その具体的内容は、その時々における文化の発達の程度、経済的・社会的条件、一般的な国民生活の状況等との相関関係において判断決定されるべきものであること(抽象性・相対性)、同規定を現実の立法として具体化するに当たっては、②国の財政事情を無視できないこと(財政事情)、③また、多方面にわたる複雑多様な、しかも高度の専門技術的な考察とそれに基づいた政策的判断を必要とすること(専門技術的考察・政策的判断の必要性)を挙げている。

以下では、このような裁量の根拠、とりわけ②の「財政事情」に着目して、憲法25条事案に関する判例内在的な批判を試みてみたい。

3 生活保護事案における財政事情論の〈不在〉?

上に挙げた堀木訴訟は、児童扶養手当法の併給調整規定が、憲法25条等との関係で問題とされた事案である。視力障害を負いながらも、夫と離婚後シングルマザーとして子どもを育てていた原告が、既に受給していた障害福祉年金とともに児童扶養手当を受給すべく、県知事に受給資格の認定を求めたところ、上記併給調整規定により請求を却下されたために、かかる規定の違憲性を主張したものである。ここで最高裁は、上述した①から③を挙げて、立法府の広範な裁量を認め、障害福祉年金と児童扶養手当が所得保障という点で同一の性格を有することを主な理由に、両者の併給調整を裁量権の範囲内に属する事項であると結論づけたのであった。

この理由付けおよび結論については多くの批判[8]があり、筆者もこうした見解に賛同するものであるが、本章では、この裁量論が、生活保護法のような

公的扶助とは異なる社会保障制度との関係で登場した点にひとまず注目したい。原審*9 のやや形式的な言葉を借りるならば、本件で問題とされた「児童扶養手当制度は、国民の生活水準の相対的向上を図るための憲法第 25 条第 2 項に基づく積極的、事前的防貧施策」の 1 つであり、いわゆる最低生活保障とは直接関係しない「＋α」保障と考えることもできるのである。そうすると、堀木訴訟判決における、「財政事情」論を含む上記裁量論の射程は、実は、最低生活保障にかかわる生活保護基準の設定等には及ばない、と考えることができる。

実際、「最低限度の生活」保障に、国の財政事情を正面から考慮できるというのもおかしな話である。「最低限度の生活」は、たしかに抽象的な概念であるうえ、時代状況によっても変化する相対的なものでもある。また、その認識には専門技術的な視点が不可欠あり（マーケット・バスケット方式や水準均衡方式など、基準設定の方式も多様かつ複雑である）、最終的な決定に際しては政策的な判断も必要となろう。この点で、最低生活保障についても、上記①・③に基づく「裁量」が政治部門に認められることは否定できない。しかし、②の財政事情はどうであろうか。「最低限度の生活」というものは、国の財政事情が逼迫していることで変わりうるものなのだろうか。財政事情を理由に変えられる「最低限度の生活」とは、そもそも本当に「最低限度」の生活、といえるのだろうか。「＋α」保障にかかわる社会保障制度については財政事情を無視できないとしても*10、最低限度保障について正面から財政事情を認めることは、明文で「最低限度」と書く憲法 25 条 1 項の文言に照らしても議論の余地があるように思われる（劇画風にいえば、「＋α」保障については、「いま国にお金がないので、ちょっと我慢してください」といえるかもしれないが、最低限度保障は、我慢できるぎりぎりの生活の保障にかかわるから、「いま国にお金がないので、ちょっと我慢してください」とは表立っていえないはずである）。

このような観点から、判例の重箱の隅をつついてみると、いくつか面白い発

---

*8　児童扶養手当が母子福祉年金（公的年金）の補完であるとしても、障害福祉年金をも併給調整の対象とすることは「過剰包摂の感がある」とするものに、憲法判例研究会編『判例プラクティス〔増補版〕』（信山社、2014 年）294 頁〔尾形健〕、西村健一郎＝岩村正彦編『社会保障判例百選〔第 4 版〕』（有斐閣、2008 年）6 頁〔遠藤美奈〕。
*9　大阪高判 1975（昭和 50）年 11 月 10 日行集 26 巻 10・11 号 1268 頁。
*10　むしろ、将来世代の利益を考えれば、財政均衡等は積極的に考慮すべきといえるかもしれない。藤野美都子「国家の役割と時間軸——社会保障法」公法 74 号（2012 年）201 頁以下参照。具体的な議論（マクロ経済スライド）として、中野妙子「老齢基礎年金・老齢厚生年金の給付水準」ジュリ 1282 号（2005 年）67 頁以下参照。

見がある。1つは、生活保護における生活扶助の月額を600円とした当時（1956〔昭和31〕年）の生活保護基準があまりに低く、憲法25条に違反するとして争われた朝日訴訟の最高裁判決[*11]が、最低限度保障にかかわる保護基準の設定について厚生大臣（当時）の裁量を認めながらも、その根拠として、堀木訴訟判決が明示したような財政事情論を正面から援用していなかった、ということである。その一節を以下引用しておこう。

> 「健康で文化的な最低限度の生活なるものは、抽象的な相対的概念であり、その具体的内容は、文化の発達、国民経済の進展に伴って向上するのはもとより、多数の不確定的要素を綜合考量してはじめて決定できるものである。したがって、何が文化的な最低限度の生活であるかの認定判断は、いちおう、厚生大臣の合目的的な裁量に委されて」いる。

もちろん、その後の具体的検討の部分では、厚生大臣が基準設定の際に考慮を許されている事項として「国民所得ないしその反映である国の財政状態」や「予算配分の事情」を挙げており、最低限度保障においても財政事情を完全に無視できない旨示唆するが、ここでは、財政事情が「裁量」の根拠それ自体としては提示されなかったことに注目したい（他方で、「＋α」保障にかかわる堀木訴訟判決は、朝日訴訟判決を参照ないし引用せず、裁量の根拠として正面から財政事情を持ち出している）。生活保護の老齢加算の廃止が憲法25条に反するかが争われた老齢加算事件の最高裁判決（2014〔平成26〕年）[*12]でも、堀木訴訟を引用しながら、老齢加算廃止を含む基準設定に関する厚労大臣の裁量を導出する際に、財政事情への言及をあえて避けている。

> 「最低限度の生活は、抽象的かつ相対的な概念であって、その具体的な内容は、

[*11] 最大判1967（昭和42）年5月24日民集21巻5号1043頁。
[*12] 最判2014（平成26）年10月6日（判例集未登載。評釈として、尾形健『新・判例解説Watch』17号19頁）、最判2012（平成24）年2月28日民集66巻3号1240頁（第3小法廷）も同様。ただし、2012年の第2小法廷判決では、規範導出部分で堀木3要素がそのまま使われていた。最判2012（平成24）年4月2日民集66巻6号2367頁（第2小法廷）。このような不統一は、本文引用の2014年判決により解消されたと解される。かかる論点について検討を加えたものとして、伊藤建「憲法 論文の流儀 第26回請求権（1）——請求権の基礎知識」受験新報806号（2018年）29頁以下。

その時々における経済的・社会的条件、一般的な国民生活の状況等との相関関係において判断決定されるべきものであり〔＝①〕、これを保護基準において具体化するに当たっては、高度の専門技術的な考察とそれに基づいた政策的判断を必要とするものである〔＝③〕」。「したがって、保護基準中の老齢加算に係る部分を改定するに際し、最低限度の生活を維持する上で老齢であることに起因する特別な需要が存在するといえるか否か及び高齢者に係る改定後の生活扶助基準の内容が健康で文化的な生活水準を維持することができるものであるか否かを判断するに当たっては、<u>厚生労働大臣に上記のような専門技術的かつ政策的な見地からの裁量権が認められるものというべきである</u>」。

　上記引用文から明らかなように、本判決では、堀木訴訟判決で提示された①と③はほぼそのまま援用されているが、②に関する記述がすっぽり抜け落ちているのである。もっとも、本判決は、老齢加算が、高齢受給者の「最低限度の生活」にもはや必要ないと判断された後に、これをどのような段取りで廃止していくかの手続的判断に関しては、「国の財政事情」を踏まえた厚労大臣の裁量を認めている。しかし、この廃止の手続は、加算が突然廃止されることによって受給者の期待的利益の喪失を惹起しうるとしても、①と③に基づく合理的な裁量権行使によって判断された「最低限度の生活」を揺さぶるものではない（最低限度を下回らないと判断された後に、それをどう廃止していくか、の問題である）。そうすると、この廃止手続の決定において「財政事情」を考慮することは、基準設定の段階においてこれを考慮することとは次元を異にしており、「激変」による受給者の困窮に細心の注意を払う限りで、論理的には一応許されると考えることもできる。逆にいえば、「国の財政事情」は、廃止等の手続的判断には正面から考慮することが許されるが、最低限度保障に関する実体的判断には正面から考慮することが許されない、と考えることができよう。

　このように、判例を細かく読んでみると、最低限度保障にかかわる事案では、堀木訴訟判決において登場する財政事情ないし「財政の論理」は、裁量の根拠それ自体からは外されていることがわかる[*13]。このことから、「最低限度の生活」を保障する憲法25条1項は、最低限度保障の基準設定等において国は財政事情を積極的に考慮してはならない、という財政統制としての意味を含むと

---

*13　ただし、前掲注6）参照。

考えることは不可能だろうか。

4 専門性の論理 v. 財政の論理──福岡高裁の着眼点

[1] 財政事情と専門技術的考察との緊張関係

　もちろん、上に挙げた諸事例における財政事情論の〈位置〉ないし〈不在〉に、最高裁がどこまで自覚的であったかは明らかではない。しかし、仮に最低限度保障の基準設定等の場面にも堀木訴訟判決の射程が及び、国は②の財政事情を正面から考慮できると考えたとしても、その程度は、①と③（とりわけ③）との関係で制限を受けるはずである。

　改めて②と③の関係に関する堀木訴訟判決の文言をみてみると、そこでは、「現実の立法として具体化するに当たっては、国の財政事情を<u>無視することができず</u>、また、多方面にわたる複雑多様な、しかも高度の専門技術的な考察とそれに基づいた政策的判断を<u>必要とする</u>ものである」と述べられている。これまた重箱の隅をつつくような分析であるが、ここでは、財政事情については（国は）「無視することができ〔ない〕」といい、専門技術的考察と政策的判断については「必要とする」と述べられている。

　つまり、財政事情は裁量の消極的根拠となっているのに対して、専門技術的な考察等は裁量の積極的根拠とされているのである。この理は、生活保護基準の設定についてとくに当てはまるといえよう。朝日訴訟判決で、この設定について裁量を有すると名指しされた厚労大臣（および同大臣を支える厚労省の職員）は、財政の専門家ではなく、社会保障の専門家といえるからである。このように考えると、最低限度保障の基準設定にかかわる場面で厚労大臣にとくに期待されているのは、その専門性（③）を発揮することであり、たとえ財政事情（②）を正面から考慮できるとしても、それは、自らの専門技術的考察を侵食するものであってはならない、と解することができる[14]。いいかえれば、「財政

---

[14] 太田匡彦は、財政事情の考慮を「公的扶助基準設定の際に行うこと」が他事考慮として「常に違法とは言い切れ」ないが、「最低限度生活保障が問題になっている以上当然に許されるともいえず、むしろ厳格な態度で臨むべきであろう」と述べる。太田匡彦「社会保障の財源調達」フィナンシャル・レビュー113号（2013年）64頁（注20）。

の論理」が「専門性の論理」に優位することがあってはならず、厚労大臣の専門技術的考察は、財政の論理から一定程度自律的になされなければならない、ということである。近年、増大する社会保障費の削減が政治的課題となるなかで、この「自律性」を否定すれば、ほぼ「財政の論理」だけで「最低限度の生活」が決まってしまうという事態も生じかねない。

　かくして、最低限度保障について堀木訴訟判決の裁量論を適用するとしても、厚労大臣による裁量権行使の過程で、「財政の論理」が厚労大臣の専門技術的考察に過度に影響を及ぼしているようであれば、それは判断過程の瑕疵として、あるいは裁量権の逸脱・濫用としてみなすべきとの考えがありうることとなる。

[2] 老齢加算事件福岡高裁判決の含意

　このような観点から、2003（平成15）年の老齢加算廃止のプロセスをみると、そこにおいてどれだけ「専門性の論理」が発揮されていたのか――「財政の論理」からどこまで自由でいられたのか――疑問が生ずる。

　まず、<u>2003（平成15）年6月9日</u>に、財務省の財政制度等審議会[*15]が、建議（「平成16年度予算編成の基本的考え方について」）において、生活保護制度の抜本的見直しを要求し、「特に」老齢加算は「廃止に向けた検討が必要であると考えられる」と述べた（財政制度等審議会は、経済界の代表や経済学者などによって構成される）。

　<u>同月27日</u>には、内閣が、経済財政諮問会議の答申である「経済財政運営と構造改革に関する基本方針2003」（骨太方針2003）を閣議決定し、そのなかで、「老齢加算等の扶助基準など制度、運営の両面にわたる見直しが必要である」と述べた。

　こうした動きの後、<u>同年7月</u>に、厚労省の社会保障審議会（同審議会会長である経済学者の貝塚啓明は、上述した財務省の財政制度等審議会の会長でもあった）が、生活保護制度の在り方に関する専門委員会（以下、「専門委員会」と呼ぶ）を設置する。専門委員会は、同年8月から12月にかけて会議を開き、<u>12月16日</u>に、「消費支出額全体でみた場合には、70歳以上の高齢者について、現行の老齢加

---

*15　財政制度等審議会は、財務大臣の諮問に応じて、国の予算、決算および会計の制度に関する重要事項などを調査審議することとされる（財務省設置法7条1項）。

算に相当するだけの特別な需要があるとは認められないため、加算そのものについては廃止の方向で検討すべきである」が、「高齢者世帯の社会生活に必要な費用に配慮して、生活保護基準の体系の中で高齢者世帯の最低水準が維持されるよう引き続き検討する必要がある」(以下、「本件ただし書」と呼ぶ)とする中間とりまとめを発表する。

　そして、この中間とりまとめから「わずか4日後」[*16]（12月20日）に、財務省が、老齢加算の減額を前提とした平成16年度予算の原案を内示することになる（このタイミングから、「〔専門〕委員会の議論と並行して予算編成も行われ」ていた[*17]といえる）。

　このプロセスをみると、老齢加算の廃止が、「財政の論理」主導で行われたことがわかる。たしかに、2003（平成15）年8月から12月にかけて、専門委員会による検討が入っているが、廃止の方向性は、既に財務省および内閣によって明確なかたちで示されていたのであり、専門委員会の「専門性」は、はじめからその対象を限定されていたと考えることができるのである。「中間取りまとめについて議論された専門委員会の第6回会議の前の同年11月には、財務省の審議会が、老齢加算は、加齢に伴い減少する高齢者の消費実態等からみて、廃止することが適当である旨の（同年6月の建議よりも強い表現である。）『平成16年度予算の編成等に関する建議』を提出していた」[*18]という事実も併せて考えれば、専門委員会の議論は、「廃止」という強いプレッシャーの下に行われ、その結論を誘導されていたとさえみることができる（専門委員会の委員らに直接インタビューしたわけではないため、もちろん推測に過ぎないが、少なくとも、同委員会において「財政の論理」からの距離がどこまで確保されていたのか、という疑問を呈示しうる）。

　また、厚労大臣は、その中間とりまとめ発表の「わずか4日後」に、廃止の実質的な決定を行っている[*19]。この事実から疑問に思うのは、厚労大臣は、

[*16] 福岡高判2010（平成22）年6月14日判時2085号76頁。
[*17] 太田匡彦「生活保護基準改定（老齢加算の廃止）の裁量性と不利益変更の可否」平成22年度重要判例解説53頁。
[*18] 老齢加算事件福岡高裁判決・前掲注16）。
[*19] 「厚生労働大臣は、遅くともこのとき（平成15年12月20日）までには、本件保護基準の改定を実質的に決定した」。老齢加算事件福岡高裁判決・前掲注16）。

この4日間で、専門委員会の見解を、専門技術的観点からじっくり吟味・検討したのか、ということである[20]。実は、老齢加算廃止を違法と判断した福岡高裁判決[21]は、このような「財政の論理」優位のプロセス——「専門性の論理」軽視のプロセス——を問題視したものと考えることができる。すなわち、本来、厚労省は、中間とりまとめを受けて、本件ただし書の内容、段階的廃止に代わる措置の妥当性、段階的廃止をとった場合の削減幅などについて「慎重」に検討すべきであるが、「財政の論理」に引っ張られ、こうした検討を怠ったというのである。この点、同判決は、激変緩和措置の具体的内容の決定に当たって「他の予算全体の配分等」（財政事情）は「考慮の対象となり得る」が、上記決定プロセスにおいては、被保護者の生活実態といった他の考慮事項との関係で、こうした財政事情が「過大に評価」されているとも述べている。こうみると、本判決は、「財政の論理」が保護基準の改定プロセス全体を覆い尽くしてしまったことを、判断過程の歪みないし瑕疵と捉えたもののように思われる。

もちろん、厚労大臣ないし厚労省がその専門性を発揮し、廃止の当否や手続について慎重に検討したとしても、結局は本件の廃止決定と同じ結論に至っていたかもしれない[22]。しかし、社会保障費削減という政治的至上命題の下、今後、最低限度保障までもが「財政の論理」に押し流されて行くことを警戒し、こうした傾向に一石を投じたものとして、本判決を積極的に評価することもできるだろう。

5 おわりに

以上みてきたように、最低限度保障に堀木訴訟判決の裁量論が適用されるとしても、「財政の論理」と「専門性の論理」のバランスという観点から、生活保護基準の設定等に関する事案を判例内在的に批判することは可能である。専

---

[20] 前田雅子は、福岡高裁判決が、「『考慮要素として位置付けられるべきものである』……専門委員会の意見に沿って（しかも中間取りまとめ公表から4日後に老齢加算の段階的廃止を内容とする平成16年度予算の財務省原案が内示されるという時間的制約の下で）行われた厚生労働大臣の判断の過程について、裁判所がこれを検証するにあたってその説明責任が十分に果たされていないことを問題視した点に注目したい」と述べる。前田雅子「老齢加算の廃止を内容とする保護基準改定の裁量とその司法審査」平成24年度重要判例解説40頁。
[21] 前掲注16)。
[22] 太田・前掲注17) 55頁。

門技術的考察を「必要とする」から、当該政治部門に裁量が認められるのだとすれば、その裁量権行使の過程で、こうした考察を実質的に行うことが求められるはずである。それが「財政事情」の圧倒的重みによって形式化・儀礼化するようであれば、その判断過程には瑕疵があるものと解さざるをえない。

　こうした判例内在的批判は、あるいは重箱の隅をつつくようなものかもしれない。しかし、本章の行った判例の"読み"は、財政のプロセスないし予算編成過程の統制という、重要な憲法上の論点につながっている。社会権の実現には「お金」がいる以上、現実には「財政事情」と無関係ではいられないはずなのだが、これまでの憲法論は、この「財政事情」が、どのような社会保障（公的扶助か社会保険か、など）に対して、どの程度の影響を与えるべきか（与えるべきでないか）について、必ずしも十分な検討を加えてこなかった。判例の事細かな分析が、このような財政と社会権との関係を憲法レベルで取り結び、大きな憲法論へとつながることもありうるのである。この点で、判例にはまだ十分に論じ尽くされていない余白があるといえる。

　本章では生活最低限度保障の場面に焦点を当ててきたが、「財政の論理」に対する批判的視座は、「＋α」保障についても妥当しうる。社会保険などの「＋α」保障については、財政事情をより考慮してよく、ときには、将来世代の利益のため、財政均衡の要請を積極的に考慮すべき場面も想定されるが、それでも、「専門性の論理」を実質的に否定するようなプロセスは、憲法上問題があるといえる。今後は、憲法25条からどのような予算編成過程が要求されるのかを、財政法学の知見を借りつつ、具体的に検討していくことが求められよう[*23]。

[注記]

　本稿は、山本龍彦「『生存権』の財政統制機能に関する覚書」法学研究91巻

[*23] 片桐直人「財政金融と憲法」法教393号（2013年）4頁以下、藤谷武史「財政システムと立法」西原博史編『立法システムの再構築』（ナカニシヤ出版、2014年）83頁以下、原田大樹「財政民主主義へのメタ・コントロールとその法的課題」行政法研究1号（2012年）126頁以下、櫻井敬子『財政の法学的研究』（有斐閣、2001年）、木村琢麿『財政法理論の展開とその環境』（有斐閣、2004年）、碓井光明『社会保障財政法精義』（信山社、2009年）、渡瀬義男「アメリカの予算編成過程と財政民主主義」経済研究所年報27号（2014年）55頁以下などを参照。

1号(2018年)121頁以下を、本書の趣旨に合わせてリライトしたものである。本稿の内容に関心をもった読者は、同論稿を参照されたい。

part.2　コンテクストを読む　　　　　　　　　　　　　　▷81条

「憲法訴訟」における見すごし難いギャップ
―― 救済なき違憲判断

1　はじめに

　法科大学院でも、宙に浮いた憲法答案を見かけることがある。すなわち、憲法判断のみを記した答案である（"違憲である。以上"、"合憲である。以上"）。あえて指摘するまでもなく、ある国家行為が違憲かどうかの確認を直截に求める違憲確認訴訟や、憲法判断のみを扱う「基本権訴訟」といった憲法プロパーの土俵*1 を想定できない以上、憲法判断は、刑事訴訟、抗告訴訟、国家賠償請求訴訟、選挙訴訟といった他人の土俵を借りて行われる。そうすると、借りぐらしの憲法判断は、基本的に、こうした訴訟のなかの中間地点にすぎない。たとえばそれは、請求権成立の「必要」条件であっても、「十分」条件ではないのである。かくして、憲法判断だけを記した答案というのは、未だ着地するに至っていない、宙に浮いた答案ということになる。原告らの具体的な請求に向き合ってはじめて、いいかえれば、「救済（remedy）」問題まで付き添ってはじめて、法的思考は終了するはずである。

　もちろん、このような態度は、「憲法上の問題」や「憲法上の主張」という言葉の定義にかかっているのかもしれない。「『憲法上の問題』について論じなさい」とか、「『憲法上の主張』を書きなさい」と問われた場合、さしあたり、ある国家行為が合憲か違憲かだけを論じればよい（そこまでが「憲法上の問題」なのだ）、と考えることも不可能ではなかろう。しかし、近年の国籍法違憲判決*2 が明るみにしたように、裁判所が、国籍法3条1項の嫡出子・嫡出でない子の区別を「違憲」と判断するにとどまらず、同規定を部分無効として嫡出

---

*1　たとえば、棟居快行『人権論の新構成』（信山社、1992年）285頁以下参照。
*2　最大判2008（平成20）年6月4日民集62巻6号1367頁。

でない原告を実際に「救済」することができるのか（日本国籍を有することの確認を求める原告の請求を認容できるか）といった救済問題[*3]が、「憲法上の問題」でないということはできない。あるいは、いわゆる議員定数不均衡訴訟において、違憲判断と選挙無効（請求＝救済）とを切断する仕掛け——「事情判決」的手法——が、これまで憲法的考究の対象から除外されてきたわけでもない。また、最近の国家試験も、「憲法上の主張」として、「国家賠償請求」に関する具体的検討まで求めている[*4]。そうなると、宙に浮いた憲法論証のいくつかは、「憲法上の問題」の定義に関する深い学問的信念によるものというより、単に、憲法判断と具体的救済とのギャップに関する認識の甘さによるものと理解されよう（憲法判断を当該訴えの結論に接地させるための作業が、単純に見すごされている可能性が高い）。

本章の目的は、憲法判断と救済とのギャップに光を当て、「憲法上の問題」に対してより実践的にアプローチする視角を提示することにある。この目的のために選び出される主なコンテクストは、行政法、とりわけ国家賠償法である。

2　旧監獄法施行規則事件判決の示唆

［1］判決

（a）　導入

我々は、既に、立法不作為の違憲国賠訴訟において、違憲判断と救済がズレることを知っている。そこでは、「立法の内容又は立法不作為が憲法の規定に違反する」との「違憲」判断が、直ちに国賠請求権の成立を帰結しない。その違憲性が明白な場合（立法不作為の場合には、加えて「国会が正当な理由なく長期にわたってこれを怠る場合」）にはじめて国賠法上の「違法」が認められ、平成17年在外国民選挙権訴訟判決[*5]によれば、さらに「過失」の存在が肯定されて[*6]、

[*3]　この点については、宍戸常寿「司法審査——『部分無効の法理』をめぐって」辻村みよ子＝長谷部恭男編『憲法理論の再創造』（日本評論社、2011年）195頁以下参照。救済問題全般について、遠藤比呂通『不平等の謎——憲法のテオリアとプラクシス』（法律文化社、2010年）45頁以下、青井未帆「憲法訴訟論」安西ほか・現代的論点191頁以下参照。
[*4]　平成22年新司法試験論文式試験問題出題趣旨（公法系科目第1問）は、「選挙権を行使できなかったことに基づく国家賠償請求」についての「具体的検討」を求めている。
[*5]　最大判2005（平成17）年9月14日民集59巻7号2087頁。

ようやく国賠請求が認容されることになる。違憲判断から救済までの道のりは、意外に遠いのである（違憲＋違法＋過失＝救済）*7。しかし、こうした、憲法判断と具体的救済とのギャップは、国会議員が直接の加害公務員となる――やや例外的な――「立法不作為」事案だけでなく、《公務員の具体的な行為ないし処分が違憲の法令に基づく》といった――憲法問題としてお馴染みの――国賠事案においても表出しうる。以下、平成3年の旧監獄法施行規則事件判決*8 を素材に、この点について若干の検討を加えてみたい。

(b) 事案――問題の基本構造

本件は、東京拘置所長により、自己の姪（当時10歳）との接見を拒否された未決被拘留者が、かかる接見不許可処分を不服として、国賠法1条に基づく損害賠償を請求した事案である。この一見単純な事案を行政法の世界で有名ならしめているのは、そこに複数の責任主体――所長、法務大臣、国会――が登場しているという事実である。①本件における所長の不許可処分は、②法務大臣が定めた旧監獄法規則120条に基づくものであり、この規則は、③国会が定めた旧監獄法の委任規定に基づくものであった。そして、本件をさらに際立たせているのは、その最大の帰責点が、法務大臣の定めた規則（＝②）にあったということであろう。すなわち、規則120条は、旧監獄法（＝③）が被勾留者と幼年者との接見を広く許容していたにもかかわらず、「14歳未満ノ者ニハ在監者ト接見ヲ為スコトヲ許サズ」（原則禁止）と規定していたのである。主たる帰責点が「法令」（＝②）にあって「処分」（＝①）にはない（直接の加害公務員である所長は、ある意味、規則120条を純朴に適用していただけである）という、行政法学においてはやや異質な本件の問題構造*9 は、《違憲な法令に基づく処分》を

---

*6 この点で、本判決は、違法・過失の二元的判断を行っているようにもみえる（ただし、実質的には、違法判断のなかに過失的要素が多分に組み込まれている）。判例がとる「職務行為基準説」の実体についてはさらに詳細な検討が必要であろう。たとえば、宇賀克也『国家補償法』（有斐閣、1997年）49-58頁、神橋一彦「「職務行為基準説」に関する理論的考察」立教法学80号（2010年）18頁、高木光「公権力発動要件欠如説」自治実務セミナー2011年4月号4頁以下参照。

*7 前掲注5) 判決を参考に、違憲判断と、「〔次回選挙において〕投票をすることができる地位」の確認とのギャップについても、各自検討してみてほしい。

*8 最判1991（平成3）年7月9日民集45巻6号1049頁。

*9 もちろん、これと類似した問題構造が、本件以外にないわけではない。たとえば、最判1968（昭和43）年4月19日訴月14巻7号765頁（違法な通達 - 処分）、最判2004（平成16）年1月15日民集58巻1号226頁（違法な通知 - 処分）、最判2007（平成19）年11月1日裁時1447号1頁（違法な通達 - 処分）。

主題化することの多い憲法学においては馴染み深いものであり、先述した憲法判断と救済とのギャップを考察するうえで参考になるように思われる。

果たして、本件で原告は救済されたのであろうか。あるいは、国賠請求は認容されたのであろうか。

(c) 判旨

結論からいえば、本判決は、規則120条（＝②）を「違法」と判断しながら、所長の行為（＝①）について「過失」を否定し、原告の国賠請求を棄却したのであった。すなわち本判決は、(a)「規則120条……が被勾留者と幼年者との接見を許さないとする限度において法〔旧監獄法〕50条の委任の範囲を超えた無効のものであるということ自体は、重大な点で法律に違反する」（傍点山本）としながら、(b)「規則120条……は明治41年に公布されて以来長きにわたって施行されてきたものであって……、本件処分当時までの間これらの規定の有効性につき、実務上特に疑いを差し挟む解釈をされたことも裁判上とりたてて問題とされたこともなく、裁判上これが特に論議された本件においても第1、2審がその有効性を肯定していること」から、規則120条が「法50条の委任の範囲を超えることが当該法令の執行者にとって容易に理解可能であったということはできないのであって、このことは国家公務員として法令に従ってその職務を遂行すべき義務を負う監獄の長にとっても同様であり、監獄の長が本件処分当時右のようなことを予見し、又は予見すべきであったということはできない」（傍点山本）として、所長の行為につき国賠法1条1項にいう「過失」を否定したのである。かくして、本判決において、「違法」判断がなされたのにもかかわらず、原告が「救済」されない（賠償を得られない）という事態が生じたのであった。

[2] 検討——憲法学へ

(a) 「過失」に関する諸論点

本判決は、憲法学的にみても検討課題の宝庫である。たとえある時点で法令が「違憲」と判断されても、その法令が「長きにわたって施行されてきた」り、その合憲性について実務上・裁判上特に強い疑いが差し挟まれてこなかったならば、当該法令の執行につき「過失」が否定され、結局、原告の国賠請求が棄

却されることになりうるからである。特に、民主的正統性の強い「法律」が問題となる場合、執行者はその合憲性に多少の疑問を抱いても執行し続けるであろうから、法律が違憲と判断されても、ほとんどすべての事案において「過失なし」とされ、救済が否定される結果へと至るように思われる（そうなると、立法不作為とは異なる、比較的シンプルな違憲国賠事案においても、「違憲」即「請求認容」ということにはならない）。もちろん、こうした帰結について、次のような問題を提起することもできる。たとえば、過失判断の対象者は、常に直接の加害公務員でなければならないのか、という問題である。上述の旧監獄法事件では、過失判断はあくまでも直接の加害公務員たる拘置所長についてなされたが、これを規則制定者である法務大臣に対し行ったならば、確かに過失を認定する余地があったかもしれない[*10]（調査官解説は、「所長の本件処分と法務大臣の規則の制定、維持とが一連の行為ないし一個の行為を組成するとみることは困難である」とし、この考えを否定している[*11]）。また、裁判所において事後に違憲ないし違法と判断された（疑義ある）法令を漫然と執行してきた執行者に、本当に過失がなかったといえるのかを改めて問うこともできる[*12]。ただ、こうした考えは、個々の執行者に、自らの憲法解釈によって、あるいは裁判所の憲法判断を予測して、面前の法令に抗うことを——執行者の注意義務として——課するため、俄かには肯定し難い[*13]（他方、旧監獄法事件においては、「監獄内の実状に通暁し、直接その衝にあたる」者として広汎な裁量を付与された拘置所長[*14]の「職責」として、違法な法令に抗することを要求しえたかもしれない）。

(b) 「過失」のギャップ創設機能と違憲判断促進機能？

このように、本判決には興味深い論点が多数散在しているが、ここでは、よ

[*10] いわゆる「組織的過失」に関するものであるが、最判1982（昭和57）年4月1日民集36巻4号519頁参照。さらに、室井力＝芝池義一＝浜川清編『行政事件訴訟法・国家賠償法〔第2版〕』（日本評論社、2006年）522頁〔芝池義一〕は、「過失の有無の判断は、直接の加害公務員にとどまらず、当該職務の実施に携わったすべての公務員について、すなわち当該権限の行使に関する職務執行の体制全体について行われなければならない」（傍点山本）と説く。

[*11] 増井和男・最判解民事篇平成3年度366頁。

[*12] この論点については、梶哲教「法令解釈の誤りと過失」行政百選II〔第5版〕454頁以下を参照されたい。

[*13] ただし例外的に、個々の公務員が、自らの憲法解釈権に基づいて、違憲（と考える）法令の執行を拒否すべき場合はありうる。蟻川恒正『尊厳と身分——憲法的思惟と「日本」という問題』（岩波書店、2016年）260-265頁参照。

[*14] 最大判1983（昭和58）年6月22日民集37巻5号793頁。

り単純に、「過失」判断が、違法判断と救済との間のギャップを創設している点に注目してみたい。「過失」が介在することによって、違法─救済間に《距離》が生まれ、金銭賠償という事後的で矯正的な効果が否定されている、という点である。もちろんこれは、国賠訴訟に「被害者救済機能」だけをみるならば、厳しい批判の対象となろう（原告はお金を手にすることができなかった）。しかし、国賠訴訟に「法治国原理担保機能*15」をもみるならば、これに肯定的な側面を認めることもできるように思われる。確かに、「過失」判断が請求権の成立を阻むことで、原告は金銭賠償を得られなくなるが、裁判所は、まさにそのことによって、すなわち救済が切り離されることによって、救済が生じさせる社会的コストに憂慮することなく、積極的に違法判断を下すことができるからである。実際、法令の一般性を踏まえれば、違法な法令の被害者は多数にのぼり、救済のコスト（賠償額など）も巨大化することが予想されるから、仮に違法判断がダイレクトに救済に結びつくとなると、裁判所は違法判断それ自体をためらうようにも思われる（救済のプレッシャーによって逆の判断をする可能性もある）。他方、救済のコストから自由になれば、裁判所は積極的な違法判断を下しうる。無論、そこでの違法判断が、当該訴訟の結論を左右することはない（請求自体は棄却される）。しかし、かかる棄却判決が出された後に、そこで違法と判断された（本来無効の）法令がなお残存した場合には、その執行者の執行には確実に「過失」が認定されるであろうから（よって、同判決後になされた執行に関する国賠請求は認容される）、制定権者は当然に、また早急に法令を改廃するはずである。したがって、（ある時点における）救済なき違法判断も、将来的にはきわめて重要な意味をもつことになるのである*16。

このような理は、当然、《違憲な法令に基づく処分》を問題にする違憲国賠訴訟にも当てはまる。特に、《違憲な法律に基づく処分》が問題となる事案では、法律の（より強い）一般性のゆえに、救済の影響がきわめて広汎に及び、

---

*15 たとえば、宇賀・前掲注6) 46頁参照。
*16 塩野宏『行政法Ⅱ（行政救済法）［第5版補訂版］』（有斐閣、2013年）324-325頁は、「行為の違法性が認定されると、それだけで、法律による行政の原理の理念的部分が果たされるとともに、たとえ公務員の過失が否定され訴えが棄却されても、多少なりとも精神的慰謝となることがあるし、違法性の判断を受けた結果、国家の側において、判決の違法判断を尊重するとともに、爾後の同種の訴訟の敗訴を予測して、将来における同種の公権力の行使の是正を図ることも期待される」と説く。

それによる違憲判断抑止効果も大きくなるため、「過失」という媒介項によって違憲—救済間のギャップを確保しておくことがさらに重要となるように思われる*17*18。

3 憲法的救済論の必要

[1] 正当化

1でみたように、憲法判断が行政訴訟や刑事訴訟のような他人の器のなかで行われる以上、憲法判断と救済との間のギャップは必然的に存在する（過失判断のような、その「器」に固有の作法が、憲法判断と救済との間に《距離》をつくる）。しかし、裁判所が、違憲判断を前提としつつ、このギャップを巧みに利用して救済を否定することが、憲法上常に正当化されるわけではない。以下、ファロンとメルツァー（Richard H. Fallon, Jr. and Daniel J. Meltzer）の「憲法的救済」論*19 を参考に、ギャップの積極的な利用が正当化される場合とそうでない場合とを区別する指標を探ってみたい（無論、この検討は簡単なものにとどまる）。

ファロンとメルツァーは、まず、憲法的救済法という学問領域は未だ「曖昧さが支配している」領域で、「憲法が、いかなる場合に、憲法違反について具体的な救済を要求しているのか」さえ明らかではないとする。ただ、「欠失（deficiency）」塡補の法理によって支えられている救済法一般とは異なる側面を有しているのは確かで、憲法的救済法においては、「すべての憲法違反に効果的な是正（redress）を与えるという約束は、確かにある理念を反映しているが、一分のすきもないルールではなく、その理念は常に実現されるわけではない」とされる*20。

では、なぜそうなのか。ファロンとメルツァーによれば、憲法的救済法は、①個別的侵害の矯正を要求する原理（矯正的正義）と、②「政府を法の範囲内

---

*17 「過失（fault）」のギャップ創設機能、違憲判断促進機能を積極的に認める見解として、John C. Jeffries, Jr., *The Right-Remedy Gap in Constitutional Law*, 109 YALE L. J. 87 (1999)。
*18 こうみると、立法不作為の違憲国賠訴訟でも、違憲と違法の平仄を合わせて（違憲＝違法）、「過失」判断によって救済の有る無しを調整するといった考え方もありうる。無論、行政法学の知見を踏まえた詳細な検討が必要である。
*19 Richard H. Fallon, Jr. and Daniel J. Meltzer, *New Law, Non-Retroactivity, and Constitutional Remedies*, 104 HARV. L. REV. 1733 (1991).
*20 Fallon and Meltzer, *supra* note 20, at 1778.

にとどめるのに十分な憲法的救済システムを要求する原理」(法の支配) の2つによって支えられるところ、歴史的・理念的に、「構造的価値」の強化にかかわる②の方が「より強固 (more unyielding)」で、②が実現する限りにおいて①の否定や縮減が正当化されるからであるという。「憲法は、具体的侵害を矯正するだけでなく、政府が一般に憲法価値を尊重することを担保するために、政治部門に対する司法的『抑制』を企図している」(傍点山本) というわけである*21。このような二人の考えを前提にすると、個別具体的な救済 (矯正的救済) の否定はありうるが、それが許されるのは、法の支配ないし憲法保障が維持・実現される場合に限る、ということになろう。別言すれば、こうした構造的価値に寄与しない——あるいは、逆にそれを弱める——個別的救済の否定は正当化されるものではない (なお、ファロンとメルツァーの議論においても、侵害される権利の性質等によっては、①の要請が強調されることもある。結局は、事案に則した実践的な検討が要求される)。

[2] ギャップの功罪？

(a) 効用

先述の旧監獄法施行規則事件判決は、——純粋な憲法事案ではないが——このような観点からみても正当化されうる。それは、確かにギャップを有効活用して原告に対する個別的救済を否定したが、他面で——まさにこれを保険として——積極的な違法判断を行い、しかも、判決直後に実際に規則 120 条の改正をもたらしたからである (平成 3 年法務省令 22 号)。この点、上記②の実現には資するものであったと考えられる。

このように、個別的救済の否定が肯定的に捉えられる例として、他に、平成 22 年の空知太神社訴訟判決*22 を挙げることができる。周知のとおり、この訴訟は、市が公有地を神社施設の敷地として無償提供させていることが政教分離に違反し、市長において同施設の撤去および土地明渡しを請求しないことが違法に財産管理を怠るものであるとして、市の住民が地方自治法 242 条の 2 第 1 項 3 号に基づき上記怠る事実の違法確認を求めたものであるが、ここで最高裁

---

*21 *Id.* at 1777-1791.
*22 最大判 2010 (平成 22) 年 1 月 20 日民集 64 巻 1 号 1 頁。

は、憲法判断と救済とのギャップを巧みに利用し、現実とも折り合った憲法価値の緩やかな実現を導いたように思われるからである[*23]。本件神社施設は、「明治以来、地域社会と密接な関係を持って、存続し引き継がれてきた」ものであり[*24]、仮に裁判所の違憲判断がダイレクトに本件神社施設の利用関係に影響を与えるとすれば、そのインパクトの大きさゆえに（氏子らの信教の自由を具体的に侵害する可能性もある）、最高裁は違憲判断それ自体を躊躇しうる。そこで本判決は、憲法判断と、住民訴訟のいう財産管理上の違法判断とを明確に区別し、後者についてこれを否定する可能性を認め（そうなると、原告らがいう神社物件の撤去や土地の明渡しまでは要求されない）、それによって思い切って違憲判断に踏み込めたようにも解されるのである（なお、本判決後、市は無償提供から有償貸付けに切り替えたうえ、「神社」の表示を撤去するなどの是正案を提示し、これを差戻し審[*25]において認められている）。こうしてみると、本判決は確かに原告らの望むような救済を否定したが、これも、前記②（法の支配の実現）の観点から正当化しうるように思われる。

(b) 悪用？

他方、前記②の観点から問題のある判決も多数存在する。たとえば、一連の議員定数不均衡訴訟判決は、憲法判断と救済（選挙無効）とのギャップをあまりに広く認めたがゆえに、たとえそのなかで「違憲」ないし「違憲状態」と宣言しても、選挙区割りを行う国会に軽くあしらわれ、結果的に法の支配からの逸脱を許容してきたところがある。確かに、（不可分論をとればなおさら）選挙無効のインパクトはきわめて大きく、それが裁判所による違憲判断それ自体を抑制してしまうことも考えられる[*26]。その意味で、違憲判断と救済との間に一定のギャップを確保しておく必要は、確かにあるであろう。しかし、これまでの最高裁は、ある種の違憲判断から救済までに二重の壁を作ってきた。第1の壁は、いわゆる合理的期間論である。周知のとおり、昭和51年の衆議院議員

[*23] 無論、それは、本判決が完全なものであることを意味しない。本判決の問題点を鋭く描き出したものとして、蟻川恒正「実体法と手続法の間」法時82巻11号（2010年）85頁以下参照。
[*24] 前掲注22）判決に付された甲斐中ほか3裁判官の意見。
[*25] 札幌高判2010（平成22）年12月6日判例集未登載。
[*26] 判例分析に要求されるのは、法解釈学的考察だけではない。判例が現実の政治・社会に与える「インパクト」や、それが「憲法秩序の形成場面で示す機能」にまで目を配らなければならない。戸松・憲法訴訟375頁以下参照。

定数不均衡訴訟判決[27]は、「具体的な比率の偏差が選挙権の平等の要求に反する程度となったとしても〔＝違憲状態〕、これによって直ちに当該議員定数配分規定を憲法違反とすべきものではなく、人口の変動の状態をも考慮して合理的期間内における是正が憲法上要求されていると考えられるのにそれが行われない場合に始めて憲法違反と断ぜられる」と述べ、最大較差それ自体の違憲を意味する「違憲状態」と、「違憲」との間に、まず第 1 の壁を創設した。

第 2 の壁は、「事情判決」的手法と呼ばれるものである。同じ昭和 51 年判決は、まず、「憲法に違反する法律は、原則としては当初から無効であり、また、これに基づいてされた行為の効力も否定されるべきものであるが、しかし、これは、このように解することが、通常は憲法に違反する結果を防止し、またはこれを是正するために最も適切であることによるのであって、右のような解釈によることが、必ずしも憲法違反の結果の防止又は是正に特に資するところがなく、かえって憲法上その他の関係において極めて不当な結果を生ずる場合には、むしろ右の解釈を貫くことがかえって憲法の所期するところに反することとなるのであり、このような場合には、おのずから別個の、総合的な視野に立つ合理的な解釈を施さざるをえない」と述べる。そして、本件定数配分規定は確かに憲法に反するが、これを無効にした場合、「かえって、右選挙により選出された議員がすべて当初から議員としての資格を有しなかったこととなる結果、すでに右議員によって組織された衆議院の議決を経たうえで成立した法律等の効力にも問題が生じ、また、……前記規定を憲法に適合するように改正することさえもできなくなるという明らかに憲法の所期しない結果を生ずる」ことになるため、「右のような解釈をとるべきでない」とする。そのうえで、本件においては、行訴法 31 条 1 項前段の規定（事情判決）に含まれる法の基本原則にしたがい、「本件選挙は憲法に違反する議員定数配分規定に基づいて行われた点において違法である旨を判示するにとどめ、選挙自体はこれを無効としないこととするのが、相当であり、そしてまた、このような場合においては、選挙を無効とする旨の判決を求める請求を棄却するとともに、当該選挙が違法である旨を主文で宣言するのが、相当である」と述べたのである。

---

[27]　最大判 1976（昭和 51）年 4 月 14 日民集 30 巻 3 号 223 頁。

この第2の壁は強力である。「事情判決」的手法によって、中途において折角なされた違憲判断の威力が、ほとんど削がれる結果となるからである。このように、違憲判断の実効力を何ら担保しないような具体的救済の否定は、前記②の観点から正当化することが困難である。国会の誠実な対応を促すためにも、議員定数不均衡訴訟では、いわゆる将来効判決や、可分論を前提とした限定的な選挙無効など、憲法判断と救済とのギャップをいま少し縮める方向を模索することが考えられる（あるいは、わざわざ「事情判決」的手法という高い壁を作っているならば、より積極的な違憲判断を行い、これを立法不作為の違憲国賠訴訟[*28]などに連結させていくべきであろう）。

　さらに、前記②の観点から問題があるように思われるのが、救済とのギャップに乗じた「憲法判断回避」的判決である。たとえば、先述した国籍法事件の控訴審判決[*29]は、仮に嫡出でない子である原告が主張するように、父母の婚姻と父による認知要件を具備した場合に当該子が日本国籍を取得するものと規定する国籍法3条1項を違憲無効とすると、原告が国籍を取得するための根拠規定それ自体がなくなり、結局原告は自らの望む救済（日本国籍を有することの確認）を得られなくなるから、「上記違憲無効の主張に対する判断を裁判所が示すことは、具体的な紛争の解決に直接かかわりのない事項について一般的に憲法判断を示すこととなり、違憲立法審査権を規定する憲法第81条の趣旨に反する」と述べた。確かに、憲法判断と救済との距離があまりに遠く、救済にとって憲法判断がまったくイレラバントなものであれば（控訴審判決は違憲判断と救済とが「矛盾」すると考えている）、付随的違憲審査制の建前からいって、裁判所は憲法判断をなすべきではなかろう。しかし、本件では、最高裁がとった部分無効——3条1項の規定を部分的に切り取る——という手法が（それを最終的に採用するかどうかは別として、少なくとも）考えられるのであり、憲法判断と救済とがまったくイレラバントであるとはいえない。この点で、控訴審判決は、ギャップに着目して憲法判断を不当に回避したものとして批判の対象になりうる（これに対して、違憲判断はもとより、前記①の価値を重視して原告に救済まで与えた最高裁判決の姿勢が注目される）。

[*28] ただし、東京地判2007（平成19）年5月30日判例集未登載参照。
[*29] 東京高判2006（平成18）年2月28日家月58巻6号47頁。

また、立法不作為の違憲国賠判決のなかにも、同様の批判を加えられるものがある。たとえば、平成18年の在宅障害者選挙事件判決[*30]は、精神的原因により投票所に行くことの困難な状況にある原告が、国会議員がこのような投票困難者に対して選挙権行使の機会を確保するための立法措置をとらなかったことは憲法に違反し、国賠法上も違法であるとして損害賠償を請求した事案で、明白な違憲や、国会による一定の放置期間の渡過を要求する国賠法上の「違法」要件の成立を先に検討し、かかる要件を満たさないために原告の国賠請求には既に理由がないとして、純粋な憲法判断を行わなかった。すなわち、「上告人は上告理由において……本件立法不作為の違憲を主張するが、……本件立法不作為は、……国家賠償法1条1項の適用上、違法とはいえないのであるから、同〔違憲〕主張について判断するまでもなく上告人の請求に理由がないことは明らかである」、と。これも、憲法判断と救済とのギャップに着目した、ある種の憲法判断回避といえよう。しかし、本件でも、両者の関係がまったくイレラバントなものであったかは、やはり議論の余地がある。たとえば、仮に本判決で、違憲（状態）判断がなされ、それにもかかわらず国会がこれを放置していたならば、事後の同種訴訟において国賠法上の違法が認められていた可能性もあるからである。こう考えると、本判決に付された泉裁判官の補足意見が、正面から憲法判断を行い、「投票所において投票を行うことが極めて困難な状態にある在宅障害者に対して、郵便等による不在者投票を行うことを認めず、在宅のまま投票をすることができるその他の方法も講じていない公職選挙法は、・憲・法・の・平・等・な・選・挙・権・の・保・障・の・要・求・に・反・す・る・状・態・に・あ・る」（傍点山本）と述べたことは注目に値するように思われる。

4　おわりに

　以上、本章は、「憲法上の問題」に集中すると、ときに見えにくくなる憲法判断と救済との不可避的なギャップに着目し、憲法判断を、救済との関係において、あるいは、憲法判断が展開される具体的訴訟類型との関係において位置

[*30]　最判2006（平成18）年7月13日判時1946号41頁。

づけることの重要性を指摘してきた。本文で示唆したように、救済（原告の具体的な請求の内容）を考慮することで、どのような憲法判断を行うべきかが逆照射されることもある。他方、救済を度外視し、ただただ抽象的な憲法判断を行うといった態度は、結論的妥当性を欠く、まさに宙に浮いた論証となる可能性もある。「矯正的正義」と「法の支配」との調和的実現のために、憲法判断と救済とのギャップを巧みに使いこなせるようになることが重要である。

part. 2　コンテクストを読む　　　　　　　　　　　　　　▷94条

徳島市公安条例事件判決を読む
——「コンテクスト」としての分権改革

1　はじめに

　冒頭から司法試験の話題を持ち出すのも気が引けるが、条例による土地利用規制の合憲性（なお、この事案では、同規制は宗教的行為の自由にも関連していた）が論点となった平成19年論文式試験問題（公法系科目・憲法）の考査委員ヒアリング概要[*1]は、本問では「法律と条例の関係」が一論点となっているにもかかわらず、この「論点に触れられていない答案も……ある程度あり」、同論点に関する「リーディングケース」の「基準らしきものに触れた答案も多かった」が、「意外に、〔この基準を〕きちんと理解できているものは少なかった」と指摘している。そして、同概要は、その原因として、かかるリーディングケース——無論それは徳島市公安条例事件判決（以下、「昭和50年判決」と呼ぶ）[*2]を意味しているのだが——の「理解がもともと不正確、あるいは間違っているために、その判例を使っているつもりでも、誤った当てはめをしているという答案もかなり多かった」とも述べている。筆者の経験からも、条例が「法律の範囲内」（憲法94条）かどうか——条例制定権の限界、条例の法律適合性——を判断するための昭和50年判決の「基準」はわかっていても、その当てはめ方がよくわからないという学生が、確かに少なくないように思われる。
　さらに、第1次地方分権改革を受けた地方自治法（以下、「自治法」と呼ぶ）の改正（平成11年）が、この「わからなさ」に拍車をかけているように感じられる。周知のように、この改正によって、機関委任事務が廃止され、国と自治体との上下主従的な関係が正面から否定されるとともに、条文中に、「国と地

[*1]　法務省ホームページ（司法試験委員会会議・第41回議事要旨）参照。
[*2]　最大判1975（昭和50）年9月10日刑集29巻8号489頁。

方公共団体との適切な役割分担」（1条の2第2項、2条11項、同12項）が書き込まれるに至った。近年の学説の中には、このような自治法の大改正が、昭和50年判決の読み方を実質的に変えたとみるものもあり、裁判例にも、こうした修正的理解に親和的なものが出始めている。こうなると、端からわからなかった昭和50年判決の読み方が、分権改革ないし自治法改正を経て、よりわからなさを増している可能性がある。そこで本章は、分権改革ないし自治法改正という「コンテクスト」を踏まえつつ、昭和50年判決を徹底的に読み込んでみようと思う。

【資料】
○道路交通法（以下、「道交法」と呼ぶ）
目的：「道路における危険を防止し、その他交通の安全と円滑を図り、及び道路の交通に起因する障害の防止に資することを目的として制定された法律」（昭和50年判決）。
77条1項：「次の各号のいずれかに該当する者は、それぞれ当該各号に掲げる行為について」所轄警察署長の許可を受けなければならないとし、4号において、「一般交通に著しい影響を及ぼすような通行の形態若しくは方法により道路を使用する行為又は道路に人が集まり一般交通に著しい影響を及ぼすような行為で、公安委員会が、その土地の道路又は交通の状況により、道路における危険を防止し、その他交通の安全と円滑を図るため必要と認めて定めたものをしようとする者」と規定。
同条3項：1項の規定による許可をする場合に必要があると認めるときは、所轄警察署長は、一定の条件を付することができると定める。
119条1項13号：77条3項により警察署長が付した条件に違反した者に対し、これを3月以下の懲役又は3万円以下の罰金に処する旨の罰則を定める。

○徳島市公安条例（以下、「本条例」と呼ぶ）
1条：道路その他公共の場所で集団行進を行おうとするとき、又は場所のいかんを問わず集団示威運動を行おうとするときは、徳島市公安委員会に届け出なければならないと定める。
3条：「集団行進又は集団示威運動を行おうとする者は、集団行進又は集団

> 示威運動の秩序を保ち、公共の安寧を保持するため、次の事項を守らなければならない。
>   1 官公署の事務の妨害とならないこと。
>   2 刃物棍棒その他人の生命及び身体に危害を加えるに使用される様な器具を携帯しないこと。
>   3 <u>交通秩序を維持すること。</u>
>   4 夜間の静穏を害しないこと。」
> 5条：3条の規定等に違反して行われた集団行進等の主催者、指導者又はせん動者に対し、これを1年以下の懲役若しくは禁錮又は5万円以下の罰金に処する旨の罰則を定める。

2 徳島市公安条例事件判決

[1] 下級審判決──法律先占論

　徳島市公安条例事件は、昭和43年に、徳島市内で行われた集団示威行進に参加したYが、その行進中に自ら蛇行進を行ったことが道交法77条3項、119条1項13号に該当し、周囲に蛇行進をさせるよう刺激を与えたことが本条例3条3号、5条に該当するとして起訴されたものである（【資料】参照）。ここでは、本条例3条3号の明確性などが問題とされたほか、道交法77条と本条例3条3号との関係が問題とされた。両者はともに道路上の集団行動を規制対象としており、その限りで両者は重複・競合しているからである（しかも、同様の行為について、本条例の方が重い罰則を設けている）。仮に、憲法94条と、これを受けた自治法14条1項（自治体は「法令に違反しない限りにおいて……条例を制定することができる」）の規定を、〈法律＝国〉に対する〈条例＝自治体〉の従属的関係を前提とした「法律先占論」、すなわち、法律の規制がなされている事項につき、条例で重複した規制はできないという考え（ある規制領域を法律が「占めて」いれば、当該規制領域への条例の立入りは拒絶されるという領域論的思考）に立てば、法律の規制対象と同様の行為を規制する本条例3条3号──法律の「占拠」領域を侵犯する本条例3条3号──は、端的に憲法94条および自治法14条1項違反ということになる。

本件の下級審は、いずれもこのような法律先占論に近いシンプルな考え方を示した。たとえば１審判決は、「条例は地方公共団体の議会による自主立法ではあるが、……国の法令と競合しない限度で」その存在を許されるとしたうえ、本件における道交法77条の規定と本条例３条３号の規定は、「〔①〕道路で行なわれる集団行動に関する限り、その対象を同じくするといって差しつかえないから、〔②〕市条例３条３号にいう『交通秩序を維持すること』の意味が、道路交通の安全と円滑を図り、道路交通に対する危険を防止する趣旨、目的をもった、そのような内容のものであると理解する限りは」、本条例３条３号の規定は、道交法77条の規定に抵触し、憲法94条の条例制定権の範囲外の立法として形式的効力を失う、と述べたのである（引用中の傍点は全て筆者）。

　確かに、この１審判決は、単純重複、すなわち規制対象の同一性（上記①）のみで条例を排除しようとするものではなく、その排除に当たり、趣旨・目的の同一性まで要求している（上記②）。その意味で、法律先占論そのものを採用したものとはいえないが、本条例３条３号が独自の趣旨・目的を有するかについて詳細な検討を加えていないうえ（本条例３条３号は「〔地方〕公共の安寧を保持する」という目的も併有しており、本来はこの位置づけが問題となりえたが、１審判決は、本条例の規定も道交法と同様、「道路交通の安全」等を目的とする、とみた）、趣旨・目的が同一である場合には、例外なく条例は排除されるものと考えているようである。こうみると、１審判決は、なお初期の行政実務において採用されていた法律先占論と強い連続性を有していたものといえる（２審判決は１審判決を支持）。

[2]　最高裁判決（昭和50年判決）

(a)　導入

　周知のとおり、本件の最高裁判決は、本条例３条３号と道交法77条の重複性を認めつつも、前者は後者に違反するものではないと判断した。その論理の骨組みだけを先に示せば、本判決は、①単純重複（規制対象の同一性）が認められるだけで法律－条例の矛盾抵触をダイレクトに結論すべきではなく（その点では下級審と同じ）、②両者の矛盾抵触は、「それぞれの趣旨、目的、内容及び効果」を踏まえて慎重に判断すべきであるとした。そして、下級審とは極めて

対照的に、法律と条例の「目的」が仮に同一であっても、法律の「趣旨」が条例による重複的規制を容認するものであると解される場合には（「目的」と「趣旨」の分離）、両者に矛盾抵触をみるべきではないとした。本判決は、このような判断枠組みの下で、本条例3条3号は、①確かに道交法77条とその規制対象を同じくするところがあり（ともに道路での集団行動を規制している）、②その規制「目的」も道交法77条と重複するところがあるが、道交法77条の「趣旨」は道路での集団行動に関する地域的規制を容認するものと解されるから、両者に矛盾抵触はない、と判断したのである。

(b) 判旨（その1）――規範

以下、もう少し具体的に判旨をみてみよう。

まず、①について、本判決は、「本条例3条3号の遵守事項が単純な交通秩序違反行為をも対象にしているとすれば、それは道路交通法77条3項による警察署長の道路使用許可条件と部分的には共通する」と述べる。上述のように、両者に重複部分があることを認めるのである。仮に［1］で述べた法律先占論をとれば、このような重複が認められる時点で、本条例3条3項は違憲違法ということになるが、本判決はこうした考えを採用しなかった。すなわち、単純重複があっても、「そのことから直ちに、本条例3条3号の規定が国の法令である道路交通法に違反するという結論を導くことはできない」と述べるのである。

そして、有名な次の一節に続く。②「<u>条例が国の法令に違反するかどうかは、両者の対象事項と規定文言を対比するのみでなく、それぞれの趣旨、目的、内容及び効果を比較し、両者の間に矛盾抵触があるかどうかによってこれを決しなければならない</u>」。法律と条例の矛盾抵触は、「それぞれの趣旨、目的、内容及び効果を比較」して慎重に判断すべきというのである（この段階において、既に伝統的な法律先占論から一歩踏み出している）。ただ、この規範それ自体は抽象的で、ここからダイレクトに結論を導き出すことはできない。本判決は、この点を踏まえて、あくまでも例示（「例えば」）としながら、次のような下位規範を定立している。

A 「ある事項について国の法令中にこれを規律する明文の規定がない場合」、す

なわち、単純重複は存在しない場合でも（一見、法令によってある規制領域が埋められておらず、「空白」部分が存在しているようにみえる場合でも）、「当該法令全体からみて、右規定の欠如が特に当該事項についていかなる規制をも施すことなく放置すべきものとする趣旨であると解されるときは、これについて規律を設ける条例の規定は国の法令に違反する」

B 「特定事項についてこれを規律する国の法令と条例とが併存する場合」、すなわち、単純重複が存在する場合でも（一見、法令によってある規制領域が埋められており、「空白」部分が存在しないようにみえる場合でも）、

　B-1　条例が法令とは「別の目的に基づく規律を意図するものであり、その適用によって〔法令〕の規定の意図する目的と効果をなんら阻害することがないとき」、

　B-2　法令と条例が「同一の目的に出たものであっても、国の法令が必ずしもその規定によって全国的に一律に同一内容の規制を施す趣旨ではなく、それぞれの普通地方公共団体において、その地方の実情に応じて、別段の規制を施すことを容認する趣旨であると解されるときは、国の法令と条例との間にはなんらの矛盾牴触はなく、条例が国の法令に違反する問題は生じえない」。

以上を図式化すると、次のようになる。

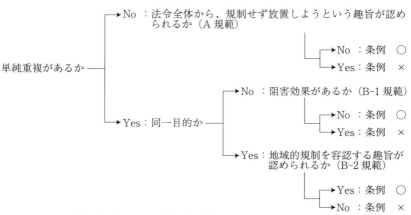

本判決は、「道路交通秩序維持のための行為規制を施している部分に関する限りは、両者〔法律と条例〕の規律〔は〕併存競合している」（傍点山本）とし、それらが「道路交通秩序の維持」という点で目的をも共通していることを認め、

上記 B-2 規範を用いることを示す。現実には、同じ規制対象を全く異なる目的で規制することは稀であり、本件と同様、B-2 規範が用いられる事案は多い。そこで以下、本判決が B-2 規範に対してどのような「当てはめ」を行ったのか詳しくみておきたい。

(c) 判旨（その2）――当てはめ

本件は、B-2 規範の当てはめにおいて、まず、道交法の規定に照準して、その立法趣旨（立法者意思）を探求する（以下、「立法者意思探求論」と呼ぶ）。

すなわち、「道路交通法77条1項4号は、同号に定める通行の形態又は方法による道路の特別使用行為等を警察署長の許可によって個別的に解除されるべき一般的禁止事項とするかどうかにつき、各公安委員会が当該普通地方公共団体における道路又は交通の状況に応じてその裁量により決定するところにゆだね、これを全国的に一律に定めることを避けている」。「このような態度から推すときは、右規定は、その対象となる道路の特別使用行為等につき、各普通地方公共団体が、条例により地方公共の安寧と秩序の維持のための規制を施すにあたり、その一環として、これらの行為に対し、道路交通法による規制とは別個に、交通秩序の維持の見地から一定の規制を施すこと自体を排斥する趣旨まで含むものとは考えられ〔ない〕」というのである。

確かに、道交法77条1項4号をみると、禁止事項の定立を「各」公安委員会に委ねており、その点において、道路交通規制の「分権」を意図しているように読める。B-2 規範に引きつけていえば、ここから、道交法77条が「全国的に一律に同一内容の規制を施す趣旨」でないことが読み取れる。

しかし、本判決は、ここで終わらなかった。法律の趣旨を解釈するに当たり、条例にも照準したのである。

すなわち、「<u>条例における重複規制がそれ自体としての特別の意義と効果を有し、かつ、その合理性が肯定される場合</u>には、道路交通法による規制は、このような条例による規制を否定、排除する趣旨ではなく、条例の規制の及ばない範囲においてのみ適用される趣旨のものと解するのが相当であ〔る〕」と述べたのである（以下、「特別意義論」と呼ぶ）。

これは、きわめて奇妙な、ある意味で逆立ちした論理である。法律の趣旨が、条例の「特別の意義と効果」によって、いわば逆算されることになるからであ

る。条例の側に重要な独自的意義が認められれば、あるいは認められさえすれば、法律は「地方の実情に応じて、別段の規制を施すことを容認する趣旨である」とみなされる、ということにもなる（趣旨の擬制）。後述のとおり、ここに、分権改革後の本判決の「読み直し」の契機が潜んでいるのだが[*3]、まずは冷静に、この部分について本判決がどのような判断を行ったのかをみておこう。

まず、本判決は、本条例3条3号の「特別の意義と効果」に関連して、以下のように述べている。

> 「本条例の右罰則は、集団行進等という特殊な性格の行動が帯有するさまざまな地方公共の安寧と秩序の侵害の可能性及び予想される侵害の性質、程度等を総体的に考慮し、殊に道路における交通の安全との関係では、集団行進等が、……場合によっては、地域の平穏を乱すおそれすらあることをも考慮して、その内容を定めたものと考えられる」（傍点山本）。

ここにおいて本判決は、本条例3条3号が、地域的問題に対する有効な処方箋としての意義ないし機能を有することを認めているのである。また、上述の特別意義論に現れている「合理性」について、本判決は、極めて緩やかなかたちで比例原則を適用し、「右罰則が法定刑として道路交通法には定めのない禁錮刑をも規定し、また懲役や罰金の刑の上限を同法より重く定めていても、〔上述の意義に照らせば〕それ自体としては合理性を有するものということができる」と述べている。かくして本判決は、本条例は「それ自体として独自の目的と意義を有し、それなりにその合理性を肯定することができる」（傍点山本）として、道交法77条との矛盾抵触を否定したわけである。

[3] 若干の検討——昭和50年判決の「揺れ」

以上、かなり詳しく昭和50年判決の内容をみてきた。本判決の全文に当たったことのない読者には、この作業は新鮮なものだったかもしれない。昭和50年判決は、多くの「揺れ」を内包する、実に興味深い——もちろん「分権

[*3] 岩橋健定「条例制定権の限界」小早川光郎＝宇賀克也編『行政法の発展と変革（下）』（有斐閣、2001年）401頁、神崎一郎「法律と条例の関係における『比例原則』『合理性の基準』『立法事実』」自治研究85巻8号（2009年）95頁、木村草太「公安条例の明確性」百選Ⅰ〔第6版〕187頁以下参照。

改革」というコンテクストからみれば、大きな重要性をも抱えた──判決だったのである。

　まず、昭和50年判決は、法律と同様の事項を規制する条例を、ただその重複という事実のみをもって排除しないという点で、さらに、規制目的が同一の場合であっても排除しないという点で、伝統的な法律先占論を明らかに踏み出している。しかし、これがどこまで先占論を踏み出しているかについては、おそらく2通りの読み方ができるものだった。B-2規範は、その文言だけをみれば、確かに「法律」の趣旨を重視したものとなっている。形式的には、あくまで国レベルの立法者がどのように考えたのかが物を言うつくりになっているのである。実際、本判決も、B-2規範の当てはめにおいて、まず、道交法の規定に照準し、その立法者意思を探求していた。この部分を強調する場合には、法令から、「別段の規制を施すことを容認する趣旨」が積極的に読み取れなければ、法律と規制対象も目的も同じくする条例は、やはり排除されることとなる。こう読む限り、本判決は、「法律先占論の軛から脱したものとは言い難い」[*4]とも評価されよう。

　他方、本判決は、B-2規範の当てはめにおいて、実際には特別意義論を併用していた。B-2規範における（広義の）「法律」趣旨解釈において、法律内に宿る立法者意思を厳格に問う立法者意思探求論と、法律を超えた──「法律『外』のファクター」[*5]である──条例の独自的意義（地域的問題に対する地域的解決の意義や必要性）を検討する特別意義論とを組み合わせていたのである。本判決は、おそらくは両者のバランスによって「容認する趣旨」の有無を解釈しようとしたものと考えられるが、仮に特別意義論の側を強調すれば、法令に全国的基準が書き込まれている場合など、法律からは「全国的に一律に同一内容の規制を施す趣旨」が読み取れても、条例に独自の意義さえ認められれば、法律は「別段の規制を施すことを容認する趣旨」をもつものとみなされ、法令中の全国的基準も、例えば上乗せ・横出しを許す「最低基準（ナショナル・ミニマム）」として、あるいは単なる「標準」[*6]として位置づけられることになる。こ

[*4]　赤坂幸一「法律と条例の関係」曽我部真裕ほか編『憲法論点教室』（日本評論社、2012年）153頁、宍戸・憲法267-268頁参照。

[*5]　斎藤誠「条例制定権の限界」高木光＝宇賀克也編『行政法の争点〔第3版〕』（有斐閣、2014年）207頁。

う読む限り、本判決は、法律先占論を大きく踏み出した、極めて分権的な判決としても評価されうるのである。

以上のように、昭和50年判決は、立法者意思探求論と特別意義論のどちらを重視するかによって、集権的にも分権的にも読める——その意味で「揺れ」を内包した——判決だったのである。

3 地方自治法改正後の傾向

[1] 特別意義論の強調へ

平成11年の自治法改正以前は、先述した昭和50年判決の「揺れ」を受けて、立法者意思探求論を重視する判決と、特別意義論を重視する判決が併存する状況が続いた。たとえば、河川法よりも強力な河川管理を行う市条例の有効性を扱った昭和53年の高知市河川条例事件判決[*7]は、B-2規範を前提にしながらも、特別意義論に触れることなく、専ら河川法に含まれる立法者意思の探求を通じて、"河川法は自ら以上に強力な河川管理を許さない趣旨である"との解釈を導出した。本判決は、同法の規定から、河川施設設置者の財産権をできる限り尊重しようという「立法者意思」を読み取り、条例によって同法以上に厳しい財産権制限を課すことを否定したのである。もちろん、ここで特別意義論が強調されていれば、条例による規制が容認される可能性もあった。地方河川の管理は、実際にそれを管理する——したがって地方河川の実情をよく知る——市町村の規制になじむものであって、かかる自治体の規制に独自の意義を認めることも不可能ではなかったからである[*8]。

また、パチンコ店等の営業（建設）につき、風営法よりも厳しい規制（市長同意等）を課す市条例の有効性を扱った平成9年の宝塚市パチンコ条例事件1審判決[*9]も、風営法と同条例とが規制対象（＝風俗営業）と目的（＝風俗環境の保持）を同じくすることを認め、B-2規範の適用を示唆しつつも、風営法の厳

[*6] 北村喜宣『分権改革と条例』（弘文堂、2004年）72頁。
[*7] 最判1978（昭和53）年12月21日民集32巻9号1723頁。
[*8] 角松生史「自治立法による土地利用規制の再検討」原田純孝編『日本の都市法Ⅱ』（東京大学出版会、2001年）328頁参照。
[*9] 神戸地判1997（平成9）年4月28日判時1613号36頁。

格な解釈により、「風営法は昭和59年の改正により、風俗営業の場所的規制について全国的に一律に施行されるべき最高限度の規制を定めたものである」と解し、市町村が条例によりさらに強度の規制をすることは許されないとした。ここでも、本条例が、風俗環境の保持に加えて、地域の「良好な住宅、自然及び文化教育環境」（良好なまちづくり）をも推進するという独自の意義を有するとの市側の主張（特別意義論）は重視されなかった。

　他方、自治法改正以前にも、特別意義論を重視して条例による重複規制の可能性を認める裁判例もあった。たとえば、いわゆるモーテル営業等に旅館業法よりも強度の規制（町長同意）を課す町条例の有効性を扱った昭和58年の飯盛町旅館建築規制条例事件高裁判決[*10]は、「地域公共団体が当該地方の行政需要に応じてその善良な風俗を保持し、あるいは地域的生活環境を保護しようとすることは、本来的な地方自治事務に属すると考えられるので、このような地域特性に対する配慮を重視すれば、旅館業法が……条例により旅館業法より強度な規制をすることを排斥する趣旨まで含んでいると直ちに解することは困難である」（傍点山本）と述べ、「地域特性に対する配慮」から──旅館業法の立法者意思を参照することなく──同法の「容認」趣旨を導出している[*11]。また、前記パチンコ条例事件と同種事案を扱った平成5年の伊丹市教育環境保全条例事件地裁判決[*12]は、前記事件と同様、風営法－市条例間の抵触問題を認識しつつも、市条例が、良好な教育環境の保持を含む「豊かな街づくり」を推進するという独自の意義と効果をもつこと、市の地域的実情を考えると、都市計画法を含む法律による問題解決には限界があること（地域的解決の必要性）を強調して──他方で風営法の立法者意思にはほとんど触れずに──、風営法との矛盾抵触を否定した（本判決は、そもそも両者の目的には「重ならない面」が大きいとして、B-1規範を重視した当てはめを行っている）[*13]。

　以上概観したように、自治法改正以前は、昭和50年判決の両義性ないし

[*10] 福岡高判1983（昭和58）年3月7日判時1083号58頁。
[*11] 本判決は、このように、条例の独自目的意義を根拠に条例の規律可能性を認めるものであったが、結論的には、本条例のとる規制手段が比例原則に反するとして、旅館業法との矛盾抵触を認めた。
[*12] 神戸地判1993（平成5）年1月25日判夕817号177頁。
[*13] この点、B-1規範とB-2規範との区別は相対的である。目的の重複部分を小さく見積もればB-1規範が適用され、重複部分を大きく見積もればB-2規範が適用される。本判決は、B-1規範に基づく検討を終えた後で、仮に目的の重複が実質的であるとしても、特別意義論（B-2規範）によって本条例による規制は容認されるとした。

「揺れ」を受け、裁判例も大きく2つの系統に分かれていたのだが、同法改正後は、特別意義論を重視する方向で収斂するのではないか、あるいは収斂していくべきなのではないかと主張されている*14。先述のように、改正自治法は、分権改革の大きな流れを受けて、自治体は「住民の福祉の増進を図ることを基本として、地域における行政を自主的かつ総合的に実施する役割を広く担う」と述べたうえ（1条の2第1項）、国と自治体との適切な役割分担（同2項）を明記し、これを立法原則（2条11項）および（裁判所等における）解釈原則（同12項）とした。この「適切な役割分担」原則は、"自治体が対処するのに相応しい地域的問題には、国ではなく、自治体が取り組むべき"という規範内容を含んでおり、言うまでもなく、上述の特別意義論を際立たせることになる。特別意義論は、条例の規制が、自治体による地域的解決になじむ、あるいは地域的解決の必要な問題——自治体がその役割を発揮するのに適した問題——に対処しようとするものであれば、それに独自の意義を認め、法律による同規制の容認を「擬制」するものであった。立法段階で、また解釈段階で、国と自治体との適切な役割分担を踏まえ「なければならない」（同11〜13項参照）とする分担原則は、条例が、上述のような地域的問題に取り組むものである限り、法律解釈上このような「擬制」を積極的に要請するものと解される。こうみると、改正自治法による分担原則の明記は、B-2規範における特別意義論を明らかに強調するものといえる*15（分担原則は、時に、条例の独自的意義が、全国一律の規制を狙おうという現実の立法者意思を押し退けることをも許容しうる）。

　実際、改正後に出された裁判例の中には、このような分担原則を意識したものが現れている。たとえば、ラブホテル建築を規制する町条例と、風営法等との関係を扱った平成17年の東郷町ホテル建築適正化条例事件1審判決*16は、B-2規範の当てはめにおいて、風営法の立法者意思への言及に加えて、自治法の事務分担規定を引用して（2条2項、3項）、「地域の実情に応じた風俗営業へ

---

*14 「これだけ大規模な分権改革が行われたにもかかわらず、法律と条例の実質的な関係にまったく変化が生じないはずもない」。磯部力「国と自治体の新たな役割分担の原則」西尾勝編『地方分権と地方自治』（ぎょうせい、1998年）98頁。
*15 たとえば、赤坂・前掲注4）155頁、北村・前掲注6）69-76頁、斎藤・前掲注5）207頁、鈴木庸夫「条例論の新展開」自治研究86巻1号（2010年）67-68頁等参照。
*16 名古屋地判2005（平成17）年5月26日判タ1275号144頁。

徳島市公安条例事件判決を読む　249

の規制を行うことにより、良好な生活環境、教育環境の維持、発展を図ることが地方公共団体の本来的な責務であると考えられることに照らせば、本条例が、……風営法の趣旨に反するとまではいえない」と述べている。

[2] 国家機関としての裁判所と自治体——役割分担の射程？

日本の司法制度においては、裁判所も「国」の機関であるから、裁判所が自治体の判断や事実的評価に立ち入った審査を行う場合、自治体の自主性・自律性が、国家機関としての裁判所によって奪われる可能性も出てくる。この点、改正自治法の分担原則が、裁判所（＝国）と自治体との関係にも及ぶことを忘れるべきではない。では、これまで述べてきた判断枠組みにおいて、裁判所は、自治体の意思決定たる条例に対し、具体的にどのような審査を行うべきなのだろうか。

先述のように、特別意義論において条例の独自的意義が認められるのは、それが地域的解決になじむ問題か、地域的解決の必要性が高い問題に対処しようとするものである場合である。前者は、基本的には、ローカルな専門的知識が解決にとって有用な地域性の高い問題を意味し、その具体例として、まちづくりや、自然的・文化的・教育的環境にかかわる問題などを挙げることができる[*17]。これらについては、事項的に、既に、自治体の解決になじむ問題であると解されるから、自治体自身が、この対応条例に独自の意義ありと評価している場合は、裁判所は、基本的にその立法事実の存在を推認すべきであるように思われる。他方、後者は、地域的解決に特になじむ問題ではないが、公共の安全等を脅かす状況が地域的に発生し、地域的解決が必要となった問題を意味する（徳島市公安条例事件参照）。この場合、自治体のもつローカルな知識は特に意味をなさず、独自的意義に関する自治体の評価も特に信頼できるものではないため、裁判所は——自らの「役割」として——条例による解決の必要性について踏み込んだ審査を行うべきだろう[*18]。

[*17] 問題自体が特定地域固有のものである場合、地域によって問題の性質が変化する場合、自治体に「認知的先導性」が認められる場合（「現場の事情により通じている地方公共団体の方が、問題の認知あるいは分析において、あるいはその『公共化』において、国よりも先行する」場合、地域に蓄積された経験的・科学的知見が問題解決にとって有用な場合）などが考えられる。角松・前掲注8）参照。

仮に、このような審査（と「それなり」の合理性審査。2［2］（c）参照）をパスし、条例による規律可能性（管轄的許容性）が認められても、条例の審査はさらに続く。条例において自治体の採択した具体的規制手段が「合理性」を有している必要があるからである（《法律との関係で条例の規律が許されるか》という「管轄」問題と、《条例によってどこまでの規律が許されるか》という「合理性・比例性」問題は区別されうる。管轄的許容性は基本的に前者の問題のみにかかわる）。ところで、この手段としての「合理性」を、法律との関係で——B-2規範の中で、すなわち法律適合性審査の中で——行うか、憲法との関係で行うか、という問題がありうる（条例の規範内容に着目する特別意義論を強調したときに、避けて通れない問題である）。

　筆者は、①B-2規範は、あくまで法律との関係における条例の管轄的許容性を判断する規範——国と自治体とのある種の権限争いを裁定する規範——であり、規制手段の実体的合理性や比例性までを判断する規範ではないこと、②法律との関係で条例の合理性・比例性を審査すると、理論的には法律が条例の比例的限界を画しているということになり、かえって法律の優位性を強調してしまうこと（逆に法律が憲法上の比例性を要求しているとすれば、端的にその比例性は憲法適合性審査の対象となる）から[19]、具体的な規制手段の審査は、B-2規範から離れて、「違憲審査」として別途行うべきと考えるが（条例の法律適合性審査→条例の憲法適合性審査）、当然、別論もありうる[20]。一応、ここではこの問題を開いたうえで、かかる手段審査の方法を検討すると、やはりその内容は、原則として（a）規制目的（独自的意義）との関連性の審査と、（b）必要性の審査に分けることができよう。ただ、ここでも国家機関としての裁判所と自治体との「役割分担」を考える必要がある。上述のように、裁判所は、地域的解決

---

[18]　この点で、徳島市公安条例事件では、本条例による解決が必要な状況（集団行動によって徳島市における公共の安寧と秩序が脅かされるといった状況）が存在したのかどうか、もう一歩突っ込んだ検討が必要であったように思われる。浦田一郎「条例制定権の範囲と法理」樋口陽一＝野中俊彦編『憲法の基本判例［第2版］』（有斐閣、1996年）223頁。

[19]　さらに、B-2規範の中で規制手段の合理性・比例性を実質的に審査する場合、「特別意義論」を規範中に含まないA規範およびB-1規範の適用事案で、かかる実質的な審査が行えないことになってしまう（下位規範の全てをB-2規範に吸収する場合には話は別だが）。

[20]　法律適合性審査の中で規制手段の比例性を実質的に審査するものとして、東郷町事件1審判決（前掲注16）がある。こうしたアプローチを支持する見解も多い。たとえば、神崎・前掲注3）88頁以下参照。

になじむ問題への具体的対応方法（規制手段選択）については、ローカルな専門的知識を有する自治体の判断を尊重した緩やかな審査を行うべきだろう*21。他方、ローカルな知識は、民主的プロセスが維持されてはじめて適切に（恣意的でなく）使用されうるから*22、かかる民主的プロセス自体を妨げ、また歪めるような規制（表現の自由、信教の自由に対する制約*23や差別的取扱い）については、裁判所は厳格な審査を行うべきである*24。

4 おわりに

　以上、第1次地方分権改革または自治法改正「前」「後」のコンテクストに照らして、昭和50年判決を読んできた。これにより、法律－条例関係論の「わからなさ」が少しでも解消されていれば幸いである。

　最後に、本論では敢えて避けてきた重要問題、すなわち、改正自治法の役割分担原則が、なぜ個別法律の解釈に影響を与えるのか、という理論上の問題について言及しておく。確かに改正自治法は、分担原則を個別法律の立法原則ないし解釈原則として定めている。しかし、改正自治法も「法律」なのであって、なぜその規定が、他の、形式上は同じ「法律」の制定や解釈に影響を与えられるのか、自明ではない*25（たとえば、なぜ全国一律の規制を意図した個別法律に、自治法適合的解釈を施すことができるのか）。その最もシンプルな解答は、分担原則は、憲法92条のいう「地方自治の本旨」に含まれる憲法上の原則であって、改正自治法はこれを「確認」したに過ぎない、というものである。この解釈により、憲法ランクの分担原則が個別法律の制定、解釈に影響を与えるべき理由が説明されうる（後者は、憲法適合的解釈となる）。しかし、「制度的保障」と解

---

*21　東郷町事件判決2審判決（名古屋高判2006〔平成18〕年5月18日判例集未登載）は、「地域社会の人的.物的環境の保持という一種の社会政策的な目的」に出た町条例の規制につき、「民主的手続による地方議会の裁量的判」断を尊重」した審査を行うことを示している。評釈として、北村喜宣「ラブホテル規制条例と風営法・旅館業法――東郷町条例事件」磯部力ほか編『地方自治判例百選〔第4版〕』（有斐閣、2013年）60頁以下参照。

*22　「距離の欠如」による自治体の恣意的な規制の危険につき、大橋洋一『現代行政の行為形式論』（弘文堂、1993年）369頁参照。

*23　自治体による信教の自由の制約は、宗教的少数派を政治的コミュニティから排除する機能をもつことがある。

*24　角松・前掲注8) 337-38頁参照。

*25　横大道聡「条例制定権の拡大と憲法」新井誠ほか編『地域に学ぶ憲法演習』（日本評論社、2011年）191頁。

されてきた「地方自治の本旨」*26 に、「適切な役割分担」を読み込むことができるのかも、また自明ではない。この点、大規模な分権改革を通して、分担原則が法律家集団の共通了解（ある種のベースライン）になった、という説明が可能かもしれない。あるいは、92条を根拠とすることなく、憲法の権力分立原理そのものに分担原則を読み込むという見解もあるかもしれない。たとえば、違憲審査の場面では、日常的に機関相互の「適切な役割分担」が行われている。経済的自由規制の審査では、同規制が社会経済に及ぼす影響等に関する「評価と判断の機能は、まさに立法府の使命とするところであり、立法府こそがその機能を果たす適格を具えた国家機関である」がゆえに（小売市場事件判決）*27、また生存権具体化立法の審査では、当該権利の具体化には国の財政事情を無視できず、「多方面にわたる複雑多様な、しかも高度の専門技術的な考察とそれに基づいた政策的判断を必要」とし、この考察・判断には国会がより適しているとされるがゆえに（堀木訴訟判決）*28、裁判所は立法府の判断に敬譲を払っているのである（ここでの緩やかな審査は、裁判所が、立法府との間で「役割分担」を行った結果である）。こう考えると、裁判所が条例制定権の限界を審査する際に、国と自治体それぞれの制度的能力や機関構造を踏まえた「適切な役割分担」を考慮することは、ある意味で当たり前のことといえるだろう*29。

---

*26　成田頼明「地方自治の保障」田中二郎編『日本国憲法体系5　統治の機構II』（有斐閣、1964年）135頁以下参照。
*27　最大判1972（昭和47）年11月22日刑集26巻9号586頁。
*28　最大判1982（昭和57）年7月7日民集36巻7号1235頁。
*29　なお、斎藤誠『現代地方自治の法的基層』（有斐閣、2012年）67-69頁参照。

part.2　コンテクストを読む　　　　　　▷1条・3条・4条・7条・69条

天皇と政治

1　はじめに

　1952年8月28日に、日本国憲法の下では2回目の衆議院解散（以下では「本件解散」という。）が行われた。本件解散の時点で衆議院議員であった苫米地義三は、本件解散は無効であるとして、10月1日に施行された衆議院議員総選挙には立候補せずに、まず10月4日に、「衆議院解散無効確認の訴」を最高裁判所に提起し、さらに16日に「衆議院議員資格確認並びに歳費請求の訴」を東京地方裁判所に提起した[*1]。このうち、前者の訴については、最高裁は、訴が提起された4日後に言い渡した警察予備隊訴訟最高裁判決[*2]に従い、訴えを却下している[*3]。したがって、いわゆる「苫米地事件」として一般に知られているのは、後者の訴の方である。そして、この苫米地事件において、最高裁[*4]は、いわゆる「統治行為論」を採用した。

　統治行為とは、一般に、「『直接国家統治の基本に関する高度に政治性のある国家行為』で、法律上の争訟として裁判所による法律的な判断が理論的には可能であるのに、事柄の性質上、司法審査の対象から除外される行為[*5]」のことをいう。したがって、苫米地事件においても、最高裁判所が判断を示さなかった法的問題が存在していたことになる。その法的問題とは、最高裁の言葉を借りて言えば、「本件解散は憲法69条に該当する場合でないのに単に憲法7条に

[*1]　吉井晃『憲法訴訟と日本の動向』（農山漁村文化協会、1970年）103頁、139頁。なお、資格確認の請求は、〝衆議院議員としての任期満了〟と共に取り下げられている（同139頁）。
[*2]　最大判1952（昭和27）年10月8日民集6巻9号783頁。
[*3]　最大判1953（昭和28）年4月15日民集7巻4号305頁。
[*4]　最大判1960（昭和35）年6月8日民集14巻7号1206頁。
[*5]　芦部・憲法353-354頁。

254

依拠して行われたが故に無効であるかどうか」という問題（**問題①**）と、「本件解散に関しては憲法7条所定の内閣の助言と承認が適法に為されたかどうか」という問題（**問題②**）の2つであった。苫米地が「衆議院解散無効確認の訴」を提起する際に発表した声明*6 を見ると、苫米地が特に問題にしようとしていたのは**問題①**の方であったことがわかる。そこで、まずは、**問題①**に焦点を合わせながら、苫米地事件のコンテクストを読んでみよう。

2　苫米地事件のコンテクスト

[1] なれあい解散*7

　苫米地事件のコンテクストを読むためには、少し時間を遡る必要がある。

　日本国憲法の施行を目前に控えた1947年4月25日に衆議院議員総選挙が施行された。この総選挙の結果、片山哲が委員長を務める日本社会党が——衆議院の過半数には達しなかったものの——第一党となり、5月24日、日本社会党、民主党および国民協同党から成る片山哲内閣が成立した。その後、片山内閣の総辞職を受けて、3党による連立政権の枠組みを維持したまま、民主党の総裁であった芦田均を首相とする芦田均内閣が1948年3月10日に成立したが、昭電疑獄事件において閣僚の1人が逮捕される中、同年10月7日に芦田内閣は総辞職した。その次に成立したのが、民主自由党による第2次吉田茂内閣であるが、それまでは野党であった民主自由党は、衆議院において過半数を有していなかった（少数与党）。そこで、吉田内閣は衆議院解散・総選挙を考えることになるが、野党の側は、昭電疑獄事件のこともあり、解散・総選挙を先延ばしにしたいと考えていた。このような状況の中で、憲法69条所定の場合（衆議院で内閣不信任決議案が可決された場合か内閣信任決議案が否決された場合）以外の衆議院解散は可能なのか、等といった問題が論議されるようになったのである*8。

---

*6　苫米地義三『晨光仰窓記』（政経時説社、1957年）181-183頁。
*7　以下の叙述は、藤本一美『「解散」の政治学——戦後日本政治史』（第三文明社、1996年）41-50頁に多くを拠っている。
*8　佐藤達夫「解散権論議の回想」ジュリ217号（1961年）14頁以下を参照。

当時の新聞紙面を見てみると、憲法7条により衆議院を解散することができるとする宮沢俊義の見解*9（いわゆる7条説）、当時の野党であった社会党の片山哲委員長と民主党の苫米地義三総務会長がそれぞれGHQ総司令部を訪問し、ホイットニー民政局長らから、衆議院解散は憲法69条所定の場合に限られるとの見解を引き出したことを報じる記事*10、あるいは、法務庁法制局が憲法69条所定の場合以外にも内閣は衆議院を解散できるとする解釈を確定したことを報じる記事*11などが載っている。解散権をめぐる憲法論が活発に論じられていたのである。

　最終的には、GHQの仲立ちにより、政府と野党との間に、野党が内閣不信任決議案を提出するという妥協案が成立し*12、実際に12月23日に片山哲らが提出した内閣不信任決議案が衆議院において可決され、同日衆議院が解散された（なれあい解散）。ちなみに、この時の解散の詔書*13には、「衆議院において、内閣不信任の決議案を可決した。よつて内閣の助言と承認により、日本国憲法第69条及び第7条により、衆議院を解散する。」と記されていた。

　翌年の1月23日に施行された総選挙の結果、民主自由党は単独で過半数を獲得したが、吉田らは政権の安定を求めて、2月16日に、民主党の中の連立に賛成する連立派との連立政権を成立させた（第3次吉田茂内閣）*14。なお、民主党はこの後すぐに分裂し、連立派のうち23人は民主自由党に合流し、民主自由党は党名を自由党に改めた。民主党の中の連立反対の一派は、国民協同党等とともに、1950年4月に国民民主党を結成し、さらに、1952年には国民民主党等が改進党を結成した*15。

　このような政治の流れの中で、苫米地は、片山内閣および芦田内閣では国務大臣（運輸大臣〔片山内閣〕・内閣官房長官〔芦田内閣〕）を務め、また、民主党分裂後は、国民民主党の最高委員長に就き、本件解散の時は、改進党の顧問会長

---

*9　宮沢俊義「解散の憲法的意味」朝日新聞1948年11月8日1面。
*10　朝日新聞1948年11月13日3面。
*11　朝日新聞1948年11月14日1面。
*12　朝日新聞1948年11月29日1面。
*13　「国の機関としての天皇の意思表示に係る公文書で一般に公示されるもの」を「詔書」という（角田禮次郎ほか編『法令用語辞典〔第10次改訂版〕』〔学陽書房、2016年〕416頁〔佐藤功〕）。
*14　石川真澄＝山口二郎『戦後政治史〔第3版〕』（岩波書店、2010年）51頁。
*15　石川＝山口・前掲注14）51頁。

に就いていた*16。

[2] 本件解散（抜き打ち解散）

　1951年に公職追放が解除された鳩山一郎が復帰すると、自由党内で鳩山派が吉田への批判を強めていった。そこで、吉田は野党と鳩山らに対する秘策として衆議院解散を考えるに至り*17、1952年8月28日に衆議院が解散された（本件解散）。

　ここで、一般に「抜き打ち解散」とも呼ばれる本件解散に至る経緯を確認しておこう*18。

　　8月22日　定例閣議において、衆議院解散の結論に到達した。
　　　25日　吉田首相が那須で静養していた天皇を訪ね、天皇にその旨を上奏した。
　　　26日　詔書案とそれが発布されたことについての衆議院議長宛の伝達案を議題として、持廻り閣議（閣議書類を持ち廻って決裁を受ける方式）の方法により書類が作成されたが、その際に閣僚全員の署名は得られなかった（28日に残りの署名が得られた）。
　　　　　　内閣の使者が天皇を訪ね、書類に天皇の署名を受け、翌日宮内庁で御璽を受けた。
　　　28日　午前11時から開かれた臨時閣議において、解散詔書の伝達が全員一致で可決され、午後0時12分に解散詔書が大野伴睦衆議院議長に伝達された。解散の詔書には、「日本国憲法第7条により、衆議院を解散する。」と記されていた。大野衆議院議長は、その後、衆議院議長応接室に各派の代表の参集を求め、衆議院が解散されたことを通告した。

---

*16　長澤玄光編著『和耕　苫米地義三伝』（和耕録刊行会、1976年）111-112頁。
*17　石川＝山口・前掲注14）59-61頁。当時の新聞記事は、「……このまゝ通常国会にすべりこんで首相の施政方針演説でもやれば、たちまち野党攻勢のヤリぶすまに見舞われ、国会乗切りの自身もつきかねる。それに加えて国会運営面でも第一鳩山派の党内野党の出方も問題だ。──それならこの際『反乱軍』や野党側の選挙準備が整わないうちに逆手をとって一挙解散へ──というのがこの秘策のあらすじであったらしい。」と報じている（「急展開の政局　窮地から"逆手"の解散」朝日新聞1952年8月29日朝刊1面）。
*18　この経緯は、苫米地事件東京控訴審判決（後掲）による認定を基にし、一部を読売新聞1952年8月28日夕刊1面から補足した。

[3] 苫米地事件のコンテクスト

　前述のように、苫米地事件における法的問題は、大きく2つに分けられる。そして、苫米地事件1審判決*19と控訴審判決*20とで結論を分けたのは、**問題①ではなく問題②**についてであった（ちなみに、両判決とも統治行為論は採らなかった）。すなわち、1審判決は、「助言」には全員一致による閣議決定が必要であるが、「本件解散については内閣の助言があったものとは言へない」ので本件解散は憲法7条に違反し無効であるとしたのに対し、控訴審判決は、助言についての閣議決定が行われていたとして、本件解散は有効であるとしたのである。しかしながら、この結論の相違は、1審判決が、仮に助言の閣議決定がなされていたとすれば8月26日であるとの前提に立っていたのに対し、控訴審判決が——1審判決では触れられていなかった——8月22日の定例閣議において閣議決定がなされていたとの前提に立ったことによるものであったので、これ以上は深めようのない論点であるといえよう*21。

　ところで、本件解散が行われた当時、学界では——論争という形を採りながら——今日の解散権をめぐる議論の枠組みが形成されつつあった。すなわち、前年の1951（昭和26）年に、当時国会に設けられていた両院法規委員会が内閣の衆議院解散権についての検討を始める中で*22、解散権をめぐる論争が「再燃*23」したのである。

　ここで重要な点は、この論争が——すでに1948年の解散権論議の時にも、たとえば片山哲が、「第69条以外に政府が独自の解散権をもつとの考え方は旧憲法の思想であり、かつての天皇制の思想ともつながる考え方である」とするホイットニーらの見解を紹介していた*24 ことにも示されていたところではあるが——日本国憲法の下での天皇の「権能」を、旧憲法の下での天皇の「権

---

*19　東京地判1953（昭和28）年10月19日行集4巻10号2450頁。
*20　東京高判1954（昭和29）年9月22日行集5巻9号2181頁。
*21　もちろん、内閣による「助言」と「承認」は別々に必要とされるべきか、という論点は、天皇による発意の可能性という観点からすると、憲法論において重要な意味をもっている。
*22　両院法規委員会の勧告は、憲法69条所定の場合以外にも内閣は衆議院を解散しうるというものであった（浅野一郎＝杉原泰雄監修『憲法答弁集［1947-1999］』〔信山社、2003年〕24-26頁を参照）。大石眞「苫米地事件」法教349号（2009年）19頁も参照。
*23　小嶋和司「天皇の権能について」同『小島和司憲法論集二　憲法と政治機構』（木鐸社、1988年）89頁。
*24　朝日新聞1948年11月13日3面。

能」との関係でどのように理解するのか、という問題と密接に関わりながら展開していた、という点である。

たとえば、当時の論争に関わっていた佐藤功は、「解散の根拠規定は第7条であり、それは天皇の権能として内閣の助言と承認によって行われるにすぎない」とする自らの見解は「まさに明治憲法の考え方であるといってよいと思う」とし、さらに「この点に関する限り、明治憲法の考え方はそのままに維持されているのである[25]」としていたが、佐藤の見解を批判した長谷川正安は、この点を問題にしようとしていたのである[26]。

苫米地事件1審判決、控訴審判決および最高裁判決の少数意見はいずれも、**問題①**については、憲法7条を根拠とする衆議院解散を有効と解していたので、各判決を読む限りではよく見えてこないかもしれないが、**問題①**の検討は、日本国憲法の下での天皇の国事に関する行為（国事行為）およびそれに対する内閣の助言と承認についての検討と密接に結びつくものだったのである。

3　天皇の国事行為に対する内閣の助言と承認

[1] 国事行為

憲法は、「天皇は、この憲法の定める国事に関する行為のみを行ひ、国政に関する権能を有しない。」と定め（4条1項）、さらに6条および7条において、具体的な国事に関する行為（国事行為）として、①内閣総理大臣の任命（6条1項）、②最高裁判所の長たる裁判官の任命（6条2項）、③憲法改正、法律、政令および条約の公布（7条1号）、④国会の召集（7条2号）、⑤衆議院の解散（7条3号）、⑥国会議員の総選挙の施行の公示（7条4号）、⑦国務大臣および法律の定めるその他の官吏の任免ならびに全権委任状および大使および公使の信任状の認証（7条5号）、⑧大赦、特赦、減刑、刑の執行の免除および復権の認証（7条6号）、⑨栄典の授与（7条7号）、⑩批准書および法律の定めるその他の外交

---

[25]　佐藤功「解散をめぐる憲法論争――両院法規委員会における論議を中心として」法時24巻2号（1952年）36頁。
[26]　長谷川正安「解散論争の盲点――佐藤功氏の所説を契機として」法時24巻7号（1952年）53頁。小嶋・前掲注23）89頁も参照。

文書の認証（7条8号）、⑪外国の大使および公使の接受（7条9号）、⑫儀式の挙行（7条10号）を挙げている（限定列挙）*27。また、憲法は、「天皇の国事に関するすべての行為には、内閣の助言と承認を必要とし、内閣が、その責任を負ふ。」と定めている（3条）*28。

　これらの規定を通じて、憲法は、天皇に政治的権能を認めないことにしているのであるが、その理由としては、主に次のものが考えられている*29。
- 天皇の権能の名にかくれて、一部の者が独裁政治を行なう余地がなくなる
- 天皇の政治上の責任問題が生ずるおそれをなくすことで、天皇の地位を安泰に保持することができる
- 人間たる天皇、しかも世襲制の天皇に、国政全般にわたって、たえず公正妥当な判断を求めることは不可能である
- 天皇は、政治に関与しなくとも、象徴にふさわしい機能を発揮すれば、それだけで十分に存立の意義が認められる

[2] 衆議院の解散

　衆議院の解散とは「衆議院議員の任期満了以前に、その全員の身分を失わしめること」*30 をいう。日本国憲法の下で衆議院が解散されると、衆議院議員総選挙が行われ（憲法54条1項）、その後、国会（特別会）が召集される（憲法54条1項、国会法1条3項）。この国会（特別会）の召集の時に内閣は総辞職をしなければならないので（憲法70条）、召集されたばかりの国会（特別会）において、新しい内閣総理大臣が指名されることになる（憲法67条1項）。内閣総理大臣の指名の議決については衆議院の優越が認められているので（憲法67条2項）、結局は、衆議院の議決により指名された者が、天皇による任命（憲法6条

---

*27　ちなみに、国事行為の委任（憲法4条2項）も国事行為である。これも含めて、山本雅人『天皇陛下の全仕事』（講談社、2009年）71-88頁を参照。夏休み等の例外を除くと、毎週火曜日と金曜日の午前中の閣議で決裁された書類が、内閣から宮内庁に届けられてくる。天皇は、毎週火曜日と金曜日の午後に、国事行為に係る書類に署名をしたり印を捺したりしているという（渡邉允『天皇家の執事――侍従長の十年半』（文藝春秋、2009年）58-61頁）。このような書類は、年間に1,200件前後あり、前天皇は、文書に目を通して納得してから、署名捺印をしていたという（同59-60頁）。

*28　天皇は、国事行為を行う際の内閣の助言と承認を拒否することはできないと一般に解されている（佐藤功・コメ57頁）。

*29　清宮・憲法Ⅰ167頁に拠る。

*30　佐藤功『日本国憲法概説〔全訂第5版〕』（学陽書房、1996年）412頁。

1項)を受けて内閣総理大臣に就任し、新たな内閣を組織することになる(憲法68条1項、7条5号)。このことからも明らかなように、衆議院の解散は、非常に政治的な性格の強い行為である。このような行為を天皇が行っても、天皇は「国政に関する権能を有しない」(憲法4条1項)とするには、どのように考えれば良いのであろうか。

[3] 内閣の「助言と承認」

第1の考え方として、「国事行為」に必要とされる内閣の「助言と承認」(憲法3条、7条)に着目する考え方がある。この考え方は、内閣の「助言と承認」を、内閣による実質的な決定と考え、「憲法で名目的に天皇の権能に属するとされた行為のうちで……内閣が実質的に決定する部分を除いたもの――儀礼的・名目的な部分――が、真に天皇の権能に属する」と解する[31]。

これに対し、第2の考え方として、憲法4条1項にいう「国政に関する権能」を「およそ国政運営に影響をあたえるような性格をもつ権能[32]」(傍点原文)と解し、また、「天皇は『国事に関する行為』のみしかおこなわないから『国政に関する権能を有しない』のである[33]」、すなわち、「『国事に関する行為』が『国政に関する権能』たる内容をもたないから、それのみをおこなうばあい『国政に関する権能』をもつことにならないのである[34]」とした上で、「天皇が、実質的には他の機関の決定した事項を形式的儀礼的に表示するのが『国事に関する行為』[35]」であると解する考え方がある。「衆議院の解散についていえば、なにか他の機関が衆議院解散を決定し、その決定を天皇が儀礼的形式的に表示するのが、この『国事に関する行為』ではないか」[36]、ということになる。そして、このような考え方の場合、憲法3条は「天皇の儀礼的形式的行為に『内閣の助言と承認』の必要なことをいっているにすぎない」[37]ことになる。

---

[31]　宮沢・コメ105頁。
[32]　小嶋・前掲注23) 91頁。
[33]　小島・前掲注23) 96頁。
[34]　小島・前掲注23) 96-97頁。
[35]　小嶋・前掲注23) 94頁。
[36]　小嶋・前掲注23) 94頁。

第1の考え方は、内閣の助言と承認に実質的決定権が含まれるとすることで、内閣の助言と承認の結果天皇の国事行為は形式的・儀礼的になると解するのに対し、第2の考え方は、天皇の国事行為は本来的に形式的・儀礼的なものにとどまると解することになる（以下では、第1の考え方を結果的形式説、第2の考え方を本来的形式説と呼ぶ[*38]）。

　この2つの考え方の違いは、内閣の助言と承認を、立憲君主制における大臣助言制の延長線上で理解するのか、それとも、それらとは異なるものとして理解するのか、という違いとも結びついている[*39]。

　大臣助言制の要諦は「まず君主……に実質的権能を帰属させ、ついで、その実質的権能をその助言者たる大臣の決定にゆだねるものである」ので、「この結果、君主の役割が、たんに助言者たる大臣の決定を形式的儀礼的に表示する、いわば日本国憲法第4条第1項にいわゆる『国事に関する行為』的な実質とな」る[*40]のである（傍点原文）。結果的形式説は、日本国憲法における内閣の「助言と承認」を、このような立憲君主制の下での大臣助言制の延長線上に置くことで、内閣は、「助言と承認」を通じて、衆議院の解散の実質的決定を行うと解することになる。これに対し、本来的形式説からすれば、「日本国憲法における天皇の権能には、はじめからそのような実質的決定の入りうる余地がない」と解するので、「その助言承認者内閣に実質的決定がみとめられうる余地もない」ことになる[*41]。

[4] 日本国憲法の不備？

　天皇の国事行為と内閣の助言と承認との関係をめぐる論争がやっかいなのは、いずれの立場を採ってもスッキリとした結論が導かれない点であろう。結果的

[*37] 小嶋・前掲注23) 98頁。このように解する場合、憲法が「実質のない『内閣の助言と承認』」を要求している理由は、「天皇の行為が『他の機関』の決定したところを表示するばあい、その表示が実際の決定と合致することを確保するため」であると考えられるし、あるいはまた、国会の召集や衆議院の解散など「国政運営の一段階として必須」な行為が必要であることを「政治に超越する天皇」に「知らせるのが内閣の役割」であるとも考えられることになる（小嶋・前掲注23) 101頁）。
[*38] 学説の名称は佐藤・憲法論517頁に拠る。苫米地事件において、原告側は、本来的形式説に立っていた（**問題①**）。
[*39] 小嶋・前掲注23) 103-105頁。
[*40] 小嶋・前掲注23) 104-105頁。
[*41] 小嶋・前掲注23) 99頁。

形式説の難点としては、他の機関が実質的な決定を行っている国事行為（たとえば、国会の指名に基づいて天皇が行う内閣総理大臣の任命）についてまで、憲法は内閣の助言と承認を必要としているので、内閣の助言と承認には、内閣による「実質的決定」の余地を含むものと含まないものとが併存してしまうことになるという点[*42]を挙げることができるし、本来的形式説の難点としては、たとえば衆議院の解散についての実質的決定権の所在を、憲法の規定の中に見つけることが難しくなるという点[*43]を挙げることができる。

実際、結果的形式説からも、この問題は「そもそも憲法の条文の不備に由来する[*44]」とされているし、本来的形式説に立つ論者からも、「憲法が、一方では、天皇の『国政に関する権能』を全面的に否認しながら、他方で、天皇に解散権を認めているのは、たとえそれが形式的な解散権であるにしても、およそ解散という行為は国政に重大な影響を及ぼす性質の行為であって、形式的行為としてにせよ、天皇がそれにタッチするのは、結局、国政に関与することになるから、憲法自身の矛盾ないしは少なくとも不徹底ではないかという疑問が生ずる」[*45]という指摘や、あるいは、「一体、解散のごとき重要国務について、特に明瞭に内閣の権限として規定しなかったことは立法技術上批判さるべきであって、第73条に特記すべきであったかも知れぬ」[*46]という指摘がなされて

[*42] 憲法3条は「天皇の国事に関するすべての行為には、内閣の助言と承認を必要と」するとしているが（傍点中林）、結果的形式説に立つ宮沢俊義は、「内閣の助言と承認を必要とするのは、天皇のなすべき行動の内容について内閣が決定する余地が少しでもある場合にかぎるのであって、そういう余地がまったく残されていない場合にまで、内閣の助言と承認を要求するのは、無意味である」と解している（宮沢・コメ62-63頁）。したがって、たとえば「内閣総理大臣にだれを任命すべきかは、国会の指名によって確定するのであり、閣議にかけても、内閣が決定すべき余地はまったくな」く、「この場合、しいて内閣の助言と承認を必要とすると解することは無意味であ」り、内閣の助言と承認は必要でないと解されることになる（宮沢・コメ63頁）。この点、高橋和之は、基本的には結果的形式説に立ちつつも、「裁量の幅のほとんどない行為を内閣に決定（助言・承認）させることにしたのは、内閣の側から見れば無意味に見えようが、天皇の側から見れば無意味ではない」として、「憲法は、常に内閣の決定（それが形式的なものか実質的なものかに関係なく）に従うよう要求したのである」と説いている（野中ほか・憲法I 119頁［高橋和之]）。
[*43] 衆議院の解散については、憲法69条所定の場合以外にも衆議院が解散される場合があるのか否か、憲法69条所定の場合以外にも衆議院が解散される場合があるとして、誰が解散の実質的決定を行うのか、また、その際の根拠は何か、という形で検討されることになる。憲法69条所定の場合以外にも衆議院が解散される場合があると解し、また内閣が解散の実質的決定を行うと解する場合の根拠としては、憲法7条を根拠とする7条説、憲法65条を根拠とする65条説、さらに憲法の採っている権力分立制・議院内閣制を根拠とする制度説に分かれる。詳しくは、樋口ほか注解I 105-112頁［樋口陽一］を参照。
[*44] 芦部・憲法50頁。
[*45] 清宮・憲法I 167-168頁。清宮は、衆議院の解散権をめぐる学説の対立では、いわゆる制度説に分類される論者である。樋口ほか・注解I 109頁［樋口陽一］を参照。

いる。

[5] 天皇の「国事行為」としたことの意味

　ここで、憲法が衆議院の解散を天皇の国事行為としたことの意味について、考えてみよう。佐藤功は、憲法が、国事行為の中に、国会の召集（憲法7条2号）、衆議院の解散（憲法7条3号）、国会議員の総選挙の施行の公示（憲法7条4号）を挙げていることについて、これらは「いずれも内閣の国会に対する対立的・命令的な性質をもつ行為であるために、これを形式的には内閣の行為とはせず、むしろ内閣・国会に対し第三者的な地位にある天皇の行為の形式をとることが適当と考えられたということができる[*47]」と説明している。この場合、「これらの行為を形式的に天皇の行為としたということは、内閣と国会との対立を緩和し、中和するという機能を果たすことになる」とされ、さらに、「およそこのような緩和的・中和的機能は、一般に君主制国家における君主の機能と認められてきたものであって、天皇の行為としてこれらの行為を認めたことには、このような伝統的な君主制の思想がなお残っている」といわれることになる[*48]。この点は、1946年7月27日の第90回帝国議会衆議院帝国憲法改正案委員小委員会[*49]における議論を踏まえると、よりよく理解できるかもしれない。

[6] 日本社会党の修正案

　日本国憲法の憲法制定会議ともいうべき第90回帝国議会において、日本社会党は修正案を提出していたが、その修正案の中に、国会の召集、衆議院の解散、国会議員の総選挙の施行の公示を、天皇の行為ではなく内閣の権能とする提案が含まれていた[*50]。このことについての議論が、1946年7月27日の衆議院帝国憲法改正案委員小委員会においてなされたのである。

[*46]　入江俊郎「解散と憲法の規定（二・完）」法時22巻2号（1950年）59頁。入江は、衆議院の解散権をめぐる学説の対立では、いわゆる65条説に分類される論者である。樋口ほか・注解Ⅰ109頁［樋口陽一］を参照。
[*47]　佐藤功・前掲注30）351頁。
[*48]　佐藤功・前掲注30）351頁。
[*49]　この小委員会には、当時法制局の事務官であった佐藤功も出席していたという（佐藤達夫（佐藤功補訂）『日本国憲法成立史 第四巻』（有斐閣、1994年）713頁）。

まず、下記の速記録からの引用[*51]に出てくる人物について、簡単に確認しておこう。**犬養委員**とは、いわゆる 5・15 事件で殺された犬養毅の息子であり、作家でもあった犬養健のことである。彼はその後、第 4 次・第 5 次吉田茂内閣で法務大臣を務めた。**鈴木（義）委員**とは、元東北帝国大学法文学部教授であり、弁護士でもあった鈴木義男のことである。彼は、後に、片山哲内閣で司法大臣（後に法務総裁）を、芦田均内閣で法務総裁を務めた。**芦田委員長**とは、元外交官であり、後に片山哲内閣で外務大臣を務め、さらに内閣総理大臣にも就いた芦田均のことである。

　下記の議論は、天皇の行為は「フィクション」にすぎないのではないか、という点についての議論である。

　　○犬養委員　ヨクモ陛下ガ解散シタナト云フ気持ニハナラヌト思フ
　　○鈴木（義）委員　併シ、只今解散ノ詔勅ガ下リマシタト云フ、ソレガ嘘ナンダカラ、予テ用意シテ置イタモノヲ出シテ、陛下ガ実際に携ッテ居ラレルヤウナ擬制ヲ強ヒルダケデスカラネ
　　○芦田委員長　ソレハサウダガ、併シ議会ヲヤッテ居ル最中ニ総理大臣ガ来テ、今オ前達ニ解散ヲ命ズルゾト言フヨリハ、詔勅ガ下リマシタト言ッテ、帝国議会ノ解散ト言ハレタ方ガ、出テ居ル者モ神気荘厳デイイト思フ
　　○犬養委員　私モサウ思フ、幣原ノ奴ヨクモ解散シタナ、ナント云フヨリモ、天皇ガヤルト、詔勅ガ下ッテ解散シタト云フ「フィクション」デ平和的ニヤレル、其ノ「フィクション」ガ善イ方ニ役立ツ
　　○芦田委員長　悪イ方面バカリデモナイ
　　○鈴木（義）委員　サウ云フ利弊ガ伴フコトモ事実デス
　　○犬養委員　D・D・Tヲ撒イテ、我々ノ生活カラ「フィクション」ヲ全然追払ヘト云フ考ヘ方モ少シドウカト思フ

[*50]　この点も含めて、高橋彦博「日本社会党と象徴天皇制」法時 61 巻 6 号（1989 年）78 頁以下を参照。後に、1956 年 5 月 7 日に、参考人として参議院内閣委員会に出席した鈴木義男は、次のように述解している。「……天皇の行う国務のうち、原案は、第 7 条の第 1 号、『憲法改正、法律、政令及び条約を公布すること。』とあるのを、『認証すること』と直して、第 2 号以下の国会の召集、衆議院の解散、国会議員総選挙の施行の告示というのは、天皇の国事行為の中にありまするが、これを削除しろ、これらは内閣の事務に移すべきである、天皇は象徴であり、政治には関与しない建前をとる以上は、これを天皇の行為とすべきでないといわれわれは考えたから、その主張をいたしたのであります」（『第 24 回参議院内閣委員会会議録第 38 号』23 頁）。
[*51]　『第 90 回帝国議会衆議院帝国憲法改正案委員小委員会速記録』77 頁。なお、犬養委員のいう幣原とは、同年 5 月 22 日まで首相であった幣原喜重郎のことであろう。

[7] 衆議院の解散・再考

　1952年の本件解散から半世紀余りが過ぎた2005年8月8日、参議院本会議において郵政民営化関連6法案が——政府与党の自由民主党から反対する議員が出たこともあり——否決されたことを受けて、小泉純一郎内閣は同日衆議院を解散した（いわゆる郵政解散）。衆議院において郵政民営化関連6法案は7月5日に可決されていたにもかかわらず、衆議院を解散したのである（当時の衆議院における政府与党の議席では、特別多数による再可決が難しかった）。このことを報じた当時の新聞記事は、次のように報じていた*52。

　　　政府は8日午後、郵政民営化法案が否決されたことを受け、臨時閣議を開き、憲法7条に基づいて衆院を解散し、8月30日公示、9月11日投票の日程で総選挙に踏み切ることを正式決定した。同夜の衆院本会議で解散詔書が読み上げられた。……

　この解散の時に、天皇の意思表示である「詔書」が読み上げられたことによって、内閣と国会との対立（厳密にいうと、この時対立したのは、内閣と参議院であった）が緩和・中和されたのだろうか。また、衆議院の解散には——解散の時期を決めるのが常に内閣であるという点はあるにせよ——「解散に続く総選挙によって主権者としての国民の審判を求めるという民主的な契機*53」が含まれていることからすると、内閣と衆議院とが対立した場合に、その対立を緩和・中和することは本当に必要なのであろうか*54。

4　天皇と政治

[1]「天皇へのご進講問題」

　これまで検討してきた、天皇の国事行為としての「衆議院の解散」をめぐる

---

*52　毎日新聞2005年8月9日朝刊1面。
*53　芦部・憲法345頁。
*54　なお、9月11日に施行された衆議院議員総選挙において、政府与党（自由民主党・公明党）は圧勝した。この総選挙後に成立した第3次小泉純一郎内閣は、改めて郵政民営化関連6法案を提出し、同法案は10月11日に衆議院本会議において可決され、14日には参議院本会議においても可決された。

問題の根底には、日本国憲法の下での〝天皇と政治〟という問題が横たわっている。そこで、次に、この〝天皇と政治〟をめぐる問題について、もう少し考えてみることにしよう。そのために、まずは、1973年の「天皇へのご進講問題」を採り上げることにする。

　「天皇へのご進講問題」とは、5月26日に、皇居で増原恵防衛庁長官が「当面の防衛問題」について昭和天皇に「ご進講」した時の天皇とのやりとりを、記者団に漏らしたとされる事件のことである。当時の新聞によると、増原長官は、記者たちに対し、天皇が「『近隣諸国に比べ自衛力がそんなに大きいとは思えない。国会でなぜ問題になっているのか』」、「『防衛問題はむずかしいだろうが、国の守りは大事なので、旧軍の悪いことは真似せず、いいところは取入れてしっかりやってほしい』」といった趣旨の発言をしたということを話し、さらに、そのように話した増原長官自身は「『防衛二法の審議を前に勇気づけられました』といたく感激」していたという[55]。5月29日に、田中角栄内閣は、増原長官を更迭する方針を決め[56]、増原長官は辞職した。なお、辞職に際し、増原長官は、天皇から国政に関係するような発言があった事実はまったくなかったと説明し[57]、また、田中首相も、6月7日の衆議院内閣委員会において、「……私は、公式に増原氏が職をかけて出したものを信ずる以外にはないのでありますし、私は少なくとも国政に影響を及ぼすような御発言がなかったということは信じております」と答弁していた[58]。

　野党の日本社会党は、国会でこの問題について政府を追及するにあたり、政府が天皇を政治的に利用するのであれば、天皇の戦争責任を追及する議論も出てくるかもしれないので、そういう事態を防ぐために、また、象徴としての天皇の地位を守るために、政府の政治責任を追及する、という方針を採ることにしたという[59]。この事件には、天皇が実際に上述のような発言をしたのか否か、そのような発言があったとして、そのことを記者たちに話した増原長官の

---

[55]　朝日新聞1973年5月27日朝刊2面。ちなみに、当時国会では自衛官の増員や防衛医科大学校の設置などを内容とする防衛二法の改正案（防衛庁設置法及び自衛隊法の一部を改正する法律案）が審議されていた。
[56]　朝日新聞1973年5月29日夕刊1面。
[57]　朝日新聞1973年5月30日朝刊2面。
[58]　『第71回国会衆議院内閣委員会議録第27号』3頁。
[59]　朝日新聞1973年5月31日朝刊1面。

意図は何だったのか、等々不明な点が多く、それだけに、この事件は、論じ方の難しい事件であった*60。それゆえ、この時社会党の採った方針についても、慎重に検討する必要があるが、ここでは、〝天皇の「象徴」としての地位を守るために政府による天皇の「政治的利用」を批判する〟という主張が持ちうる意味について、考えてみたい。

[2]「国事行為」と政治

憲法は、天皇を日本国および日本国民の統合の「象徴」とし（1条）、さらに、その天皇に政治的権能を認めていないのであるから、「憲法は、みずから掲げる国事行為をもって、天皇の担当事項としてふさわしいもの、必要にして十分なものとしてみなしているようである*61」と、一応、考えることができる。もちろん、衆議院の解散（7条3号）などを天皇の行為としたことが適当であったか、という問題があることは、すでに見た通りである。

この点で興味深いのは、「天皇はどこまでも国家と国民統合の象徴にとどめ、たんに儀礼的な機能をはたすようにかぎらなくてはならない*62」という観点から、憲法1条から8条までを検討した横田喜三郎の議論である。その議論の中で、横田は、すでに見た①〜⑫の国事行為のうち、①と②については、「あたかも天皇に重要な政治的権力があるような印象を与える*63」ので、それを避けるために削除する方がよい、とし、さらに、天皇が政治に関係のあることに形式的にであれ関係すると、実質的にも関係するような印象を与えないこともなく、そのような印象は避けなくてはならない、との考えから、③〜⑧と⑩を除くこと、少なくとも⑤〜⑧までを除くことが適当であるとした*64。⑨、⑪、⑫については、横田は、「これらは全く儀礼的なことで、政治には関係が

---

*60　たとえば、佐藤功ほか「〈座談会〉天皇と憲法」ジュリ542号（1973年）71-73頁を参照。
*61　清宮・憲法Ⅰ167頁。なお、黒田覚は、「憲法は天皇を象徴として規定してはいるが、象徴の『場』はほとんど用意されていない」との問題提起を行ったが（黒田覚「天皇の憲法上の地位」公法研究10号〔1954年〕18頁）、横田耕一は、国事行為と実際の慣行（たとえば内閣総理大臣の「任命」と「任命式」）により天皇の権威が示されていること等を指摘した上で〔横田耕一「天皇の存在意義」講座憲法学Ⅱ 252-254頁〕、「国事行為を行う権能を天皇に付与したことによって、憲法は天皇が象徴機能（国民統合作用）を果たす『行為の場』を、十分に用意しているといえる」とする（同254頁）。
*62　横田喜三郎『天皇制』（労働文化社、1949年）279頁。
*63　横田・前掲注62）282頁。
*64　横田・前掲注62）283-284頁。

ないから、天皇の権限のうちにおいても、さしつかえないことである*65」とした。このような横田の見解を受けた上で、樋口陽一は、「これら『政治には関係がない』社交的場面そのものが、国内・国際両面にわたって政治的効果を持つことに、注意しなければならない*66」と述べている。そうすると、憲法6条および7条が挙げる国事行為は、いずれも、「政治」と微妙な関係に立ちうることになる。

[3] 内閣の「助言と承認」

そこで、憲法が、天皇の国事行為に内閣の「助言と承認」を必要としていること（憲法3条）が重要になってくる。石川健治は、「憲法は、国家の作用全体の中から、象徴的作用だけを、権限と完全に切り離して『国事行為』として取り出し、天皇に体系的に委ねた」のであり、「象徴作用自体には実体はない」が、「実体を連想させて人を動かす力があ」り、「これを内閣の政治責任においてコントロールするのが『助言と承認』である」、とした上で、このような内閣の仕事を「非常にデリケートな仕事」と表現している*67。

[4]「公的行為」

ところで、天皇は、たとえば、国会の開会式に出席して「おことば」を述べる行為や外国への社交的な訪問など、憲法の挙げる「国事行為」以外の行為も行っている。そこで、これらの行為をどのように考えるか、という問題が生じることになる。たとえば、清宮四郎は、一定の行為を「国事行為」でも「私的行為」でもない「象徴としての天皇の行為」に位置づけ、それらの行為を内閣の「輔佐と責任」の下に置こうとした*68。これに対し、樋口は、「そのような内閣の関与」は「天皇の非政治化のための十分な歯止めにはならない*69」と述べている。なぜならば、「日本国憲法のもとでおこりうる天皇の政治化は、天皇親政的なものではなく、内閣による天皇の政治的利用にほかならないから

---

*65 横田・前掲注62）284頁。
*66 樋口・憲法Ⅰ 113頁。
*67 石川健治「『剛腕』発揮 筋違いだ」朝日新聞2009年12月20日朝刊3面。
*68 清宮四郎「天皇の行為の性質」同『憲法の理論』（有斐閣、1969年）360-365頁。
*69 樋口・憲法Ⅰ 122-123頁。

である*70」。この「国事行為」でも「私的行為」でもないとされる行為（いわゆる「公的行為」）を考える上で重要な問題を提起したのが、2009年の天皇と中国の国家副主席との会見問題であった。

　2009年12月14日に、中国の習近平国家副主席（当時）が来日した。外務省は、それに先立つ11月26日に、天皇と習国家副主席との会見を宮内庁式部職に打診した。宮内庁は、天皇の体調への配慮と、相手国との公平性の観点から、天皇と外国要人との会見については少なくとも1か月前までに打診するように、と外務省に要請していたので、このルールに照らして、宮内庁式部職は外務省の要請を断った。しかしながら、政府側の強い意向により、結局、天皇と習国家副主席との会見が実現することになった*71。このことにつき、当時の与党であった民主党の小沢一郎幹事長（当時）は、「『憲法の理念』として『天皇陛下が内閣の意を受けて行動なさることは当然だ』と語った」という*72。

　ここで起きていたのは、まさしく、内閣による天皇の政治利用という意味での「天皇の政治化」であった。この点について、長谷部恭男は、カントに拠りつつ、「重要な国の要人だから会ってほしいというのは、天皇を単に利用価値のある手段としてしか見ておらず、結果的に天皇ないし皇室独自の価値や尊厳を掘り崩してしまう」と述べている*73。内閣による天皇の政治利用という問題と、天皇の「象徴」としての地位とは、緊張関係に立ちうるのである。

5　おわりに

　天皇と政治との関係を考える際には、日本国憲法の規定の仕方、日本国憲法の下での天皇をどのように位置づけるのか（旧憲法の下での天皇との違いをどう捉えるのか）、天皇を「象徴」としていることの意味などを視野に入れながら検討していく必要があるのである。そして、天皇の国事行為に対する内閣の助言と

---

*70　樋口・憲法Ⅰ 123頁。
*71　以上の経緯については、朝日新聞2009年12月12日朝刊1面および2面を参照。
*72　朝日新聞2009年12月22日朝刊4面。
*73　長谷部恭男＝杉田敦「対談・『政治主導』と民主主義の行方」朝日新聞2010年1月6日朝刊4面［構成・高橋純子］［長谷部恭男発言］。より詳しくは、長谷部恭男「天皇の公的行為」同『続・Interactive憲法』（有斐閣、2011年）98頁以下を参照。

承認に関する問題——結果的形式説か本来的形式説か、という問題——も、かかる検討と結びつきうる問題なのである。

最後に、日本国憲法の下での天皇と政治との関係を考える上で興味深いエピソードを紹介することにしよう*74。

先にみた「天皇へのご進講」は、一般には「内奏」*75 と呼ばれものであるが、ここで紹介するエピソードもまた、この「内奏」に関するものであった。

1947年5月に成立した片山哲内閣において外務大臣を務めた芦田均は、「新憲法になって以後、余り陛下が内治外交に御立入りになる如き印象を与へることは皇室のためにも、日本全体のためにも良いことではない」との考えから、「内奏」に行かずにいたという*76。しかしながら、同年7月18日に侍従次長が外務次官の許に来て、「陛下は外交問題について御宸念遊ばしてゐる……外務大臣が内奏に見えないのか……見えるなら土曜日でもよろしい……との話*77」があったため、芦田は「御上の思召とあれば行くべきだと決意し」、同月22日に参内した*78。芦田と昭和天皇との談義は1時間10分にわたったという。このようなことを昭和天皇との談義の内容とともに日記に記した芦田は、その最後を、次の一文で締めくくっている。

> 「又時々来てくれ」と仰せられた時に私は「はい」とお答へしたが、頭の中に又しても新憲法のことが浮かんで来た。*79

---

*74 このエピソードは、原武史『昭和天皇』(岩波書店、2008年) 171-172頁で紹介されている。
*75 「臣下が天皇に上申することを奏といい、正式でない形で奏することを内奏といった」(原武史 = 吉田裕編『岩波天皇・皇室辞典』〔岩波書店、2005年〕341頁〔後藤致人〕)。「内奏」については、後藤致人『内奏——天皇と政治の近現代』(中央公論新社、2010年) を参照。
*76 芦田均『芦田均日記 第2巻』(岩波書店、1986年) 13頁 (1947年7月22日の条)
*77 芦田・前掲注76) 13頁 (1947年7月22日の条)(引用文中の……は原文のママ)。
*78 芦田・前掲注76) 13頁 (1947年7月22日の条)。
*79 芦田・前掲注76) 14頁 (1947年7月22日の条)。芦田は、後に、内閣総理大臣になる。その時、彼は、国務大臣による内奏を廃止することにし、そのことを昭和天皇に伝えた。これに対し昭和天皇は「それにしても芦田は直接に宮内府を監督する権限をもってゐるから、時々来て話して呉れなくては……」と述べ、芦田は「左様致します」と答えた (引用文中の……は原文のママ) (芦田・前掲注76) 107頁〔1948年5月10日の条〕)。このことについては後藤致人『昭和天皇と近現代日本』(吉川弘文館、2003年) 216-217頁を参照。しかし、この一度は廃止された国務大臣による「内奏」は、その後、第2次吉田茂内閣の時に復活した (同218頁)。

part.3　インタラクション

　本書のベースとなった法学セミナー誌上での連載（以下、「本連載」と呼ぶ）は、判例というテクストの「読み」を通じて、憲法学に対する読者の興味関心を喚起することを狙い、いわゆる演習書や参考書としての性格を自ら拒否するものであった。しかし、この「読み物」としての性格から、ある種の体系性や一貫性が失われ、2人の執筆者が、一体どのようなことを考えて本連載を続けたのか、読者には見えにくいところがあったと思う。そこで part.3 では、「対談」というかたちで本連載を総括し、我々がお互いの原稿をどう読み、どのように対話してきたのか、また、この連載によって読者に何を伝えたかったのかを明らかにしようと思う。

　以下では、その対談の準備作業として、山本は中林の、中林は山本の担当回の中から印象に残った論稿を取り上げ、簡単なコメントを付すこととした。

part.3 インタラクション

鳥籠の中の「言論」?
——「公の施設」の閉鎖性／「道路」の開放性

1 はじめに

　表現の自由、とりわけ国家による表現の「助成」という問題領域に着目してきた中林だけあって[*1]、本連載の担当回（以下、法学セミナー連載時の回を指す）でも、2回に亘って「公の施設」を利用しての「集会」について論じている（第9回「集会と表現」、第19回「上尾市福祉会館事件最高裁判決の意義」）。そこで中林が強調したのは、わが国の最高裁が、①集会の自由は「集会に必要となる『場所』の提供までを公権力に対して当然に要求しうる〔もの〕ではない」にもかかわらず、地方自治法（以下、「自治法」）244条を梃子に、「『公の施設』の利用と集会の自由の保障とを結びつけた」こと（第9回78頁）、②かかる施設の利用拒否につき、「明白かつ現在の危険」の基準という「きわめて厳格な基準[*2]」を採用したこと（同82頁）、③施設管理者は、集会に敵意を抱いた聴衆（hostile audience）による妨害活動等が惹起しうる危険を、施設利用拒否の理由とすることはできず、こうした事態が予測される場合、集会の実現のため警察等と連携して混乱を防止するよう努めるべきと述べたこと（第9回79頁）、である。中林は、このように「公の施設」での集会を手厚く保障しようとしてきた最高裁の姿勢を積極的に評価し、とりわけ③に注目しつつ、かかる最高裁の姿勢が「民主主義社会において有する意義は、明らか」と断じたのであった（第19回48頁）。

[*1] たとえば、中林暁生「違憲な条件の法理」法学65巻1号（2001年）33頁以下、同「給付と人権」岩波講座憲法Ⅱ263頁以下、同「表現する場を提供する国家」ジュリ1422号（2011年）94頁以下参照。
[*2] 芦部・憲法217頁、憲法判例研究会編『判例プラクティス憲法〔増補版〕』（信山社、2014年）132頁［中林暁生］。

本章の目的は、「公の施設」での集会を手厚く保障する判決を、「道路」での集団（示威）運動を必ずしも手厚く保障してこなかった判決——特に東京都公安条例事件判決*3——と併せ読むことによって、いま述べた中林の積極的評価に議論の余地を創り出すことにある。この作業は、わが国最高裁が「表現の自由」保障の中心と考えるものを学ぶうえでも重要であるように思われる。

2　楽園としての「施設」

　確かに、「公の施設」を利用しての集会に関連する判決だけをみれば、それらは市民の表現活動に極めて好意的であるように思える。かかる集会を扱ったリーディング・ケースである泉佐野市民会館事件判決（以下、「I判決」）*4は、上記①のように、市が、自治法244条にいう「公の施設」として、集会の用に供する施設を（特に）設置した場合、「住民は、……その利用を原則的に認められ」、「管理者が正当な理由なくその利用を拒否するときは、憲法の保障する集会の自由の不当な制限につながるおそれが生ずる」と述べた。本件会館を、政府が表現活動の場として特に「指定（designate）」した施設——アメリカでいうところの「指定的パブリック・フォーラム」——と捉え*5、本来は管理者に広い裁量が認められるはずの〈施設利用 - 拒否〉（公物管理問題）を、厳格審査の可能な〈自由権 - 制限〉の問題へと転換したのである。従来の下級審が、同様の問題を自治法244条2項の「正当な理由」の解釈問題として処理してきたのに対して、I判決は、憲法問題として、しかも集会の自由の制限にかかわる問題として取り扱ったということになる*6。
　また、上記②のように、I判決は、集会の自由の重要性に鑑みて、利用不許可事由として条例の定める「公の秩序をみだすおそれのある場合」を（I判決も認めるように、この規定は、管理者の広範な裁量を許す「広義の表現」を採っており、

---

*3　最大判1960（昭和35）年7月20日刑集14巻9号1243頁。
*4　最判1995（平成7）年3月7日民集49巻3号687頁。
*5　近藤崇晴・最判解民事篇平成7年度（上）295頁参照（「本判決がパブリック・フォーラムの法理を念頭に置いていることは疑いがない」）。なお、アメリカでは、「指定的パブリック・フォーラム」の認定には、当該施設を表現活動の場として一般に開放しようという、政府の明確な意思表示が必要とされる。樋口範雄『アメリカ憲法』（弘文堂、2011年）407-408頁参照。
*6　LS憲法研究会編『プロセス演習　憲法〔第4版〕』（信山社、2011年）246頁参照［工藤達朗］。

額面通りに読むと違憲の疑いが強い)、「明白かつ現在の危険」の基準を踏まえて限定的に解釈した（合憲限定解釈）。すなわち、同規定は、集会の自由を保障する重要性よりも、「本件会館で集会が開かれることによって、人の生命、身体又は財産が侵害され、公共の安全が損なわれる危険を回避し、防止することの必要性が優越する場合をいうものと限定して解すべきであり、その危険性の程度としては、……単に危険な事態を生ずる蓋然性があるというだけでは足りず、明らかな差し迫った危険の発生が具体的に予見されることが必要であると解するのが相当である」、と述べたのである。しかもⅠ判決は、この「危険」判断が、管理者の主観的・恣意的な予測に流れることを阻止するために、ここでいう「具体的に予見される」場合とは、危険発生が「客観的な事実に照らして具体的に明らかに予測される場合」を意味するとまで——念押し気味に——述べている。こうみると、Ⅰ判決が、「公の施設」の利用許否に関する管理者の裁量を相当厳格に絞り込み、同施設を利用しての集会を可能な限り実現させようと苦心していることがわかる。

　さらに上記③のように、Ⅰ判決の約1年後に出された上尾市福祉会館事件判決[*7]（以下、「A判決」）は、Ⅰ判決でも示唆されていた「敵意ある聴衆の法理[*8]」をより詳細に展開し、「主催者が集会を平穏に行おうとしているのに、その集会の目的や主催者の思想、信条等に反対する者らが、これを実力で阻止し、妨害しようとして紛争を起こすおそれがあることを理由に公の施設の利用を拒むことができるのは、……警察の警備等によってもなお混乱を防止することができないなど特別の事情がある場合に限られる」と述べた。A判決の示したこの法理によって、「公の施設」を用いた集会は、さらに促進されうる。この法理は、一義的には、敵意ある聴衆の妨害活動等によって混乱が生ずる可能性を、安易に、平穏に集会を行おうとしている者の施設利用を拒否する理由にしてはならない、という消極的な意義を有する（かかる混乱可能性を拒否理由として安易に肯定することは、妨害者の側に表現拒否権〔heckler's veto〕を認めることになる）[*9]。

[*7] 最判1996（平成8）年3月15日民集50巻3号549頁。
[*8] アメリカの最近の議論動向について、上村貞美「集会の自由と敵意ある聴衆の法理」名城ロースクール・レビュー9号（2008年）1頁以下、小林直樹「敵意的聴衆（Hostile audience）の法理と集会の自由」獨協ロー・ジャーナル2号（2007年）80頁以下参照。
[*9] 松井茂記『アメリカ憲法入門〔第8版〕』（有斐閣、2018年）254-255頁。

しかし、実質的にこれは、自治体や警察等に対して、実力による妨害活動から集会を擁護すること、集会の実現のために積極的な措置を採ることを「要請」し*10、あるいは集会開催者の権利を保護するために「安全警護（safe escort）」を行うことを「義務*11」づけるという積極的な意義を有している（第19回48頁）。そうなると、妨害を危惧する集会開催者は、同法理の下、「公の施設」を使用することによって、一定の施設使用料さえ払えば、もれなく政府から集会保護のサービスを受けられることになる*12。彼らにとって、「公の施設」は集会のための「楽園」ともなるのである（警察等による警護をほぼ無料でつけられる）。実際、敵意ある聴衆の法理を用いて、集会のための施設利用申請になされた不許可処分を取消したり、同処分の違法を理由に国賠請求を認めた下級審判決や、使用許可取消処分の執行停止を認めた決定は数多く存在している*13。

以上のようにみると、I判決やA判決が「民主主義社会において有する意義」は、中林が指摘するように「明らか」であるようにも思える。しかし、このような判決を、「道路」での集団行動に関する判決と併せ読むとき、そこにはまた違った側面が表出してくるかもしれない。

3　鳥籠としての「施設」？

[1] 東京都公安条例事件判決──「集合体」の「力」と開放系公共空間

かつて最高裁は、道路での集団行動についても、これを、少なくとも一般論としては最大限認める態度を示していた。すなわち、昭和29年の新潟県公安条例事件判決（以下、「N判決」）*14 は、道路での集団行動を「本来国民の自由とするところ」とし、「これらの行動につき単なる届出制を定めることは格別、

---

*10　大橋洋一「判批」法教191号（1996年）107頁。
*11　紙谷雅子「判批」判時1543号（1995年）220頁。See Feiner v. New York, 340 U.S. 315, 326-27 (1951) (Black, J., dissenting); ZECHARIAH CHAFEE JR, FREE SPEECH IN THE UNITED STATES 425 (1942).
*12　Forsyth County v. Nationalist Movement, 505 U.S. 123 (1992). 自治体が、警護の必要性に応じて施設使用料を決定する許可制を、表現の内容規制に当たるとして違憲とした。
*13　枚挙に暇がないが、たとえば、東京高判1992（平成4）年12月2日判時1449号95頁、仙台高決2007（平成19）年8月7日判タ107頁。
*14　最大判1954（昭和29）年11月24日刑集8巻11号1866頁。

そうでなく一般的な許可制を定めてこれを事前に抑制することは、憲法の趣旨に反し許されない」と述べ、開放系公共空間（いわゆる伝統的パブリック・フォーラム）での集団行動を原則自由化しようという強い意思を示したのである。実際、このN判決は、公の秩序維持の観点から、「特定の場所又は方法につき、合理的かつ明確な基準の下に、予め許可を受けしめ〔る〕」ことは憲法上許容されるとしつつも、道路での集団行動の申請を不許可とできるのは、「これらの行動について公共の安全に対し明らかな差し迫った危険を及ぼすことが予見されるとき」に限るとし、申請許否の審査につき「明白かつ現在の危険」の基準を採用したのであった。

　しかし、よく知られているように、昭和35年の東京都公安条例事件判決（以下、「T判決」）が、この集団行動 friendly なN判決を「黙示的に変更」する[*15]。T判決は、まず、「集団行動には、表現の自由として憲法によって保障されるべき要素が存在する」とし、これを正面から「権利」と捉えることに消極的な態度を示したうえ、集団行動の特徴を、それが「多数人の集合体自体の力、つまり潜在する一種の物理的力によって支持されている」点にみた。そして、この「集合体」の「力」ゆえに、集団行動が行われる場合には、「平穏静粛な集団であっても、時に昂奮、激昂の渦中に巻きこまれ、甚だしい場合には一瞬にして暴徒と化し、勢いの赴くところ実力によって法と秩序を蹂躙し、集団行動の指揮者はもちろん警察力を以ってしても如何ともし得ないような事態に発展する危険が存在すること、群集心理の法則と現実の経験に徴して明らかである」と述べた（集団暴徒化論）。集団行動に、「純粋な意味における表現といえる出版等」はもとより、「集会」とも明らかに異なる性質を認めたのである（後に最高裁が、「集会の自由」については「民主主義社会における重要な基本的人権の1つとして特に尊重されなければならない」と述べたことに注意)[*16]。T判決は、この異なる性質から、「集団行動による表現の自由に関するかぎり、……必要かつ最小限度の措置を事前に講ずることは、けだし止むを得ない」とし、集団行動に対する事前抑制の必要性・必然性を強調したのであった。

[*15]　伊藤正己「『公安条例合憲判決』批判」ジュリ208号（1960年）3、5-6頁。こうした評価への批判につき、深瀬忠一「東京都公安条例事件」行政百選I〔初版〕114頁参照。
[*16]　最大判1992（平成4）年7月1日民集46巻5号437頁〔成田新法事件〕。

こうなると、道路での集団行動を原則自由化し、許否判断に関する政府の裁量を厳格に絞り込もうとしたN判決の核心が揺らぐのは当然である。T判決も、確かに、「公共の安寧を保持する上に直接危険を及ぼすと明らかに認められる場合」の外は申請を不許可にできないとする都条例の規定に着目し、不許可処分が制限されることの重要性に言及した。しかし、都条例の同規定は、「明白かつ現在の危険（差し迫った危険）」の基準に含まれる「切迫性」要件を欠いているうえ[*17]、T判決は、同規定の想定する事情が存するかどうかの認定を「公安委員会の裁量」に委ねた。かくしてT判決は、申請許否に関する政府の裁量――都条例の規制システムが「届出制」ではなく、名実ともに「許可制」であること！――を正面から認め、道路での集団行動の「自由」を実質的に後退させたのである。「都条例判決は、取締当局を勇気づけ、公安条例の運用を高姿勢に転じさせる大きな起因となった」との指摘[*18]からも窺えるように、T判決は、開放的公共空間における集団行動への「消極的評価ないし敵視」から、これに対する「きびしい規制」を積極的に是認するものであった[*19]。

[2] "ダブル・スタンダード"の意味

　以上のようにみると、「公の施設」での集会に関する判例と、「道路」での集団行動に関する判例との間に強いコントラストが存在していることがわかる。本来、政府の設置する指定的パブリック・フォーラムよりも、「はるか昔から公衆の利用のために信託されてきた」伝統的パブリック・フォーラム[*20]の方が積極的に表現活動の「自由」を承認できそうなのであるが、わが国の最高裁は、その反対に、前者により手厚い保障を与えてきた。「明白かつ現在の危険」基準や、敵意ある聴衆の法理が明示的に採用されてきたのは、後者ではなく、前者の方だったのである。アメリカでは、道路等での集団行動についても敵意ある聴衆の法理が適用されてきたが、「集団暴徒化論」を強調するT判決をみ

[*17]　芦部・憲法学Ⅲ 515頁。
[*18]　芦部・憲法学Ⅲ 516頁。
[*19]　伊藤・前掲注 15) 2、4頁参照。
[*20]　Hague v. CIO, 307 U.S. 496, 515 (1939). 樋口・前掲注 5) 404頁参照。

る限り、わが国で後者につき同法理が適用される可能性は低い(少なくとも不透明である)。

　ここで検討を要するのは、このような強いコントラスト——"ダブル・スタンダード"——がもつ意味である。単純に人は、このダブル・スタンダードによって、"公の施設の方が、道路よりも表現活動を行いやすい"と考えるであろう。そうすると、前記コントラストは、集団による表現活動の場を、「外」(開放的公共空間)から「内」(閉鎖的公共空間)へとシフトさせる、ある種の誘導的効果を帯びてくる。興味深いことに、「明白かつ現在の危険」基準を提示したN判決を明示的に引用したのは、同じ「道路」事案であるT判決ではなく、「公の施設」事案であるI判決であった(I判決を再読されたい)。I判決は、N判決の「明白かつ現在の危険」基準を、またその背景にある厳格な裁量統制思考を、場所を変えて、すなわち「道路」ではなく「公の施設」という別の場所で受け止めたわけである。こうした先例引用——「明白かつ現在の危険」基準の移動——をみると、最高裁自身が、「自由」な表現活動の場を、「道路」から「施設」へ移そうと意図していたと考えられなくもないのである。

　もちろん、道路での集団行動の「自由」と、「公の施設」での集会の「自由」が同質のものであれば、上述のシフトは単なる「自由」の場所移動に過ぎない。しかし、この、「集団」の自由という点で共通した2つの「自由」の間には、「公の施設」での集会が、政府が設置・管理する「建物(architecture)」によって物理的に囲われ、制御されているという事実[*21]に由来する、看過し難い相違が存在している。第1に、「公の施設」での集会については、施設の「壁」によって、「集合体」の「力」が、あるいはT判決の懸念する集団の暴徒化が物理的に制御され、「平穏で秩序ある」集会がつくり出される。会場と外部とを隔てる壁(さらには会場内に設置された椅子、ステージ等々)が、参加者の荒ぶる身体を自動的に制御しうるからである。第2に、開放的公共空間での表現活動が、偶然そこを通りかかった者をも巻き込み、その声を響かせることができるのに対し(通りすがりの者の中には期せずしてその声に感化される者も出てこよう)、

---

*21　アーキテクチャと自由との密接で複雑な関係について、シンポジウム「復興の原理としての法、そして建築」法セ690号(2012年)27頁以下の諸議論を参照されたい(シンポジウムの趣旨等につき、木村草太「このシンポジウムに至る経緯」27頁)。

「公の施設」での集会は、「壁」によって、外部者との偶然的接触の機会を断ち切られ、その声が届く範囲を限定される。こうみると、「公の施設」で集会を行う「自由」は、「集合体」の「力」のポジティブな側面が削ぎ落された「自由」——修辞的にいえば、鳥籠の中の自由——と考えることもできるのである（「公の」施設での集会は、「民間」施設での集会と異なり、常に「公権力」によって把握されるものでもある）。

　このように解する限り、「場所」の変化は「自由」の変化をも意味する。このとき、前者をもたらす判例のコントラスト、あるいはそのコントラストをつくり出している I 判決・A 判決が「民主主義社会において有する意義」は「明らか」といえるだろうか（もちろん、「公の施設」は、少数者が表現する場所、refuge として重要性を持ち続けるであろう。問題は、「外」での表現と「内」での表現との不均衡なのであるが、それは I 判決の変更ではなく、T 判決の変更によって実現されるべき類のものである）。

4　おわりに

　本章は、「民主主義社会」に対して上述のコントラストがもつ含意をやや否定的に捉えてきた。しかし、かかるコントラストをもたらした最高裁の「表現の自由」観についてもう一歩踏み込んだ考察を加えることで、このコントラストが「民主主義社会」にとってやはり肯定的な意義をもつ「可能性」も浮かび上がってくる。

　本章で取り上げた諸判決を総合的に読むと、最高裁が、「純粋な意味における表現といえる出版等」、（公の施設での）「集会」、（道路での）「集団行動」に、それぞれ異なる位置づけを与えてきたことがわかる（右に行くほど保障レベルは落ちる）。その背景には、先述のとおり、mob（群衆）による集団行動に対する「敵視」がある。無論、判決の文言上は、mob は暴力や「法と秩序」の破壊と結びつけられ、そこからその否定的意味が導出されているのだが、仮に、ある論者が指摘するように、最高裁の mob 敵視論がアメリカ連邦最高裁のロバート・H・ジャクソンの議論と「酷似」しているとすれば[22]、かかる「敵視」は、より深い意味をもつことになる。ジャクソンは、感情に駆られた mob を、

「自由」の破壊者として、また「理性的思考に対する抑圧者」として捉え、その自由権主体たる地位を否定した。ジャクソンにとってmob（化）は、「思考の進路を取り囲み、その流れを寸断する〈理性のshort-cut〉であり、知性を、それが本来必要とする時間を与えないことによって、窒息させる力」とみなされたのである[*23]。仮に、このようにmobを「思考」敵対的なものと解するならば、彼らを路上から「施設」へと追い込む前記コントラストは、平穏で秩序立った表現を誘導し、理性的討議空間を積極的につくり出すものとして——「民主主義社会」にとって意義あるものとして——やはり肯定的な評価を与えられるのかもしれない[*24]。結局、本章で提示した論点は、憲法の想定する「民主主義社会」とは何か、そこにおける「コミュニケーション構造」はどうあるべきか、という問いへと遡上して行くことになる。

[*22] 蟻川恒正「法令を読む(3)」法セ667号（2010年）73頁（注13）参照
[*23] 蟻川恒正『憲法的思惟——アメリカ憲法における「自然」と「知識」』（岩波書店、2016年）121-131頁。
[*24] 冒頭の中林の評価は、師である蟻川の思考を経由して、ジャクソンの議論ともつながっているのかもしれない。

part.3 インタラクション

「政府の言論」と「思想の自由市場」

1 はじめに

　ここでは、山本の問題提起（「鳥籠の中の『言論』？――『公の施設』の閉鎖性／『道路』の開放性」）に応答[*1]するための準備作業として、「原発と言論――『政府言論』を考える」を採り上げることにする。

2 言論史としての原発史

[1]「政府の言論」

　憲法学においては、近年、政府が言論主体として思想市場・言論市場に参入することを、「政府の言論」（「政府言論」：government speech）の問題として論じる議論が注目されつつある。

　たとえば、蟻川恒正は、「今日、もし思想の統制が行われることがあるとすれば、政府の介入は、かつての如く、思想に対する『検閲者（government as censor）』の相貌を露わにすることを愧じぬ仕方によってではなく、むしろ逆に、国民に対する有益な『情報提供者（government as speaker）』として、『思想の自由市場』というフィクションから引き出しうる限りの便宜を引き出して、自らの欲する思想を国民生活の中に浸潤させていくという方式によって、遂行されるであろう[*2]」とした上で、個人が「政府の言論」にとっての「囚われの聴衆」となる場面を摘出し、そして、個人の思想形成の自由を、「思想の自由論」が取り組むべき課題として提示した[*3]。

[*1] 実際の応答は、この後の「対談」を参照。
[*2] 蟻川恒正「思想の自由」講座憲法学Ⅲ 112頁。

このような、「政府も思想市場のoutsiderではなくinsiderとして、そこでの情報流通に重要な影響を与えうるという視座は、これまで学んできた表現の自由関連事案をより広い視角から捉え、その問題の本質を正確に捉える上でも有用であろう」（本書185頁［山本］）。このような観点から山本が採り上げた素材が、原発をめぐる思想市場において政府が実際に行ってきた諸活動である。

[2] 原発を批判する「資格」

まず、山本の問題意識を確認しておこう。山本は、「原子力発電所の設置・運営〔が〕、法律に基づいている」以上、「法律によって我々自身がauthorizeした原発を批判する資格を、我々は持たない」、と「本来」（傍点原文）は「冷淡に主張できるかもしれない」が、「原発を巡る、あるいは原発の安全性・必要性を巡る言論空間ないし『思想市場（marketplace of ideas）』が、政府や電力会社によって歪められてきたこと、これによって、原発関連法律への我々の同意が——やや荒っぽい言葉を使えば——偽造（falsified）されてきたことに、原発の憲法問題の本質があるように思われるのであ」り、「このように見れば、我々が、〈我々の≠原発〉を批判する資格を持つのは当然である」という（本書172頁［山本］）。そして、山本は、「政府の言論」という観点から、政府や電力会社が、原発をめぐる思想市場にいかなる影響を及ぼしてきたのかを、具体的に、描き出す。

[3] 「言論史としての原発史」

まず、山本は、読売新聞社が「原子力平和利用」のキャンペーンを展開していった際に、そのキャンペーンを主導した正力松太郎が同時に国務大臣、原子力委員会初代委員長、科学技術庁長官を務めていた点に、「政府が、『報道』の名を借りて自ら言論市場に参入し、『マスメディア』の口を通して自らの政策・見解を語り、広報し、国民を原発推進の方向へと誘導した可能性」（傍点本文）を見て取り（本書174-175頁［山本］）、また、原子力船「むつ」放射線漏れ事故、スリーマイル島原発事故、チェルノブイリ原発事故が起きた70年

---

*3 蟻川・前掲注2) 130-132頁。

代・80 年代にマス・メディアにおいて反（脱）原発的言説が散見されるようになったが、「政府・電力会社の圧倒的で組織的な広報活動によって、思想市場は原発安全論・必要論で溢れ、我々がその対抗言論に接し、原発について真剣に思考する機会は減じられていったように思われる」と指摘する（本書175頁［山本］）。

さらに山本は、教科書検定*4 を通じて、政府が原発問題に関して「発話」してきたことを指摘した上で、「教科書検定を通じてボディブローのように繰り出されてきた政府の言論が、原発を巡る思想市場の歪曲に果たしてきた役割は小さくはなかったと言えよう」とする（本書178頁［山本］）。

このように、政府自身が、原発をめぐる思想市場に参入してきたことを描き出すことで、山本は、そのような政府の諸活動に疑問を呈する視角を提示し、そして、そのことを通じて、我々「国民」が、たとえ原発が法律によってauthorize されてきたとしてもなお原発に対する批判資格を失うわけではないことを示したのである。

ところで、山本は、「言論史としての原発史は、憲法学にとって反省の歴史でもあ」り、「もし憲法学が、健全な言論空間や思想の自由市場の維持・管理に一定の責任を有しているとするならば、かかる空間・市場の歪みを憲法論として主題化しきれなかった、上記原発史は、憲法学にとって回避し得ない反省材料となりうる」とも述べている（本書185頁［山本］）。憲法学は、「言論空間」や「思想の自由市場」の「歪み」——それを「歪み」と表現するのか否かは、それ自体興味深い問題であるが——を主題化してこなかったわけではない。山本が慎重に述べているように、「主題化しきれなかった」のである（傍点中林）。

3 「政府の言論」と「思想の自由市場」

[1]「政府の言論」と「思想の自由市場」

政府が、原発をめぐる思想市場に重要な影響を及ぼしてきたことは確かであ

---

*4　教科書検定と「政府の言論」との関係については、蟻川・前掲注2）119-127頁、蟻川恒正「政府の言論の法理——教科書検定を素材として」駒村圭吾＝鈴木秀美編『表現の自由　Ｉ——状況へ』（尚学社、2011年）417頁以下を参照。

る。しかしながら、そのことを、「思想の自由市場」の「歪み」の問題として主題化することについては、なお慎重な検討を要するであろう。

　山本が示す例のうち、教科書検定の問題は、児童・生徒が「囚われの聴衆」であるだけに、深刻な問題を提起する*5。とはいえ、学校の外に拡がる「思想の自由市場」の機能如何によっては、政府が児童・生徒の思想形成に及ぼす影響は相当程度において減ぜられうるであろう。したがって、政府と「思想の自由市場」との関係が重要な意味を持つことになる。

　山本が、原発に関し政府が実際に行ってきたこととして挙げるのは、市場を特定の立場で溢れさせたこと、あるいは、(90年代に) 政府名を伏せた「ステルス的言論」を用いて、聴衆を惑わせたことである。これらの多くは、マス・メディアを通じてなされていたのであり、そうであるだけに、これらは、政府の姿勢という問題とは別の問題も提起しうるであろう。

[2]「思想の自由市場」？

　そもそも、誰もが自由に「思想の自由市場」に参入し、そこで自由に討論することができると考えることは、「ロマンティックな観念*6」であり、現実にはマス・メディアを通じて「思想」が伝達されているということは、いわゆる「アクセス権」の構想とともに広く認識されてきた。あるいはまた、新聞等に掲載される「意見広告」が、資金力のある者の「意見」をきわめて効果的に「市場」に流通させる手段であることも、サンケイ新聞事件*7 などを契機として、夙に指摘されてきた*8。したがって、原発をめぐる問題の本質は、「思想の自由市場」をめぐる構造的な問題がまずあり、そこに「政府の言論」という問題が加わったという点、すなわち、マス・メディアが実質的に「思想の自由市場」をコントロールしているという構造がまずあり、政府（あるいは電力会社）はそのような構造を利用したという点にあるといえそうである。問題をこのように捉えなおすと、政府（あるいは電力会社）が原発をめぐる思想市場に対

---

*5　蟻川・前掲注2) 119-123頁。
*6　Jerome A. Barron, *Access to the Press—A New First Amendment Right*, 80 HARV. L. REV. 1641, 1641 (1967).
*7　最判1987（昭和62）年4月24日民集41巻3号490頁。
*8　清水英夫「意見広告事件の法的・社会的問題点」法セ226号（1974年）21頁を参照。

して行ってきた諸活動に疑問を呈するだけでは十分ではないかもしれない。たとえ政府（あるいは電力会社）が今後そのような行動を自粛するようになっても、資金力のある別の主体が同様のことをなしうるからである。

4　表現の自由論

従来、憲法学は、マス・メディアによって「思想の自由市場」がコントロールされているという問題意識を持ちつつも、「アクセス権」の構想には警戒的であったということができる。むしろ、憲法学は、「思想の自由市場」の擬制性を認識しつつも、なお、それを基底に据えた「表現の自由論[*9]」に賭けようとしてきたともいえるであろう。

原発をめぐる多数意見の形成に対し、政府（または電力会社）が影響を及ぼそうとしてきたことは、確かである。しかしながら、原発をめぐる思想市場において、反原発の言論が政府によって掃討されたわけではない、ということもまた、確かである。そのような言論は――山本も認めているように――少数派の言論として、原発をめぐる思想市場に存在しつづけていたからである。

福島原発事故の直後、政治学者の藤原帰一は、「従来から原発の危険性を訴える声はあった」のであり、「幾重に安全設計を施しても、大規模な地震や津波が安全設計のすべてを壊してしまえば破滅的な災害となる」可能性が、「故高木仁三郎氏などによって指摘されていた」が、「その声に耳を傾けるものは多くなかった」[*10]とした上で、藤原自身が「不吉な予言から耳を閉ざし、原発の与える電力を享受してきた」こと、「原発反対派が極端な議論をもてあそぶ『変な人たち』という立場に追いやられてゆくのを前に……何もしなかった」ことを率直に認めている[*11]。そして、藤原は、「電力を享受し、原子力発電の危険から目を背け」、「事件が起これば、政府や東京電力に騙されていたと怒り、自分の沈黙には目を向けない」ことの問題性を指摘する[*12]。

[*9]　このような「表現の自由論」において、集会の自由は、「表現の自由の一形態」として重視されることになる（芦部・憲法222頁）。福島原発事故後の「デモ」については、五野井郁夫『「デモ」とは何か――変貌する直接民主主義』（NHK出版、2012年）185頁以下を参照。
[*10]　藤原帰一「原発と核兵器――危険直視し具体策へ道を」朝日新聞2011年5月17日夕刊3面。
[*11]　藤原・前掲注10）3面。

原発をめぐる思想市場に対し政府が行ってきた諸活動の結果を、「思想の自由市場」の「歪み」として描くことが、（山本の目指している）国民の原発に対する批判資格の回復にはとどまらずに、〝国民は全き意味において「被害者・犠牲者」であった〟という議論にもしつながっていくとすれば、「思想の自由市場」を基底に据えたこれまでの「表現の自由論」の真価が問われることになるであろう。

5　おわりに

　山本の議論を、これまでの憲法学は、「政府の言論」という問題をその裡に適確に取り込めなかったために、「言論空間」や「思想の自由市場」の「歪み」を「主題化しきれなかった」（傍点中林）ということを指摘するものとして把えると、山本は、「言論史としての原発史」を描くことを通じて、非常に重要な問題提起を行っていると見ることができそうである。

---

*12　藤原・前掲注10) 3面。

part.3 インタラクション

対　談

1　連載をふりかえっての総括

[1] 連載のねらい──Part.1

中林　本日は「憲法ゼミナール」の最終回ということで、山本さんとの連載について総括的な対談をしたいと思います。

　まず、この連載で我々が何をしようとしてきたのかについて、簡単に確認しておきたいと思います。法学セミナー誌における最近の憲法関係の連載といいますと、宍戸常寿先生の連載、蟻川恒正先生の連載、そして駒村圭吾先生の連載という非常にクオリティの高いものが続いています。そうした中で、誰も守っていないところに打てばヒットになるだろうという考えもなかったわけではないのですが（笑）、この3人の先生方の連載は法科大学院生を念頭に置いた連載であると捉え、我々は学部の3年生、4年生の憲法学修を念頭に置いて連載をスタートすることしました。

　山本さんと私の2人による連載という形式をとったことも、この連載の特徴になるのではないか、と考えました。それぞれ学んだ環境が異なる2人による合同ゼミという形をとることで、2人の違いがうまく絡まっていけば良いと思いました。そこで「憲法ゼミナール」という連載タイトルをつけ、1年目は、Part.1として、「判例を読む」を、2年目は、Part.2として、「コンテクストを読む」を、それぞれのコンセプトとして連載を続けてきました。

　基本的には、Part.1が私のアイディア、そしてPart.2は山本さんのアイディアに基づいていますので、まず私のほうから、Part.1の総括的なまとめをさせていただきます。

　我々の目指した連載の意図は、学部の1、2年生の講義で基本的な知識を身

につけていることを前提とした上で、3、4年生の発展的、応用的な学修を促すことでした。

　あえて基本判例そのものは読まず、少し視点をずらしながら基本判例を浮かび上がらせることで、その基本判例を立体的に理解できれば良いと考えてPart.1をスタートさせました。具体的には、下級審の裁判例を素材にしながら、基本的な最高裁の判例を読み解いていくという設定でスタートさせました。

[2] 連載を終えての感想

山本　中林さんも触れられたように、これまで憲法学習者にとって大変有用な連載が法学セミナー誌で掲載されていましたから、非常に強いプレッシャーを受けながら連載を始めました。私が企画したPart.2も含め、本連載では、これまでの連載とはやや趣を変え、標準的な読み方とは少し違った角度から判例を読むことで、まずは憲法の面白さや奥深さを感じてもらうことを狙いにしました。対象としては、試験答案を実際に「書く」1つか2つ前あたりの段階にいる読者を想定していたわけです。

　Part.1では、このようなレベルにある読者が抱きがちな疑問を下級審判決に仮託し、これを有名判例にぶつけると何が出てくるか、考察してみたつもりです。たとえば、司法権を扱った第3回「『板まんだら判決』再考——終局的解決可能性要件の射程？」（678号74頁）では、ある下級審判決から、司法権の「範囲」事案＝内在的限界事案と、司法権の「限界」事案＝外在的限界事案とではどう違うのか、という論点を掘り起こし、この論点を強く意識しながら、板まんだら事件判決（最判1981（昭和56）年4月7日民集35巻3号443頁）を精読しました。そこから、裁判所が法令を適用してみても"解決できない"という内在的限界により「却下」した本判決の射程は意外に狭く、宗教団体の内部問題だからといって、常に終局的解決が不可能ゆえに却下にはならない、ということを指摘したつもりです。学生のなかには、宗教団体の内紛ならすぐ「板まんだらだ」という人もいますが、信仰対象の価値や宗教上の教義のように、裁判所がどうあがいても判断できない事項が不可欠の前提問題となっている事案と、団体のルールに則ってなされる僧籍剥奪処分の有効・無効のように、抑制的な手続的審査であれば宗教的中立性を害することなく判断しうる事項が前提問題

となっている事案とは、本来的に異なります。明確性の理論を扱った第5回「『読む』人、『読まぬ』人──『一般人基準』再考」(680号92頁)では、明確性の理論の適用場面で現れる「通常の判断能力を有する一般人」(最大判1975(昭和50)年9月10日刑集29巻8号489頁)が、実は「通常」以上の賢さをもった人なのではないか、という素朴な疑問を、名誉毀損に関する下級審判決のなかで頻繁に登場する消費者的「一般人」との比較において浮き上がらせ、漠然ゆえに無効となるのは具体的にどのような場面なのかを検討しました。

　このような論点は、いずれも学生からの質問をきっかけに浮かび上がったものですが、実際に取り組んでみると、学問的にも興味深い問題が隠れており、いつの間にか私自身の悩みともなって、多少の苦しみを味わいつつも、大変楽しく書き進めることができました。

中林　連載中に苦労したことはありますか。私はとにかく素材となる裁判例を探すのに苦労したのですが……。

山本　多義的な読み方のできる危うい最高裁判例については、やはり下級審の解釈も分かれているので、面白い下級審判決は比較的すぐに見つかりました。たとえば、第10回「立法過程の脱『聖域』化──主観的憲法瑕疵への注目」(685号66頁)で登場させたハンセン病熊本地裁判決(熊本地判2001(平成13)年5月11判時1748号30頁)は、在宅投票事件判決(最判1985(昭和60)年11月21日民集39巻7号1512頁)を批判的に読むうえで当然に出てくる判決です。

　苦労といいますか、工夫を凝らしたのは、入口は変わった角度から入るにしても、最終的には王道的な論点と結びつけ、なるべく多くの読者にとって有意義な視点を切り拓く、ということでした。「読み物」だとしても、少しは役に立たないと、というプレッシャーがあったのだと思います。本連載(当時)の掲載場所が駒村連載の後ろですからね(笑)。中林さんは特にどの点に苦労されましたか。

中林　先ほどもいいましたとおり、素材探しに苦労しました。実際の問題というのは、過去の判例と全く同じような形では起きないわけです。新しい問題に直面したときに、基本的な知識の応用可能性が見えてくるのだと思います。下級審の裁判例の中には、そういう応用的、発展的な問題にチャレンジしたものも少なくありません。自分たちが習った知識の発展可能性を知る機会になれば、

と思いながら裁判例を探していたのですが、やはりそうした裁判例を探すのには苦労しました。

[3] 連載のねらい――Part. 2
中林 連載のPart. 2は山本さんの企画ですが、山本さんのお考えをお聞かせください。
山本 我々の連載は、試験対策的なものにしないというコンセンサスから出発しました。私自身が普段法科大学院で教えていることもあって、なかには答案作成のテクニックや「書き方」に寄ってしまった回（適用違憲を扱った第6回「『適用か、法令か』という悩み（前篇）――違憲審査の対象・範囲と憲法判断の方法」〔681号86頁〕・第7回「同（後篇）」〔682号86頁〕）もありましたが、やはりPart. 2も、「読み物」として読者にワクワクしてもらうことを目的としました。

たとえば、判旨だけをみてもわからない――ある意味で生々しい――事実関係や時代背景を詳しく読むことで、試験のためだけにあっさりと読んできた判例が、ある種の「物語」として立ち上がってくることがあります。それによって判例への関心が高まり、記憶として定着する。Part. 2の「コンテクストを読む」は、まずはこのようなことを狙いとしました。

ただ、ここでいう「コンテクストを読む」には、もう1つ、具体的な訴訟形式と憲法上の争点とのかかわりを読む、あるいは、原告の請求と憲法上の争点とのかかわりを読む、という意味も含めました。「憲法訴訟」という訴訟形式は実際には存在しないので、憲法上の争点は、常に、刑事訴訟・民事訴訟・行政訴訟・選挙訴訟といった訴訟のなかで、またこうした「器」を借りて行われます。ですから、違憲・合憲という憲法判断は、こうした訴訟の目的や、原告の請求・救済とは必然的にずれてきます（第12回「『憲法訴訟』における見すごし難いギャップ――救済なき違憲判断」〔687号110頁〕）。典型は、議員定数不均衡訴訟や立法不作為の違憲国賠訴訟でしょう。前者は、公職選挙法204条の選挙無効訴訟として提起されますが、投票価値が不平等であるという違憲判断は、必ずしも原告の選挙無効請求とは結び付きません。較差が大きければ「違憲状態」判断がなされますが、「違憲」判断には、さらに合理的期間の経過が必要となります。合理的期間を超えて「違憲」が完成しても、いわゆる事情判決の

法理が入るので、結局どこまでいっても選挙無効とはならないわけです。ここでは、憲法（違憲）判断と救済との間のギャップがとても大きい。後者も、立法不作為の「違憲」は、国賠法上の「違法」とは異なりますから、「違憲」判断と国賠請求の認容とが必然的にずれてきます。国籍法違憲判決（最大判2008（平成20）年6月4日民集62巻6号1367頁）でも、実はこのような違憲判断と救済とのギャップが問題となりました。日本国籍の付与に関する嫡出子と非嫡出子との別異取扱いを「違憲」としても、原告の請求、すなわち日本国籍を有することの確認——これは実質的当事者訴訟が使われたわけですが——にはダイレクトにはつながらない。国籍法3条1項のいわゆる「部分無効」判断を媒介に、はじめて両者が接続するわけです。

　このように、憲法訴訟論をより深く理解し、自分のものにするためには、やや逆説的ではありますが、憲法上の争点を、具体的な訴訟形式や原告の請求との関係で一旦相対化してあげる必要があります。Part.2の「コンテクストを読む」では、このようなトレーニングを積んでもらおうと考えました。

[4] 連載を終えての感想

山本　中林さんがPart.2で苦労したこと、特に思い出深い回などがあれば教えてください。

中林　Part.2の連載中は、時代背景を読もうと思い、判例にかかわる新聞記事を読んでいました。憲法判例というものは、当然のことながら、社会の中で実際に生じた問題なのです。その判決が、その当時、どのようなインパクトを持っていたのか、あるいは、その判決を取り巻く当時の時代状況は何であったのか、という観点から、当時の新聞を読んでいたのですが、そうしますと、これまで漠然としてしか理解できていなかったことが、結構クリアーに理解できるようになりました。

　個人的には、第17回（692号44頁）の「1952年4月28日の21条論」に思い入れがあります。この回については、読者の方から憲法21条論としては「新しさ」はないのではないか、との感想をいただき、なるほどなァと思ったのですが、今日のような21条論がまだ形成されていない時期に、21条の問題に真摯に取り組んだ裁判官がいたという点が、私にはとても印象深かったです。

この回では、皇居前広場事件一審判決（東京地判 1952（昭和 27）年 4 月 28 日行集 3 巻 3 号 634 頁）と、政令 325 号事件最高裁判決（最大判 1953（昭和 28）年 7 月 22 日刑集 7 巻 7 号 1562 頁）とを、1952 年 4 月 28 日に引っかけながらつなげてみたのですが、これらは通常、別々の箇所で扱われると思います。しかし、この 2 つの判決を同時に読むことで見えてくるものもあるわけです。それが楽しかったですね。

山本 皇居前広場については、原武史さんの『【増補】皇居前広場』（筑摩書房、2007 年）が、その空間政治学的な考察を加えていて、とても興味深く読んだ記憶があります。東京の中心にある、あの「何もない空間」の公共性が、1952 年に、アメリカのパブリック・フォーラム論なども参照されつつ、いまよりもむしろ活発に論じられたという事実は、確かに刺激的でした。「コンテクストを読む」の醍醐味ですね。

[5] 教育との関連

山本 中林さんは、今回の連載と教育との関わりはいかがお考えですか。

中林 この連載では司法試験対策を意図していたわけではなく、あくまで学部 3 年、4 年を想定していたわけですが、しかし、我々は出口としての司法試験を無視していたわけではありません。読者アンケートなどを見ますと、予想以上に法科大学院生が読んでくれていたようなので、司法試験も念頭に置きながら執筆していたところも読み取っていただけたのかな、と思いました。

山本 そうですね。憲法の事例問題の難しさは、その問題に登場する当事者の立場に共感しなければならないだけでなく、国家論的な、いわばマクロ的な視点も持たなければならない、ということにあります。ある国家の行為が、その当事者に与える影響だけでなく、萎縮効果論のように、現実の民主主義社会に与える全体的な影響もみてあげなければいけません。これには、実はかなりの想像力が必要です。この想像力が欠如していると、憲法問題の本質を捉え損ねる可能性が出てくるわけですが、現実社会との接点にいまだ乏しい学生には、この力を発揮することがなかなか難しい。憲法問題を見透かすには、ある種まだナイーブなところがあるのです。

　このような想像力を鍛えるのに有効なのは、やはり、判例の事実関係や時代

背景、つまり「コンテクスト」を丁寧に読むことなのではないでしょうか。そのときの社会状況を追体験することで、国家の行為が現実社会に対してもつ意味が読み取れるようになると思います。その意味では、本連載のアプローチは、試験対策的にみても、意外と「近道」を提供しているのかもしれませんね。集団行動の自由の規制などは、3・11以降の反原発デモの高まりなどによって、今後、きわめて現代的な問題を提起する可能性を秘めていますが、この問題の本質をつかむには、「過去」、たとえば、戦後日本の最大の社会運動とされる60年安保闘争などを知らなければならないと思います（第22回「連載を振り返って　その1」〔697号52頁〕）。

中林　司法試験の問題を実際に解いてみますと、問題自体が、解答者に、一般常識といいますか現実社会に対する問題意識といいますか、そういった「知識」とは別のものを求めているように思われることがあります。そうしますと、やはり教科書に載っている「知識」だけではいかんともしがたいことがあるわけです。解答を厚くするためには、実際の社会問題などと「知識」とを結びつけられるような「問題意識」といったものが必要であるように思われます。

　裁判官たちは、どのような時代状況のもとで、当該事例に取り組んでいたのかを知ることで、現在起きている問題に、自分であればどのようにアプローチしていくべきか、ということを考えていく際の手がかりが得られるのではないか。そのようなことも考えながら、あえて「物語」にこだわって執筆してきました。おそらくこの問題意識は山本さんとも共通しているのではないかと思いますが……。

山本　はい。それはそのとおりです。法科大学院生は、やはりどう書くかに囚われ過ぎているところがありますね。気持ちはよくわかるのですが、まずは事例としっかり向き合って、想像力を働かせつつ、いったい何が問題なのかをよく考えてもらいたいと思います。

[6] 反省点

山本　反省点にも触れておく必要があるかと思います。まずは体系性の欠如でしょうか。人権と統治の全領域をカバーできませんでした。

中林　そうですね。Part.1で下級審の裁判例を読む、Part.2でコンテクスト

を読むという枷をはめてしまったため、体系性も備えるというのは難しいように思いました。体系性を意識しながらテーマを探していましたが、実際に執筆する段になると、結局自分の関心のあるテーマに引きずられてしまったという点が、反省点ですね。

山本 ただ、完全に重複したところはありません。人権であれば、思想・良心の自由や生存権、統治であれば議院内閣制などが抜けていますが、このあたりは、書籍として出版されたときに――もちろん、出版されないかもしれませんが（笑）――、カバーできればいいですね（生存権については、本書213頁以下の「『生存権』の財政統制機能」の章を参照）。他に、私自身の反省点として、日ごろ接する機会が多いせいか、読者として法科大学院生を意識し過ぎてしまい、内容がやや難しくなってしまった、ということがあります。

中林 山本さんの連載が何となく法科大学院生に傾いているということは、私も感じていました。それじゃあ、私はあえて意識的に新聞に埋没していこうと……（笑）。

山本 うまくバランスがとれていたのかもしれませんね（笑）。

2　表現の自由をめぐる対話

［1］泉佐野市民会館事件判決の評価は？――中林論攷への問いかけ

山本 第22回「連載を振り返って　その1」（697号52頁）は、相手の担当回の中で、特に興味を抱いたものを取り上げ、それに対してお互いにコメントを付しました。私は、「集会の自由」について書かれたご論攷（第9回「集会と表現」〔684号76頁〕、第19回「上尾市福祉会館事件最高裁判決の意義」〔694号44頁〕）を読ませていただいて得た感想を、「鳥籠の中の『言論』？」と題する小論のなかで述べさせていただきました。

　「集会の自由」論を取り上げたのは、それが、パブリック・フォーラム論や国家による表現の助成論を精力的に論じてこられた中林さんにとって、最も思い入れのあるテーマだと思ったからです。当初は、専門外の者として、解説的・註釈的なものにしようかと思っていました。たとえば、泉佐野市民会館事件判決（最判1995（平成7）年3月7日民集49巻3号687頁）と上尾市福祉会館事

件判決（最判 1996（平成 8）年 3 月 15 日民集 50 巻 3 号 549 頁）は、「公の施設」を利用しての「集会」に関する判決として並列的に語られてきましたが、厳密には、労働組合幹部の合同葬のための施設利用を問題にした後者は、「明白かつ現在の危険」基準を使っていないといった違いがみられます。政治的集会、合同葬、演劇、モーターショーなど、「公の施設」を実際に使って行われる「集会」の性格によって審査のあり方に差が出てくるのかなどを、第 9 回の中林論文を踏まえて検討してみようと思ったわけです。

　ただ、ご論攷を読んでいるうちに、もうちょっと深いコメントができないかと思うようになりました。泉佐野と上尾を比較するのではなく、やはりその両者を「公の施設」を利用しての集会を扱った判決として一括りにし、それらと、道路での集団行動の自由を扱った東京都公安条例事件判決（最大判 1960（昭和 35）年 7 月 20 日刑集 14 巻 9 号 1243 頁）とを比較すべきと思ったからです。その比較によって、憲法 21 条に対する最高裁のある 1 つの立場が浮かび上がるのではないかと考えました。

　詳しくは小論に譲りますが、両者のコントラストが結構きついのです。たとえば、泉佐野では「明白かつ現在の危険」基準が用いられているのに対して、道路での集団行動の規制に関する東京都公安条例事件判決は、新潟県公安条例事件判決（最大判 1954（昭和 29）年 11 月 24 日刑集 8 巻 11 号 1866 頁）では使われていたこの基準を放棄しています。また、暴力的な敵対的集団から表現活動を保護する「敵意ある聴衆論」を、「公の施設」－集会系の判決では採用しているのに対して、「道路」－集団行動系の判決では採用していません。後者が、いわゆる集団暴徒化論を強調していたのは周知のとおりです。このように、これらの判決を併せ読むと、わが国の最高裁は、道路での集団行動については、それに対する否定的な評価を前提に、非常に厳しい規制を許しつつ、政府施設内で行われる集会に関しては非常に保護的な立場を採っていることがわかります。こうしたきついコントラスト、ある種のダブル・スタンダードによって、表現活動が、道路という開放的な公共空間から、閉鎖的な公共施設へと押し込まれていくのではないか、それが表現空間に与える影響は小さくないのではないか、そうすると、このコントラストの一翼を担う泉佐野判決は、手放しに評価できるものではないのではないか。これが、「鳥籠の中の『言論』？」と題

する小論のなかで行った、中林論文への投げかけでした。もちろんこれは、先に述べた3・11以降の反原発デモの「可能性」を意識してのものです。

中林　山本論攷は、大変面白く読ませていただきました。別の媒体でも書いたのですが（中林暁生「パブリック・フォーラム」駒村圭吾＝鈴木秀美編『表現の自由Ⅰ──状況へ』〔尚学社、2011年〕197頁以下）、公園や道路という「伝統的パブリックフォーラム」が本来持つ意味が、一般公衆がさまざまな見解、とりわけ、今まで思いつきもしなかった意見に触れることだとすると、日本において、こちらの方はあまり発展していません。ですから泉佐野判決はあっても、やはり今一度、伊藤正己裁判官のパブリックフォーラム論（最判1984（昭和59）年12月18日刑集38巻12号3026頁における伊藤補足意見を参照）に立ち返る必要があると考えています。したがって、私と山本さんとの問題意識に大きな違いはないと思います。山本さんはその上で、中林は泉佐野判決を褒めすぎではないか、と指摘されたのだと思います（笑）。

　ただ、送りバントで塁を進めていくという地味な手法にも魅力を感じるわけです。たとえば、地方公共団体が設置した公園に絡むケースで──泉佐野判決に言及しているわけではありませんが──おそらくは泉佐野判決を念頭に置いて公園の使用不許可を違法とした下級審の裁判例もあります（那覇地判1996（平成8）年3月28日判時1603号106頁、東京地判2002（平成14）年8月28日判時1806号54頁）。集会の用に供する（あるいは供し得る）「公の施設」には、市民会館のような「閉じている」ものと、公園のような「開かれた」ものとがあるわけですが、泉佐野判決、あるいは上尾判決をきっかけとしつつ、その射程が開かれていくことに期待したいと思っています。

　もう一点指摘させて頂きたいことがあります。第19回「上尾市福祉会館事件最高裁判決の意義」（694号44頁）で扱いましたが、2007年に仙台市で起きた事件が──私自身仙台市に住んでいますので──非常に印象的でした。金剛山歌劇団による公演に対し、仙台市が使用許可を取消し、そのことが裁判所で争われました。仙台地裁でも仙台高裁でも仙台市が負けました。当時、私は、仙台市が負けるだろうと思っていましたので、仙台市が高裁まで争った、という点が印象的でした。

　当時の地元紙を読んでいますと、かつては仙台市も宮城県も金剛山歌劇団の

公演に対し「後援」を行っていたことがわかりました。その後、仙台市も、宮城県も、「後援」を取りやめる、という段階があり、次に、公共施設の利用を拒否するという段階がきました。自治体が「後援」をするということと、公共施設を利用させるということとは、一般の人からしますと、両方とも「援助」に見えるかもしれません。実際、連載でも書きましたが、"後援をしないのに施設を利用させるのはどうなのか"という議論が、県議会議員などから出てくるわけです。そういう状況が、現実に存在しています。そうしますと、泉佐野判決や上尾判決をしっかりと定着させることがまずは重要であると思うわけです。その上で、コツコツとその射程を施設の外へと拡げていければ、と思っています。その意味で興味深かったのは、仙台高裁が、右翼団体にも表現の自由がある、したがって騒音規制の枠の中であれば、右翼だって表現を行っていいのだということを述べている点でした。つまり施設の外で街宣車が演説をしていることも表現の自由として捉え、周辺の住民は少々うるさくても、それぐらいは甘受せよというわけです。金剛山歌劇団の方も街頭で反論するというわけではありませんが、「鳥籠」の中にはとどまらない広がりがあったようにも思われました。

山本 なるほど。私自身、泉佐野-上尾系列の判決が悪しき判例だ、というのでは全然なく、道路＝開放系列の判決とのバランスの悪さが問題だと思っています。その意味で、泉佐野の判例法理は定着させるべきで、検討を要するのは、やはり東京都公安条例判決の側でしょう。この点で、公園の使用不許可についての2つの地裁判決は注目されますね。

[2] 表現の自由の現代的位相

山本 ところで、中林さんは先ほど、泉佐野判決や上尾判決の表現保護的な論理、あるいはその射程を、施設「外」にも再拡張していく必要があるとおっしゃっていました（※ここで「再」というのは、昭和29年の新潟県公安条例事件判決は、道路での集団行動の自由に対しても一定の配慮を見せていたからである）。

　この点について伺いたいのは、蟻川恒正先生が問題化されているようなmob（群衆）論との関係です（蟻川恒正『憲法的思惟』〔創文社、1994年〕114-123頁）。判例の集団暴徒化論も示唆しているように、開放系公共空間での集団行

動は、mob 的な「力」を秘めています。泉佐野の論理を「外」に再拡張していく場合、このような「力」を解放することにもなるわけですが、その前提として、開放系空間での集団行動の自由、あるいはデモ行進、「路上の政治」というものを、現代的にきちっと位置づけ直しておく必要があると思うのです。もちろんこれは、最近、世界的に流行している「占拠デモ」（たとえば、2011 年 9 月の「オキュパイ・ウォールストリート」）、サイバーアクティヴィズムを実践する「スマートモブズ」によるネットワーク型デモ（Howard Rheingold, Smart mobs（2002））、そして日本での反原発デモなどの評価にもかかわりますが、中林さんのご見解を伺えれば。

中林 非常に難しいですね。過去の日本の、たとえば 60 年安保等をどう見るのかという点について、実はまだ私自身答えを出せていません。ただ、連載の中でいえば、先ほども触れた「1952 年 4 月 28 日の 21 条論」で、皇居前広場事件の一審判決を取り上げました。日本がパブリック・フォーラム論的なものを展開させるきっかけになり得たのは、おそらくあの判決だろうと思います。先ほど山本さんも紹介されていた原武史さんが指摘されていることなのですが、私たちは、今日、皇居前広場というとなにか特殊な空間として捉えがちであるが、戦後のある時期は、天皇・皇后の出席する憲法関係の式典のほか、占領軍、左翼、警察などが、皇居前広場でパレードや集会を行っていたのです（原武史・前掲書 14 頁）。1946 年から 1950 年まではメーデーも行われていたわけです。そういった時代状況のなかで、1 審の東京地裁は、公園に休息に来る人々の利益が一時的に害されるとしても、メーデーに利用できる施設はほかにないのだから、それはしょうがないのだ、という判決を書いたわけです。しかし、当時の新聞を読みますと、厚生省は負けるとは思っていなかったようで、厚生大臣はすぐに控訴しました。当時の時代状況もありますので、なかなか判断は難しいのですが、あの 1 審判決が受け容れられていれば、日本においてパブリック・フォーラム論的なものを展開させていく大きなきっかけにもなっただろうと思います。1 審の裁判官たちがどう考えていたのかはわからないのですが、当時の裁判官が書いたものなどを見ますと、アメリカ合衆国でパブリック・フォーラム論を展開させていく契機ともなった 1939 年の Hague 判決（Hague v. Committee for Industrial Organization, 307 U.S. 496）におけるロバーツ裁判官の

意見に言及しているものがあります（千種達夫「メーデーと皇居外苑の使用」『ジュリスト』11 号〔1952 年〕25 頁参照）。もちろん、この裁判官は、事件を担当した裁判官ではありませんが、十数年前のロバーツ裁判官の見解が、当時の日本の裁判官にも知られていたということをとても興味深く思います。他方で、この判決に対して控訴がなされ、結局皇居前広場が使用できなかったこともおそらくは 1 つのきっかけとなって、いわゆる「血のメーデー事件」が起きたわけです。その意味でも、1 審判決は 1 つの分岐点であったろうと思っています。そういったことも含めて、日本において mob 論をどのように受けとめるべきかを、考えていきたいと思っています。

　ただ、最近の官邸前におけるデモ——それをデモというかどうかは議論があるようですが——などは、60 年安保の時のデモとかなり変わってきていると指摘されています。今後興味深い展開が期待できるのではないでしょうか。

山本　そうですね。反原発デモとして、若者を中心に行われている「サウンドデモ」などは、サウンドカーと呼ばれるトラックから大音量でヒップホップ系やパンク系の音楽を流したり、楽器を弾いたり、60 年代のデモとは違った祝祭性が顕著に出てきていると思います。こうした「音」による身体的・感覚的な集合的沸騰を「デモ」と呼んでよいのか、それは憲法 21 条が保護すべき表現なのか、それとも、誰もが気軽に"乗れる"現代的な真正の——デモス・クラトスみなぎる——表現活動なのか、「集団行動の自由」を再検討するなかで、憲法学的にもしっかり議論すべき時が来ているような気がします（問題の所在について、伊藤昌亮『デモのメディア論』〔筑摩書房、2012 年〕、小熊英二『社会を変えるには』〔講談社、2012 年〕）。

[3] だまされた国民に責任はない？——山本論攷への問いかけ

中林　私は先に「鳥籠の中の『言論』？」を読ませていただきました。そこで、私も関連するテーマで絡む方が面白いだろうと思いまして、山本さんの第 16 回「原発と言論——『政府言論』を考える」（691 号 69 頁）を取り上げました。ここで、山本さんは、政府、あるいは電力会社が思想の自由市場にかなり介入してきたという問題——それも、山本さんの言葉を借りれば「ステルス」的な形で介入してきたという問題——と、その結果、思想の自由市場というものに

一定のゆがみを与えられてきたのではないか、という問題とを指摘されています。私もこれまで「政府の言論」をめぐる問題に関心を持って研究をしてきましたが、私がこれまで抽象的に考えてきた「政府の言論」というもののもつ問題を、山本論攷は、具体的な日本の状況に即しつつ、解き明かしてくれました。それ自体とても興味深かったのですが、同時に、難しい問題もそこに含まれているように感じました。山本論攷の目的は、何よりも、原発は法律に基づいているのだから、我々はその法律を作った国民である以上、批判はできないのではないかという議論に対して、批判資格を回復することにあったと思います。その点はまったくその通りだと思います。しかしこの議論は、同時に我々に対して難問も突きつけます。

　山本論攷を読んで、私は2つのことを思い出しました。1つはドイツのヴァイツゼッカー元大統領が、1985年の『荒れ野の四十年』という有名な演説（永井清彦編訳『言葉の力　ヴァイツゼッカー演説集』〔岩波書店、2009年〕1-30頁を参照）の中で、ユダヤ人に対してナチスがひどいことをやってきたことについて、当時のドイツ国民は知ろうと思えば知ることができたのだ、と述べていたことです（「目を閉ざさず、耳を塞がずにいた人びと、調べる気のある人たちなら、（ユダヤ人を強制的に）移送する列車に気づかないはずはありませんでした。」〔前掲書9頁〕）。もう1つは、井上ひさしさんの『夢の裂け目』という戯曲の中の次のような場面です（井上ひさし『夢の裂け目』〔小学館、2001年〕108-112頁を参照）。戦時中、軍に協力していた主人公の紙芝居屋が、戦後、東京裁判で検察側の証人として出廷することになります。このときに、主人公の娘が、戦争中に軍に協力していた父に検察側の証人となる資格があるのだろうか、と国際法学者に聞きます。これに対し、国際法学者は、「自由にいろんな候補者を選ぶことができ」なかった「フツーの男たちには責任のとりようがない」と理論的にはいえる、としつつも、「しかし……、」といいます（井上・前掲書109頁）。私は初演（2001年）の舞台を観ましたが、原作では「……」で表現される箇所が特に印象に残っています。ところが、主人公の紙芝居屋さんは、自分は責任をとらなくてよいということは確認できましたので、喜んで、自分は「フツー人」なんだ、と歌い出すわけです（井上・前掲書110-112頁）。

　小論の中でも書いたとおり、我々は、原発に批判的な言論、あるいは2011

年3月11日に福島原発で起こったことと同様の事態が起こりうることを予想していた言論に、どこかで接していたわけです。市場の中に、そういう言論はあったが、それを多数派へと形成していく力を、日本社会あるいは日本の思想の自由市場は持ち得なかったということなのだとすると、非常な難問をわれわれに突きつけているのではないか、と考えたわけです。

山本　大変重要な指摘ですね。政府言論という議論領域のもつナイーブさを適確に指摘して下さいました。確かに我々は、3・11以前に、原発に対する批判的見解に一度は触れていたと思います。それが囁きに近いものだとしても、そのような声を聞いた記憶は、私にもあります。しかし、これに真剣に耳を傾け、多数派の言論にまで押し上げることができなかった……。それによって原発を黙認してきた。そうなると、原発の責任は、そのような、弱き我々自身にありますね。政府なるものは、常に言論空間にあらわれているわけで、空間は必然的に歪みます。したがって、歪みがあれば、即、政府に責任があると考えるのは、確かに身勝手な議論です。

　しかし、政府言論という議論カテゴリーは、「問題を認識しているが、立ち上がらない」という状況ではなく、「そもそも問題として認識できない」という状況、後者の状況が生じうるほどの「歪み」を主題化するものではないでしょうか。確かに我々は原発批判を耳にしたかもしれませんが、新聞やテレビを用いた国家のステルス的な大喧伝によって、これを「問題」として構成することができなかった、ということはあったように思います。一定の限度を超えた国家のボリューム操作、思想市場の操作は、やはり違憲の行為として把握すべきで、その場合には、我々は政府に対する批判資格を持ち得るのではないかと思います。

　また、我々は、常に公共心に満ち溢れた市民ではないので、自分の生活エリアとは離れた、いわば対岸の原発問題を、自分自身の問題として感じ、それについて積極的に情報収集し、積極的に問題化することはできないかもしれません。そうすると、この問題を取材・編集・発表し、公共的討議の対象とするためのメディア、あるいはジャーナリストが必要になってきますが、原発問題は、こうしたメディアそのものが国家や電力会社によって抑え込まれていた、という問題も無視できないと思います。

私としては、言論史として原発史をしっかりと振り返っておく必要は、確実にあると考えています。陰謀論に陥るのは回避すべきで、冷静な分析が必要なのはいうまでもありませんが、たとえば、2011年3月以降の反（脱）原発デモは、万単位の規模でほぼ毎月行われていたにもかかわらず、それに見合うだけの報道がほとんどマス・メディア——とりわけ民放テレビ局——でなされなかったとの指摘もあります（※ただし、伊藤・前掲書25-26頁参照）。過去の経緯を教訓として、今後の言論状況を注意深くウオッチしておく必要があると思います。

[4] 言論空間の再編成へ向けて

中林　私自身考えさせられたことが多かったのですが、最近、政治学者の五野井郁夫さんが『「デモ」とは何か——変貌する直接民主主義』（NHK出版、2012年）という本を出されました。この本の最後の方で、五野井さんは、60年安保当時の丸山眞男の議論を紹介しています（206-208頁）。丸山は農民の声を議会に反映させるためにはどうすればよいのか、という問題について、東京の人に強烈なイメージを与えることが重要である、と説いています（丸山眞男「議会政治をきずくには」同『丸山眞男集　第8巻』〔岩波書店、1996年〕380-381頁）。直接見せることで、議会の中に影響を与えていこうとするわけです。丸山の議論は、議会を軽視するものではありません。丸山は「院外と院内のずれをなくしていかなければ議会政治は健全にならない」（傍点原文）（同382頁）と述べています。このような丸山の議論を、最近の原発デモと結びつけながら五野井さんが紹介していることを、非常に興味深く思いました。おそらく、これは、mob論をどのように考えるのか、という先ほどの山本さんの問いに対する1つの答えにもなるかと思います。ですから、60年安保当時、すなわち、東京都公安条例事件最高裁判決当時のデモと今起きているデモとの類似点および相違点を考えながら、学生さんには、原発の問題だけでなく、表現の自由、集会の自由、あるいは民主主義的正当性とは何なのかについて考えてほしいと思います。

山本　反原発デモに対して、「大きな音だね」とコメントしてしまう首相のいる国ですからね。小熊英二は、このことを、フランス革命期のルイ16世が、民衆によるバスティーユ襲撃があった日の日記に「何もなし」と書いたエピ

ソードを重ね合わせていて、興味深いです（小熊・前掲書177-178頁）。代議制への不満を、僭主政への期待のようなかたちで表出させないためにも、代議制と「路上の政治」、丸山のいう「院外の政治」との関係を真剣に問い直す必要があると思います。

　時間もわずかとなりました。この連載の最終回に、このような表現の自由の現代的課題を中林さんと議論できて大変うれしく思います。「コンテクスト」を読んできた1つの成果なのではないでしょうか。学生のみなさんにも、ぜひこのようなアクチュアルな問題として、憲法的課題に取り組んでもらいたいと思います。先にも申し上げたように、歴史や社会に関心をもつことは、試験対策的にも、決して無駄ではないと思います。「急がば回れ」なのかもしれません。

　　　　［注記：この対談は、2013年1月7日に収録したものである。］

事項索引

あ

アクセス権　19
新しい強制処分説　129, 130, 133
家永教科書訴訟　177
家永三郎　177
萎縮効果　58, 66, 109, 115, 116, 120, 121, 122
　　──論　294
一般令状　127
一票の較差　5, 150
ウォーレン・コート　132, 135
疑わしい区分　115
閲読の自由　34, 38
LRA（Less Restrictive Alternative）の基準　100
公の施設　44

か

改正刑法草案　143
過度広汎性の法理　115
監獄法　38
観点中立要請　180, 184
議員定数不均衡訴訟　226, 292
機関委任事務　238
記者クラブ　175
規制目的二分論　2
客観的憲法瑕疵　91, 93, 95, 101, 102
教科書検定（制度）　67, 177, 184
狭義の文面審査　110, 120
強制処分　129, 130, 133, 135
　　──法定主義　126, 129, 130, 133, 135
具体的危険性テスト　117
具体的権利説　214
クラス立法　201, 207
経済財政諮問会議　220

刑事収容施設　29
契約の自由　199, 203, 206
厳格な合理性の基準　206
原子力三法　174
憲法14条1項後段列挙事由　155
憲法適合的解釈　252
憲法判断回避　235, 236
皇居前広場事件　186
合憲限定解釈　58, 60, 109, 120, 276
公正原則　176
合理的観察者基準　181
合理的関連性テスト　112, 116, 122
合理的期間　91, 95, 98, 292
　　──論　102, 233
言葉どおりの意味における具体的権利説　214

さ

在外国民選挙権訴訟　14
罪刑法定主義　58
裁判の公開　72
サラリーマン税金訴訟　153
三段階審査　198
　　──論　210
サンフランシスコ平和条約　186
事情判決　226, 292
思想市場　172
思想の自由市場　285
思想の自由論　283
司法消極主義　150
司法積極主義　150
司法中心主義　133
社会通念　60, 64
社会保障審議会　220
謝罪広告　20
集会　44

307

───の自由　48
衆議院の解散　260
終局的解決可能性要件　80, 81
自由裁量行為　81
集団暴徒化論　278, 279, 297, 299
主観的憲法瑕疵　91, 92, 93, 95, 96, 97, 98, 101, 102
消極目的　206
情報受領権　39
正力松太郎　173, 174
条例制定権　238, 241, 253
処分違法　109, 120
処分審査　106
知る権利　32
知る自由　39
ステルス的言論　176, 182, 184
スリーマイル島原発事故　175
政教分離　160
政府言論　173, 179, 180, 181, 185, 283, 303
政令325号　186
積極目的規制　207
説明責任　180, 184
尊属殺重罰規定　138

た

第1次地方分権改革　238, 252
大学の自治　88, 89
対抗言論　175
他事考慮　88
チェルノブイリ原発事故　175
地方自治の本旨　253
嫡出でない子の法定相続分　8
敵意ある聴衆　276, 279
───の理論　52, 276, 297
敵意を抱いた聴衆（hostile audience）274, 276
適用違憲　107, 108, 109, 117
適用審査　105, 106, 107, 109, 117

───優先原則　111, 113, 115, 119
デュー・プロセス　202
天皇コラージュ事件　48
天皇の国事行為　259
統治行為　81
───論　254
特別意義論　244, 245, 246, 247, 248
苫米地事件　254
囚われの聴衆　35, 283

な

内閣の助言と承認　259
内容上の法令審査　105, 109, 111, 112, 114, 117
二重の基準論　50, 152
ニューディール政策　200
任意捜査　130

は

パブリック・フォーラム　275, 278, 279, 294, 296
───論　194
判断過程審査　91, 99
判例内在的批判　213, 223
反論文　18
表現拒否権　276
比例原則　245
付随的違憲審査制　60, 235
部分違憲（無効）　107, 108
部分社会論　81
部分無効　225, 235, 293
文面上の法令審査　105, 108, 111, 114
文面上無効（全部無効）　108
文面審査　104, 109, 111, 115
編集の自由　22
法廷メモ訴訟　71
法律上の争訟　79, 80, 81, 83, 85, 87
法律先占論　240, 241, 242, 246

法律の留保　131
法令違憲　107, 109
法令審査　109
ポツダム緊急勅令　188
ポツダム命令　188
ポリス・パワー　201, 202, 205

ま

明確性の理論　66
明白かつ現在の危険　274, 276, 278, 279, 280, 297
明白の原則　208
メーデー事件　196
メディア・イベント　174

免責特権　93
目的審査　115

や

靖国神社　164

ら

立法裁量論　215
立法事実　104, 206, 250
立法者意思探求論　244, 247
立法不作為の違憲国賠訴訟　92, 101, 292
令状主義　126, 129, 133
ロックナー修正主義　200
ロックナー判決　199, 204, 205

[著者]

中林暁生（なかばやし・あきお）

東北大学大学院法学研究科教授
主要論文として、「パブリック・フォーラム論の限界？」山元　一＝只野雅人＝蟻川恒正＝中林暁生編『憲法の普遍性と歴史性 辻村みよ子先生古稀記念論集』（日本評論社、2019年）等。

山本龍彦（やまもと・たつひこ）

慶應義塾大学大学院法務研究科教授
主著として、『憲法学のゆくえ』（共編著、日本評論社、2016年）、『プライバシーの権利を考える』（信山社、2017年）、『AIと憲法』（編著、日本経済新聞出版社、2018年）等。

けんぽうはんれい
憲法判例のコンテクスト

2019年10月25日　第1版第1刷発行

著　者——中林暁生・山本龍彦
発行所——株式会社日本評論社
　　　　〒170-8474　東京都豊島区南大塚3-12-4
　　　　電話　03-3987-8621（販売）　-8592（編集）
　　　　FAX　03-3987-8590（販売）　-8596（編集）
　　　　振替　00100-3-16　https://www.nippyo.co.jp/
印　刷——株式会社精興社
製　本——株式会社難波製本

Printed in Japan Ⓒ A. Nakabayashi, T. Yamamoto 2019　装幀／図工ファイブ
ISBN978-4-535-52099-8

JCOPY〈(社)出版者著作権管理機構委託出版物〉
本書の無断複写は著作権法上での例外を除き禁じられています。複写される場合は、そのつど事前に、(社)出版者著作権管理機構（電話03-5244-5088、FAX03-5244-5089、e-mail: info@jcopy.or.jp）の許諾を得てください。また、本書を代行業者等の第三者に依頼してスキャニング等の行為によりデジタル化することは、個人の家庭内の利用であっても、一切認められておりません。